中华传统美德的现代传扬

许建良　著

东南大学出版社
SOUTHEAST UNIVERSITY PRESS
·南京·

图书在版编目(CIP)数据

中华传统美德的现代传扬 / 许建良著. —南京：东南大学出版社，2021. 5(2023. 6 重印)

ISBN 978-7-5641-8839-9

Ⅰ. ①中… Ⅱ. ①许… Ⅲ. ①品德教育—研究—中国 Ⅳ. ①D648

中国版本图书馆 CIP 数据核字(2020)第 272242 号

中华传统美德的现代传扬

Zhoughua Chuantong Meide De Xiandai Chuanyang

著　　者：许建良
出版发行：东南大学出版社
社　　址：南京市四牌楼 2 号　　**邮编**：210096
出 版 人：江建中
网　　址：http://www.seupress.com
电子邮箱：press@seupress.com
经　　销：全国各地新华书店
印　　刷：唐山玺鸣印务有限公司
开　　本：700 mm×1000 mm　1/16
印　　张：18.25
字　　数：443 千字
版　　次：2021 年 5 月第 1 版
印　　次：2023 年 6 月第 2 次印刷
书　　号：ISBN 978-7-5641-8839-9
定　　价：56.00 元

国家社会科学基金重大项目“文化强国视域下的传承和弘扬中华传统美德研究”(14ZDA010)成果之一

摘　要

幸福生活已经成为21世纪各民族的共同愿望。幸福生活的文化基础是美德;美德是道德的基础。在中华民族悠久的文明历史中,其传统美德的资源非常丰富。资源只有盘活后才能在民族的成长中产生相应的作用。传扬传统美德无疑是盘活工程实践的一部分。文化资源的盘活必须依据文化的规律来进行,不能为传扬而传扬;事实上,这也不会带来任何有效发展的结果;美德也是一种德,在中国文化"德""得"相通的层面,传统美德的传扬实践必须在有所获得的轨道上进行,不能违背实功的规则来实现真正的传扬。众所周知,中华民族是"礼仪之邦",不是"礼义之邦","礼仪"的"仪"是单人旁,说明这需要人通过具体的行为做出来,一个民族的道德水准正是民众在具体践履的过程中不断积累厚实起来的,通过"群"的教育来提高个人各种应对能力,为人际关系的和谐打下扎实的基础,在个人的层面,在日常生活中,通过礼貌、感恩、习惯等来提炼自己的人格素质,锻铸自己的文明素养,就显得非常重要,而不是其他的理性手段,这是本着文化的规律来运思传扬传统美德实践的答案,也是一个中国人对实现中国梦的责任体现。

Abstract

Generally speaking, happiness has become a common aspiration and need of every nation in the 21st century. Virtue, as the cultural element of happiness, is the foundation of morality too. As everyone knows, although there are abundant traditional virtue resources in the long civilization history of Chinese nation, the only way those resources will produce corresponding effects is that we need to vitalize their own functions in the national growth process firstly. Undoubtedly, spreading Chinese traditional virtues as such is part of the vitalization project practice. Nothing but, the vitalization of cultural resources must emulate the cultural own way to carry out instead of spreading traditional virtues only for its own sake which in fact will not bring about any effective outcomes. Virtue is a kind of *de*（德 morality）. Speaking in terms of the Interconnection of *de*（德 morality）and *de*（得 acquirement）in Chinese culture, the spreading practice of traditional virtues must carry out on the acquired orbit. In other words, this practice cannot break the rules of function to realize real spreading practice. As we all know, China is famous as 'a state of courtesy'（礼仪之邦）rather than 'a state of righteousness'（礼义之邦）. The radical'亻'in '仪' means human in Chinese character. This demonstrates that courtesy can only be realized through concrete human behaviors, and the ethical standards of a nation are constantly accumulated just through the moral practice process of people. Thus, at the nation level, we improve our personal abilities on coping with different situations and lay a solid foundation for harmony in personal relationships through the education of mass（群）. While at an individual level, it is very important to refine one's own personal competencies and civilization literacy in daily life through not else rational means but politeness, gratefulness, good habits and so on. This is an answer to operational thoughts on practices of spreading traditional virtues on the cultural own way, and meanwhile that is a response to the responsibility as a Chinese citizen on realizing the Chinese Dream.

目　　录

第二部　实践篇

绪　论

利用民族文化来为本民族的经济发展服务，早已成为地球村各民族的共同行为选择，中国自然也不例外。众所周知，要实现上述服务，就必须完成古代文化资源如何为现代发展有效利用这一环节，因而，围绕如何使中国古代文化有效资源化的科学研究课题也不断得到重视和肯定。

作为具有五千年文明史的中华民族，我们需要考虑的显然不是文明的辉煌历史，而是中华民族文明的当代活力问题，因为我们生活在当下，这是在国际的舞台上提高我们民族声望的关键所在，没有民族文化的润滑，显然无法在世界经济困难重重的境遇下获得当有的发展。众所周知，文明不是单一的概念，虽然历史上出现和存在过以西方经济技术发展为标准的时期，但世界文明史发展的客观事实证明，这是不合文明本有规则的。一般而言，文明指的是社会获得进步的一种状态，或者说是人在宇宙中战胜自身而达到的一种水准。在今天，人战胜自然的实践已经无法衡量文明本有的质量，自然也无法涵括文明应有的内容；或者说，在习惯层面上取得的人对自然的胜利，最终在多大的程度上赋予在宇宙整体中生活的人类自身以真正的意义，这已是当今思想家所关注的一个视角和重视的一个问题。换言之，人战胜自然的实践必须在人战胜自身的前提下才能获得完整的意义和价值，这是当今人类面临的能源枯竭、生态环境污染、人际关系疏离（战争就是人际关系疏离发展到互相仇恨的极端境地的表现）给我们的警示。总之，人必须在与宇宙协调一致的前提下提高自己的理性水准，在和宇宙共生共存的前提下追求人类的价值。离开整体共存性的前提，不可能有一个民族健康且合规律的发展。作为人类获得进步状态的文明，与“野蛮”相对应，一个民族文明进步状态的长期积淀就是一个民族的文化。

中国古代具有四大发明、汉唐辉煌的文明，与此相应，“文明”一词也很早就出现在中国文字中，诸如《管子·侈靡》的“美垄墓，所以文明也”（第 688 页）①、《周易·乾·文言》的“见龙在田，天下文明”（第 16 页下）②的记载，它们都是在与野蛮相对应的维度上使用的。在文化思想史上，我们也有先秦诸子百家争

① 黎翔凤撰《管子校注》，北京：中华书局 2004 年 6 月。
② 〔清〕阮元校刻《十三经注疏》，北京：中华书局 1980 年 10 月。

鸣、百花齐放那样的骄傲。但是，1840 年鸦片战争的爆发，西方打开了中国的大门，挑战了中国的文明，从此，中华民族进入了抗争自强的历程，其间围绕如何救国自强，出现过如何对待西方进步的科学技术的问题，并展开过激烈的争论，"中体西用"就是得出的最终结果。换言之，在坚持中华民族文化特征的前提下来借鉴西方科学技术发展的成果，这一运思在今天看来仍有积极的意义。任何一个人、一个民族都不能仅仅停留于学习自己的历史、自己的文化，必须在地球村的视野里互相学习，学习其他民族的长处。这些长处既包括科学技术等硬性的方面，也涵盖社会制度和机制等软性的领域。正是中华民族的不竭抗争和自强努力，1949 年 10 月 1 日中华人民共和国终于诞生。在新中国的建设历程中，特别是 1978 年实行改革开放以来，我们于 2010 年成为世界第二大经济体，尤为值得骄傲的是：中国经济总量从 2000 年占世界经济总量的 4%增加到 2014 年的 13%，而美国的占比却从 31%减少到 22%①。因此，也可理解美国近年来对中国警惕的原因。虽然我国仍属发展中国家，但如此人口大国在这么短短的几年内实现举世称叹的业绩，是值得我们骄傲的，也令世界为之震惊。但与此同时，我们必须看到一个事实，在全球应对 2008 年始于美国的经济危机的实践中，各国都在打自己民族文化的牌，利用民族文化来为民族经济的良性化发展创造条件和机会。

上面提到，中国也不例外，利用本国的古代文化来润滑现代化建设，既是时代赋予我们的重任，也是客观现实的警示对我们提出的要求。换言之，在使文化成为产品的实践中，我们需要总结的方面很多，实践不仅留给我们无限的空间，而且铺设了很长的路程，这既是挑战也是机会，更是展示中华民族优秀文化最好的机遇。要使我们面临的境遇变成机会，最为关键的因素是改变习惯的意识，尤其是夜郎自大的陈式。自 18 世纪西方主导的工业革命以来，实际上，不仅经济由西方主导，而且受经济驱动的文化也显示出为西方所主导的倾向，这种倾向在当下尤其明显，这是我们无法忽视的问题。研究形成这一现实背后的缘由，找到在世界舞台上展现中华民族文化的最佳切入口，当是 21 世纪中国文化走向世界的最大任务，寻找这样的切入口并尽快实现对接，正是传扬传统美德研究的任务之一，也是职责所在。

本着这样的认识，本研究将从超越为道德而道德的习惯陈式起始，紧贴时

① Foroohar. Made in China：The Next Global Recession[J]. Time，2016，2(187)：35-38.

代的特点，立足作为中华民族子孙后代而肩负的责任，在考察传统美德生命样态的基础上，最大限度地营筑起盘活传统美德生长的园地，为传统美德在中华文化力凝聚实践中成为最为切实和有效的活化因子创设客观而现实的条件，为使传统美德成为每个中国人行为的自觉参照物而探索最为切实的方法和途径，远离空洞化，依归实功化，始终在生活的实践中来衡量美德，在“目中有人，心中有他”的轨道上让传统美德得到具体化的演绎。

第一部　理论篇

传统美德作为中国古代道德文化史中最为基本的成分,不仅直接关联着中国人的日常行为,而且关联着中华民族的基本形象。在中华民族文明史的实践中,传统美德虽然存在为历代中华民族子孙所共同认可的因素,但这并不说明它具有固定不变的存在样态。恰恰相反,每个时代都在对基于"上善若水""厚德载物"这一中华民族传统美德核心的精神内涵进行着"翻新",都在演绎着积淀"自强不息"这一核心精神实践链的最新样态。审视各民族的文化思想史,翻新原有样态,其实不是一个完全自发产生的过程,它需要时代民族文化的凝聚和驱动,而时代民族文化虽然是时代民族精神的积淀和凝聚,但并不是一个自然对接的过程。具体时代的民族子孙承担着紧贴时代脉搏来择取民族文化因子该有样态的神圣责任,择取的过程在动态的层面,实际就是一个理论和实际紧密联系的实践历程。

就我们的文化实践而言,最为重要的问题就是如何来把握道德的问题。换言之,就是把握道德的分寸是什么?这也就是传统美德的时代角色、传统美德的现代诠释这些问题得到必然登场机会的客观条件。"时代""现代"在此实际上是同义的,其警示人们:传扬传统美德的实践必须牢牢与现实生活相结合,不只是为了总结中华民族历史的辉煌来谈这个问题,而是基于开创中华民族21世纪新生活的需要来讨论这个问题,而中华民族21世纪新生活的重要部分就是在世界舞台上承担责任。新的人道主义的构建和演绎、责任的承担不是口号,而必须与切实的兑现相挂钩,所以这必须与增强中华民族的实力相结合,离开这一点,美德的传扬与责任的承担都只能成为乌托邦式的梦想。"理论篇"的具体研究必须始终本着这一思路在各个方面加以演绎和体现。

在此,需要说明的是,传统美德德目的择定在传扬传统美德实践中无疑是最为基本的一个环节。审视迄今的研究不难发现,传统美德德目的选择虽异,但缺乏对德目体系的宏观和深层的思考,即缺乏聚焦德目体系内在功能结构合理配置方面的运思,从而在文化积淀的维度上,没有来自德目体系自身协调共作的内在机制而带来的效益保证。互为影响功能是文化实现有效积淀的关键因子之一,这是盘活每个德目的本有功能、从而最大限度地产生功效的最为基本和关键的工作。以往的研究恰恰都疏忽了这一点，而把美德德目看成孤立的存在体，传扬传统美德的实践就变成了对各种美德德目的提倡，即使有研究注意到各种复杂关系，但仍缺乏深层互动的考量，这也是造成我们越是讲道德而现实生活中越发感受到道德空气稀薄的主要原因。本研究将聚焦传统美德的体系，视传统美德在现实生活中的有效积淀，不仅是与外在其他因素共作的结果，而且是美德各德目所持有的独特功能互相作用的结果，营设传统美德实践最切实的现实文化积淀机制。在“人道”(个人道德)、“群礼”、“心理”、“实践”四个层面的联系上配置具体的德目，以激活张弛共作功能的文化因子。这不仅是对古代传统文化的创造性批判反思的结果，“袭常”美德德目的确立也是对无视交通信号等缺乏规范意识和落实“法治”核心价值观的切问近思。

一、传扬传统美德必要性的追问

众所周知，传统美德是中华文明大厦的基体和中坚。当下为何要提传扬传统美德必要性这个老问题呢？因为这是避免思维狭隘化的必要门径。

（一）时代的要求

文明的实践昭示，人类文明永远是一个开放的陈式，没有终点，没有限制。换言之，文明永远处在一个动态的过程之中。

1. “时代精神”的呼唤

一般而言，时代精神是每一个时代特有的普遍精神实质，是具体时代的人们在文明的创造性活动中所体现出来的精神风貌和人格特征，它具有时代和历史性，随着时代的推移而不断变化发展并推陈出新。换言之，时代精神是在新的历史条件下形成和发展的，是体现民族特质、反映社会进步的发展方向，是引领时代进步潮流、为社会成员普遍认同和接受的思想观念、行为方式、价值取向、道德规范，是一个社会最新的精神气质、精神风貌和社会风尚的综合体现。它是激励一个民族奋发图强、振兴民族的强大精神动力，是民族文化的重要组成部分。

21世纪的今天，和平和发展既是时代的主题，也是全世界绝大多数国家和人民取得共识的时代精神，中国也不例外。这两者是紧密联系的，没有和平的环境，就不可能带来有效的发展；要发展，就必须走改革和创新的道路，顺从时代来开拓中华民族现代化的征程，在世界舞台上加重中国元素的分量，这已是中华民族的共识。

2. 传统美德的传扬是文化建设的组成部分

历史的辉煌与当下的辉煌自然不是一回事，这是不言自明的事实。中华民族伟大复兴中国梦的提出，无疑是符合民众愿望的、再创造21世纪中华民族辉煌实践的进军号。历史的辉煌需要历史的生长条件，中华民族子孙的职责就是在民族现代化的历程中，用中华民族的智慧再创造中华民族的辉煌，在新的辉煌中营设中华民族古代文明得到发扬的切入点或桥梁，只有在这时，五千多年中华文明史的赞歌才真正铿锵有力。这虽是一个民族的全方位的工程，其中科学技术、经济等会处于重要的位置。但是，这仅仅是非常浅显视野中的观点，因为任何科学技术、经济的发展无法离开人，人是文化的存在体。在这个意义上，科学技术、经济的发展是文化的驱动，这是在今天必须具备的审视发展的一个基本视野。传统美德的传扬自然也是文化建设的一个组成部分。由于文化的主体是人，文化的发展本身需要人的发展来支持。就人的文明史而言，无法找到完美的人的文明样态。换言之，人本身的文明始终是一个开放的系统，人自身需要不断提高自己的文明水准。

3. 传统美德是软实力的核心因子

客观事实说明，在21世纪地球村现代化的行程里，文明的历史只能在历史的文明那里找到自己特有的价值和现实的位置。自18世纪西方工业革命以来，人类在实现便利的同时，其理性的发展与宇宙整体和谐不自觉地行进在相悖的轨道上。21世纪的地球村，大家不仅需要面对能源枯竭、环境污染、人际关系疏离三大危机，而且还需要应对来自经济危机的挑战。2010年我国的GDP超越日本成为世界第二大经济体，但我们仍是发展中国家，需要围绕富强的目标奋斗。我们必须有危机感。文化强国的战略决策正是在这一背景下适时出台的产物，旨在把文化作为一种支撑和润滑经济持续发展的软实力。在文化的视野里，道德无疑是其核心，而传统美德又是道德的基本环节和中坚力量，是软实力的核心因子，夯实文化软实力的实践本身，在一定程度上就可以说是传统美德的实践。

（二）中国社会现实的要求

众所周知，中国道家把古代原始文明的样态作为最好的模式来进行衡量，人类的文明实践在最终的意义上只能在人与宇宙自然的契合处找到自己的价值，这一哲理的价值已经为地球村的现实所证实。但一个不可忽视的事实是，人类文明是在原始文明遭到破坏后起始的，"大道废，安有仁义"(《老子》18章)就是具体的表述。在这一层面，昭示人类的一个事实是，人类的文明实践只能在与宇宙自然的原貌接近的努力里找到自己的位置，在这样的境遇生存，要求人过有道德的生活，在尊重他者利益的前提下满足自己的需要。不过，老子的睿智并未被人深刻理解。

1. "贤者少，不肖者多"的现实

来自现实生活的道德冷漠、道德滑坡的冲击，早已引起了民众的重视。尽管大家不懈努力于消解这一现实问题的实践中，但迄今仍未找到疗治的良药。无论是道德冷漠，还是道德滑坡，其实就是道德行为的缺乏。道德行为不是空降兵，其源在现实社会生活的个人，人是道德行为的主体，这是没有时代、民族限制的永恒的规则，这一情况也就是古人所说的"贤者少，不肖者多，使其贤，不肖恶得不化?"(《管子·侈靡》)、"知德者鲜矣"(《论语·卫灵公4》)、"群居终日，言不及义，好行小慧，难矣哉"(《论语·卫灵公17》)、"今天地之间，不肖实众，仁贤实寡；趋利之情，不肖特厚；廉耻之情，仁贤偏多。今以礼义招仁贤，所得仁贤者，万不一焉；以名利招不肖，所得不肖者，触地是焉"①。对不肖者而言，多于"趋利之情"，所以在名利的试验场上，不肖者触地皆是，这是社会整治不得不面对的一个客观而严峻的现实。探究其原因，可以清楚地知道，"吾未见好德如好色者也"(《论语·卫灵公13》)、"人之情性，贤者寡而不肖者众"(《韩非子·难势》)②，人对道德的喜好比不上对女性姿色、色情的喜好，人性素质的差别是客观的，这种客观性具有先天性的因素。所以，指望人性完善显然是痴人说梦的事情，法家的答案是"夫不待法令绳墨而无不正者，千万之一也，故圣人以千万治天下"③。社会整治必须以大多数人为基准，而不是少数的贤人。

2. "自直之箭、自圜之木，百世无有一"

历史上关于人性的讨论，相异于与孟子、荀子从善恶维度切入的方法，而把

---

① 钱熙祚校《尹文子》，载《诸子集成》，北京：中华书局1954年12月。

② 〔战国〕韩非著、陈奇猷校注《韩非子新校注》，上海：上海古籍出版社2000年10月。

③ 高亨注译《商君书注译》，北京：中华书局1974年11月。

人性看成既不善也不恶的存在的思想家是告子，他虽然没有留下专门的文献，但对此的理解可以借助于他与孟子对人性的讨论。相关内容收录于《孟子》，即"性犹湍水也，决诸东方则东流，决诸西方则西流，人性之无分于善不善也，犹水之无分于东西也"（《孟子·告子上 2》）。"湍水"是急流的水的意思，急流的水不过是水的一种状态，本质仍然是水。急流的水具体流向何方，这不是水本身所能决定的，而决定于外在的客观条件。人性也一样，其善与不善不是本身所能决定的。

实际上，告子的这一运思，在一定程度上与孔子"习相远"的运思具有一定的相似性。相远在"习"，这"习"是后天的因素，它不是一个人的境遇所能概括的，是个人与其所生活的环境的整合，但它完全可以依靠人自己的努力来施加具体的影响，这与水的"决诸东方则东流，决诸西方则西流"的情况是一样的。"决"是形声词，从水、夬(guài)声，本义为疏通水道，使水流出去；疏通需要人的劳动和努力，而不是水自已能够决定的，因此，它的意思是人的努力。这一运思的思想资源相当丰富，诸如：

> 繁弱、钜黍，古之良弓也；然而不得排檠，则不能自正。桓公之葱，太公之阙，文王之禄，庄君之曶，阖闾之干将、莫邪、钜阙、辟闾，此皆古之良剑也；然而不加砥厉，则不能利；不得人力，则不能断。骅骝、騹、骥、纤离、绿耳，此皆古之良马也；然而必前有衔辔之制，后有鞭策之威，加之以造父之驭，然后一日而致千里也。夫人虽有性质美而心辩知，必将求贤师而事之，择良友而友之。[①]（《荀子·性恶》）
>
> 恃人之为吾善也，境内不什数……夫必恃自直之箭，百世无矢；恃自圜之木，千世无轮矣。自直之箭、自圜之木，百世无有一，然而世皆乘车射禽者何也？隐栝之道用也。虽有不恃隐栝而自直之箭、自圜之木，良工弗贵也，何则？乘者非一人，射者非一发也。不恃赏罚而恃自善之民，明主弗贵也，何则？国法不可失，而所治非一人也。故有术之君，不随适然之善，而行必然之道。（《韩非子·显学》）

文化的历史昭示，良弓不能自正，需要矫正器的矫正；良剑不能自利，需要磨砺；

① 王先谦撰《荀子集解》，北京：中华书局 1988 年 9 月。

良马需要马嚼子、马缰绳的控制，以及造父的驾驭，才能一日而致千里。值得注意的是，良弓、良剑、良马之所以“良”，就在于得到外在的援助，诸如矫正、磨砺、驾驭等就是援助。人自己也一样，即使有美好的资质和认知，但如果没有师友的援助，也无法完全实现自己的价值。另一方面，生活里虽然存在不需要良工加工的“自直之箭”“自圜之木”，但只指望这些非普通之物，必然“百世无矢”“千世无轮”而寸步难行，因为它们“百世无有一”。但“世皆乘车射禽”的需要，就无法离开雕刻实践的支持。雕刻的实践，为良工的产生营建了具体的条件，没有雕刻的实践，也不会有“隐栝之道”。在最终的意义上，“自善之民”只是“适然之善”的少数现象，所以，不依靠赏罚而把赌注下在“自善之民”上的行为，也是贤明的君主不器重的。

显然，“必然之道”体现的就是人是需要教化来加以完善的。有“待”而生活是中国古代思想家的一个共同诉求，道家哲学的整体性就是一种相互的扶持，扶持就是一种“待”；庄子寓言里的鲲鹏高飞九万里而进入逍遥的境界，但也离不开云气的扶持，显然这也是一种“待”。这些都给传扬传统美德实践的必要性注入了思想史的活力。

二、传扬传统美德如何可能的形上思考

开启的伟大民族复兴中国梦的实践，依托古代文化彰显中华民族的自信力是一个重要内容。在丰富的古代文化中，传统美德是一个不可忽视的因子。传统美德在中华文化链中责任的承担，离不开切实的传扬，但在启动传扬的实践之前，就我国的实际情况而言，还必须追问道德本身如何可能的问题。一方面，“任何美德都是两种严重缺点之间的高峰，两个深渊之间的脊线：如同勇敢处于怯懦和莽撞之间，庄重处于献殷勤和自私自利之间，温和处于盛怒和冷漠之间……可是，谁能够永远生活在顶峰上呢？思考美德，就是在测量我们和美德之间的距离。思考美德之美，就是在思考我们的不足或无价值”①。另一方面，“美德即善，在观念和事实上都是如此。没有只需要认识或实施就够了的绝对的善、自在的善。善不是供冥思苦想的，而是要实施的。美德是这样的：这是为了使自己举止得体而做出的努力，是这种努力中表达出来的善”。在根本的意义上，追问如何可能的问题，本身就是为了避免陷入习惯定式的为道德而道德这一怪圈的努力。

(一) 道德生活的现实图画

众所周知，传扬传统美德属于弘扬中华优秀文化传统的主干部分，这是中华民族伟大复兴中国梦实践工程中文化强国的环节，随着这一实践工程的启动，许多学者已经关注到能动性转化的问题。重视民族文化，利用民族文化来

---

① 〔法〕安德烈·孔特-斯蓬维尔著、赵克非译《小爱大德——美德浅论》，北京：作家出版社 2013 年 1 月。

润滑民族经济的发展，业已成为地球村不同民族应对全球金融危机的共同选择。西方文化产业的产值在民族经济中占比不小的事实，都在一个侧面佐证民族文化对民族经济发展的重要性，我国传扬优秀传统文化的工程自然也是这个世界性乐章中的一个音符。

1. 现实道德滑坡的冲击

就道德而言，现实生活编织的道德冷淡、道德滑坡的图画，无疑成为我们传扬传统美德的契机和一个不可忽视的起始点。我国具有优秀的道德文化传统，这也为西方人所认可。例如在中国工作多年的美国传教士、外交官何天爵 1869 年来中国，1885 年回国，1895 年出版了《中国人的本色》一书，他认为："有些人对中国只有很模糊的印象，认为中国是一个人口众多且未开明的国家，他的国民仍然处于原始野蛮和鬼神迷信之中。可是，如果这些人能够读到中国的文化典籍，那么，他们的思维一定会开阔起来，他们对中国的认识就会发生改变。他们会惊讶地发现，中国的文化典籍中蕴涵着大量的哲思箴言、崇高的道德思想和一整套完整的价值规范及其评判体系。这些东西完全可以用来教育西方的孩子。而中国早已把那些内容编入了教科书。"①显然，20 世纪末 21 世纪初西方思想家提出的"21 世纪将是中国道家哲学的世纪"的警示性预言②，不失为对何天爵思想的现实注释。

2. 礼仪之邦的历史辉煌

作为一个礼仪之邦，中国具有崇高的社会道德水准，这不是随便的、信口开河的结论，而是有据可依的。何天爵的记载就是一个具体的佐证：

---

① 〔美〕何天爵著、周德喜译《中国人的本色》，北京：文津出版社 2013 年 4 月。何天爵(Chester Holcombe，1844—1912)，美国传教士、外交官；他 1869 年来华，在北京负责公理会所办的教会学校，1871 年辞去教会职务，先后任美国驻华使馆翻译、头等参赞、署理公使等职；曾参与起草 1880 年关于华人移居美国的条约，还参与了 1882 年美国和朝鲜签订条约；美国前总统格兰特访华期间曾接待陪同，在处理美国侨民在华经济纠纷和教案方面不遗余力；1885 年回美国。1895 年出版其颇具影响的《中国人的本色》(*The Real Chinaman*)一书，另撰有 *The Chinese Army and Navy in The Real Chinese Question* 等作品。

② 中国道家思想与世界的紧密联系性，在全球应对迄今面临的能源枯竭、环境污染、人际关系疏离三大危机时，给人们眼前一亮的震惊，这就是人与自然一体等睿智思想所包含的哲理给人的启迪以及安顿心灵所伴随的精神愉悦，诸如道家思想中的心理治疗功能等就是佐证。

> 在西方人看来，更令人吃惊的是，从清朝政府派到美国接受教育的学童的表现上，就能证明那个东方民族所具有的高度智慧。他们是一个善于思考的民族。那批被选派到美国的学童共计120名，大多在11岁左右的年龄。他们的母语都有很好的基本功，有一定的读写水平，但没有人接触过西文，他们当中也没有几个人在上述的中国正规学校里念过书。一些美国女士认为，那些孩子一定是出身贵族或者来自豪门，实际上并非如此。按照中国人的收入标准，那些学童都来自中产阶级家庭，家庭的年收入大致在200～500元。那些学童来到美国之后，我们既没有发现他们有些许的行为不当，也没有发现他们的智力存在丝毫缺陷。他们以惊人的速度，学会了世界上第三大难学的语言——英语。接着，他们又攻克一系列完全陌生的学习课程，表现出杰出的悟性和顽强的适应能力。在整个学习过程中，无论中小学阶段还是大学阶段，也无论是理科课程还是文科课程，那些学童在他们所在的班级中都是佼佼者。更值得一提的是，这些学童的所有行为举止都非常得体，表现完美。笔者曾经在一次横跨太平洋的旅行中，同那些学生中的51名同乘一艘客船，与他们共同度过了难忘的25天。那些学生包乘的船舱拥挤不堪。我相信，同等数量的美国青年学生在相同的环境之下，绝不可能坚持那么长时间，而中国学生做到了，并且表现出绅士风范。他们既没有指导教师带队，也没有随行官员负责，在漫长的旅途中，就像一群没有妈妈的孩子，然而他们却都表现出顽强的自理能力。(《中国的文化教育》)

这不是对中国人的奉承和夸耀，而是在与美国人的比较中得出的结论。

今天的文化强国，不仅是重温昔日的辉煌，而且要实现往日的辉煌，让文化真正成为可感的、牵引民族发展的巨人，我们有理由把中国的文化战舰建成21世纪的水准，这正是传统美德如何可能问题形上思考的切入点。

(二) 道、德的词语学内质

在语言哲学的层面，中国“道德”作为一个概念的出现虽然只能在儒家集大成者荀子那里找到①,但讨论道德,一个重要的因素不能无视,这就是道德原本是分开的两个概念。在"道""德"分开的时限上,"德"的内涵之一就具有我们今天说的道德的意思。不仅如此,而且在中国思想史的长河里,在先秦诸子演绎的百花齐放、百家争鸣的恢宏乐章中,道家的乐曲是不能被忽视的,尤其是20世纪末21世纪初西方思想家提出的"21世纪将是中国道家哲学的世纪"的警示性预言以后,道家哲学就更值得我们正视和反观。因为,文化是民族的,文化更是地球的,今天的文化全球化实践就是最好的证明之一。基于这样的思考,讨论道德问题时重视道家的运思也存在必要性。

不仅如此,而且古人把道家称为"道德"家,即"《易大传》:'天下一致而百虑,同归而殊途。'夫阴阳、儒、墨、名、法、道德,此务为治者也,直所从言之异路,有省不省耳"(《史记·太史公自序》)②。之所以把道家称为道德家,主要在于他们"修道德,其学以自隐无名为务"(《史记·老子韩非列传》)。不仅如此,而且"居周久之,见周之衰,乃遂去。至关,关令尹喜曰:'子将隐矣,强为我著书。'于是老子乃著书上下篇,言道德之意五千余言而去,莫知其所终"(《史记·老子韩非列传》),老子还给世人留下了道德理论的结晶《道德经》。

1. "道"与"德"的一致性

在老子看来,"道"与"德"相一致,"孔德之容,惟道是从"(《老子》21章)就是精当的表达。不过,在这一致的关系中,仍然存在主次,这也是不能忽视的方面。换言之,"道"是主,"德"是次。关于这一点,"是以③建言有之:明道若昧,进道若退,夷道若纇。上德若谷……广德若不足,建德若偷"(《老子》41章)是最

① 《荀子》多次使用了"道德"的概念,诸如"全道德,致隆高,綦文理,一天下,振毫末,使天下莫不顺比从服,天王之事也"(《荀子·王制》)就是例证。在总体上,荀子强调道德,把道德作为社会治理的工具,延续了儒家思想的倾向,"威有三:有道德之威者,有暴察之威者,有狂妄之威者。此三威者,不可不孰察也。礼乐则修,分义则明,举错则时,爱利则形,如是,百姓贵之如帝,高之如天,亲之如父母,畏之如神明,故赏不用而民劝,罚不用而威行。夫是之谓道德之威。礼乐则不修,分义则不明,举错则不时,爱利则不形;然而其禁暴也察,其诛不服也审,其刑罚重而信,其诛杀猛而必,黭然而雷击之,如墙厌之。如是,百姓劫则致畏,嬴则敖上,执拘则最,得间则散,敌中则夺,非劫之以形势,非振之以诛杀,则无以有其下。夫是之谓暴察之威。无爱人之心,无利人之事,而日为乱人之道,百姓讙敖,则从而执缚之,刑灼之,不和人心。如是,下比周贲溃以离上矣,倾覆灭亡可立而待也。夫是之谓狂妄之威。此三威者,不可不孰察也。道德之威成乎安强,暴察之威成乎危弱,狂妄之威成乎灭亡也"(《荀子·强国》),是最好的说明。

② 〔汉〕司马迁撰《史记》,北京:中华书局1982年11月。

③ "是以"通行本为"故",现据帛书本和竹简本改定。

好的回答。也就是说，古代的名言说：明澈之道仿佛暗昧，前进之道仿佛后退，平坦之道仿佛崎岖，崇高之德仿佛低下的川谷，宽广之德仿佛不足，刚健之德仿佛懦弱。

总之，“道”是第一性的，“德”是第二性的，两者的一致就是在这样的条件下完成和具体演绎的。

2. “道”得物为玄德

“德”一方面与“道”相一致，另一方面，“道”得物为“玄德”，即“道生之而德畜之，物形之而器成之①。是以万物尊道而贵德②。道之尊，德之贵，夫莫之爵③而常自然。道生之、畜之④、长之、育之、亭之、毒之、养之、覆之。生而不有，为而不恃，长而不宰，是谓玄德”(《老子》51章)。也就是说，“道”生养万物，通过“德”的方式来畜养成就万物；“道”即物而形而使万物成各异的样态，“道”即物而德而使万物成器为用。“道”贯穿在万物生长的一切过程之中，但从不占有、主宰万物，这一实践行为称为“玄德”。

在此，不难看出，老子对“德”的规定，在一定程度上，明显存在从内在德性的层面来界定的倾向，“德畜之”“器成之”就是证明。“道”与“德”的关系不仅学理规定是这样，而且其在现实生活中的运用也毫无二致，“古之善为道者，非以明民，将以愚之。民之难治，以其智多。故以智治国，国之贼；不以智治国，国之福。知此两者，亦稽式。常知稽式，是谓玄德。玄德深矣，远矣，与物反矣，然后乃至大顺”(《老子》65章)，就是具体的说明。“道”的体得者在治理社会时，运用的是自然素朴的方法，这是远离巧智的选择，能够给国家带来福运，反之则带来灾难；对此的认识就是“玄德”，玄德在现实生活中的演绎就是万物依归自身的本性轨道而运作，社会秩序实现和顺协调。显然，这里重在人的维度对“道”的把握，即对“道”的认识就是“玄德”。

3. “德”“得”相通

“德”“得”相通的界定是中国对道德的独特认识，也是对世界文化宝库的特

---

① “道生之而德畜之，物形之而器成之”通行本为“道生之，德畜之，物形之，势成之”，现据帛书甲本改定。

② “是以万物尊道而贵德”通行本为“是以万物莫不尊道而贵德”，现据帛书本改定。

③ “爵”通行本为“命”，现据帛书乙本改定。

④ “道生之、畜之”通行本为“故道生之，德畜之”，现据帛书本改定。

殊贡献。在上面分析的“道”得物、人对“道”的认识和实践运用的方面，实际就是道德的事务。实际上，这在一定程度上也可以从“德”“得”相通的层面来进行理解。“玄德”之“玄”既有清静的意思，也有厚实的意思，在这个意义上，“玄德”也有理解为清静厚实之得的可能。当然，仅是可能性，因为在原始语言的表达上，毕竟缺乏这样的明确性。不过，在“知其雄，守其雌，为天下溪。为天下溪，常德不离。常德不离，复归于婴儿。知其荣，守其辱，为天下谷。为天下谷，常德乃足。常德乃足，复归于朴。知其白，守其黑，为天下式。为天下式，常德不忒。常德不忒，复归于无极①”(《老子》28 章)的论述中，就是一幅非常清晰明确的画卷。在雄雌、荣辱、白黑的关系中，坚持以柔克刚的原则，选择“守其雌”“守其辱”“守其黑”的行为之方，而最终成为天下归趋的谿谷即“为天下谿”、天下汇流的川谷即“为天下谷”、天下遵行的法式“为天下式”，这一景象在价值天平上就是“常德不离”“常德乃足”“常德不忒”，这是依附复归宇宙本原的结果，可以说是老子文明的最佳境地。需要注意的是，这里的“常德不离”等的“德”实际就是“得”，可以直接用“得”来代替“德”②。

4. “道”与仁义道德的悖论

在此，我们要注意一个事实，《圣经》记载着这样一个故事：耶和华上帝给人类祖先亚当和夏娃创造的伊甸园，园子在天国的东方，经过园子的河分四个支流流向四方。河岸上长着各种美丽的花草树木，树上结着美味香甜的果子，它们可以作为粮食，但生命树和智慧树的果子不能吃。园中还有各样的植物和动物，是万物共处的环境，万物过着和谐协调的幸福生活，所以，长久以来，它一直成为“人间乐园”的代名词。其实伊甸园的生活不失为人类早期生活的缩影，那时虽然生产力低下，但人类却能与自然和睦相处。但是，这样的和谐景象在某一天被人类自己的行为打破了，这就是众所周知的夏娃经不住诱惑，偷吃了智慧树的果子，后来亚当也吃了，他们彼此对望，意识到自己是裸体，也明白男女身体有别，就有了羞耻之意，这些都是智慧发展的结果。上帝造人以后，这是人第一次违背上帝的命令，因而犯下了必须世代救赎的罪孽，称为原罪。上帝把亚当和夏娃赶出了伊甸园，赐土地给他们耕种，说从今往后，亚当必须累得满头

① 此段文字据帛书本改定。

② “治大国若烹小鲜。以道莅天下，其鬼不神。其神不伤人；非其神不伤人，圣人亦不伤人。夫两不相伤，故德交归焉”(《老子》60 章)里的“德交归”的“德”也通“得”。

冒汗才能活下去,夏娃必须经受分娩之苦。在伊甸园的东边,上帝派一个天使驻扎在那里,手拿冒火的宝剑,保卫着生命树。显然,从亚当和夏娃偷吃禁果开始,人类就失去了原本的自然即第一自然的境遇,被赶出伊甸园也就走上了第二自然的征途。亚当和夏娃被赶出伊甸园后,耶和华仍然要派天使把守东门,这是因为深知人类已经开发的智慧随时都会挑战自然的缘故。

应该说,这里的情况与老子“大道废,安有仁义”的运思相一致。老子的思想昭示了在第二自然中生活的人类,必须面对的最大事务是如何通过自然无为的方法尽可能与第一自然靠近。关于这一点,1949年物理学诺贝尔奖获得者日本的汤川秀树就有睿智的思考:“生活在科学文明之中,我们在原始自然界面前不再感到人的无能了。另一方面,我们现在不得不担忧人类会不会沉没到科学文明这种人类自造的第二个自然界中去。老子的‘天地不仁,以万物为刍狗’的声明获得了新的和威胁性的意义,如果我们把‘天地’看作包括第二自然界在内的自然界,并把‘万物’看作包括人本身在内的话。”(《关于思维方式·老子》)①

上面分析的道德的一致性以及“德”具有的得道内容,可以说是老子在学理层面的运思,或者说是在道德理想境遇下演绎的预设。但生活是现实的图画,理想不等于现实②,现实恰恰是违背“道”的精神的,“大道废,安有仁义;慧智出,安有大伪;六亲不和,安有孝慈;国家昏乱,安有忠臣”(《老子》18章)就是具体的表述。“仁义”“大伪”“孝慈”“忠臣”的出现,是在大道缺位、慧智产生、六亲不和、国家混乱的情况下的产物,也就是说,这些现实仁义等道德不是依据大道的精神编制的,其依据是社会现实。不仅如此,而且现实生活道德的表现形态也是非常特殊的,这就是“上德不德,是以有德;下德不失德,是以无德。上德无为而无以为,下德为之而有以为。上仁为之而无以为,上义为之而有以为,上礼为

---

① 〔日〕汤川秀树著、周林东译《创造力与直觉:一个物理学家对于东西方的考察》,石家庄:河北科学技术出版社2000年9月。

② 美国学者本杰明·史华兹对孔子与苏格拉底等进行了对比分析,认为孔子的思想背景是流逝了的过去,对此,我们也不难推出,老子思想与苏格拉底等具有相似的一面,参照“在苏格拉底、柏拉图与亚里士多德身上,几乎找不到信仰优秀社会在希腊的历史中曾经实现过的迹象;事实上,他们对于荷马史诗中所描述的远古英雄时代持批评态度。在《蒂迈欧篇》和《克力锡亚斯篇》中,柏拉图倒是重构过远古时代的雅典,不过它们是《理想国》中某些通见的具体体现,但他清楚地交代,在这里,他的确是在创作神话。对于他在《政治家》中描述过的宇宙循环与宇宙的黄金时代,这一结论似乎也是成立的。在《理想国》中仔细构造出来的计划中,并没有表示过这一理想模式在人们已知的过去中曾经存在过。它是一种有待发展的样式,即使它是存在的,那也存在于永恒的‘理念’之境,而不存在于流逝了的过去中。”(《孔子:〈论语〉的通见》,载〔美〕本杰明·史华兹著、程钢译《古代中国的思想世界》,南京:江苏人民出版社2004年1月,第63～64页)

之而莫之应，则攘臂而扔之。故失道而后德，失德而后仁，失仁而后义，失义而后礼。夫礼者，忠信之薄而乱之首”（《老子》38章）告诉我们的道理。换言之，与大道一致的“德”在形下层面并不通过道德的称号来张扬自己，而是素朴地存在着；那些以道德称号来标榜自己的道德，实际上根本不存在道德的因子，由道→德→仁→义→礼呈现的趋向，是一个道德含金量递降的图式。

显然，“德”“得”相通在老子这里也仅仅是学理的规定，即使在现实生活里也是理想的追求目标，这主要决定于“道”无法在现实生活里占据域场并带来实际的结果，故是无德可言。这里实际上已经揭示了道德如何可能的严肃问题。

（三）“德”“得”相通如何成为可能

“德”“得”相通的视角，实际就是道德必须与具体获得相挂钩，离开具体的获得就无所谓道德。如何实现获得？老子“道”得物为“玄德”的规定，似乎告诉我们按“道”而得的道理。当然，在文字的表达上，老子那里毕竟无法找到“德”“得”相通的字样。这一语言上的突破由后来的管子、韩非子实现，他们揭开了中国道德哲学崭新的篇章。

1. “德”是“道”的留驻样态

管子认为，“德者，道之舍，物得以生生，知得以职道之精。故德者，得也。得也者，其谓所得以然也。以无为之谓道，舍之之谓德。故道之与德无间，故言之者不别也。间之理者，谓其所以舍也。”（《管子·心术上》）“德”是“道”的园舍；换言之，道德是“道”的具体显示。因此，万物的生长也是得道的反映。“德”就是“得”，所谓“得”，说的是存在获得的内在理由。依归自然无为来行为称为“道”，这一行为的积淀体现就是“德”。“道”与“德”没有什么距离，谈论它们往往不加区别。硬是要问它们有何区别，只能说“德”是用来体现“道”的。

2. “德”内“得”外

在“德”“得”相通的层面，韩非最早揭示了“德”“得”相通中的相异，这就是著名的“德者，内也。得者，外也。‘上德不德’，言其神不淫于外也。神不淫于外，则身全。身全之谓德。德者，得身也”（《韩非子·解老》）。显然，在韩非看来，“德”说的是内在人的德性，“得”指的是内在德性的外在实现。由于德行在人的内部,一般不外露,所以,"德"就是"得身",这是人内在欲望调适和谐的状态,也就是我们现在说的健康的状态。对一个人而言,保持"身全"非常重要,如果不全就是失。

在此,需要注意的是,外在"得"的源泉显然是内在德性,人的内在德行不是天生形成的,而是通过不断的道德行为积淀而成的,而外在"得"的实现过程也往往是通过具体的道德行为展示的。

3. 万物德的差异性

"道"与万物是紧密联系的,这在上面分析老子思想时也有提到。万物无法离开"道"而存在,但是,"道"是无形的,使万物实现"得"却不留下任何痕迹,"道也者,动不见其形,施不见其德,万物皆以得,然莫知其极"(《管子·心术上》),就是这一情形的精妙描述。对此,韩非则从功用的视角进行了阐述,即"道有积而德有功,德者,道之功"(《韩非子·解老》),由于"道"无处不在,而且"道"的运作本身并非虚无,而是着实有所积累,"德"就是"道"积累功效的具体反映。但在韩非的视野里,道德虽然具有功用的关系,但这一功用的具体体现必须通过万物得以落实,"道"虽然是万物存在的理由和依据,但万物一经产生,就存在自己的独特性,这是万物之间的差异性。

关于这一差异性,老子就有明确的自觉,"上士闻道,勤而行之;中士闻道,若存若亡;下士闻道,大笑之,不笑不足以为道"。(《老子》41章)非常清楚,同样客观存在的"道",对不同的人所形成的折射却是大相径庭的。所以,人如何与"道"保持契合?这是我们不得不思考的问题。韩非客观地看到了"道"与"德"之间的差异,他说:

> 夫道者,弘大而无形。德者,核理而普至,至于群生,斟酌用之,万物皆盛,而不与其宁。道者,下周于事,因稽天命,与时死生,参名异事,通一同情。故曰道不同于万物,德不同于阴阳,衡不同于轻重,绳不同于出入,和不同于燥湿,君不同于群臣。凡此六者,道之出也。道无双,故曰一。是故明君贵独道之容。君臣不同道,下以名祷。君操其名,臣效其形,形名参同,上下和调也(《韩非子·扬权》)。

"道"是独一无二的,它是一。就"道"而言,由于它无形,在与万物的联系上，它即物而形，但它与万物是不同的；“德”虽与阴阳存在关联，但两者也不相同；“衡”即称重量的器械，虽然与轻重存在联系，但毕竟不同于轻重；墨线虽和它所矫正的弯曲存在联系，但两者毕竟不相同；“和”即定音的标准与影响声音的干湿虽然存在联系，但两者毕竟不一样；君主和他所任用的臣子虽然存在联系，但两者毕竟不相同。换言之，“道”“德”“衡”“绳”“和”“君”是周合于万事万物的“道”，“万物”“阴阳”“轻重”“出入”“燥湿”“群臣”是“道”在动态层面的具象，它们都是“道之出”。

总之，“道”是弘博广大而没有形状的存在，“德”是内含道理而普遍的存在。至于万事万物，都会自然而然地汲取一定量的“道”和“德”，都会发展兴盛而依归道德的轨道来能动地实现自己的价值。

（四）由“道”而“德”

道与德虽然没有区别即“无间”，但毕竟“德”是“道”之“舍”，在“德”为道德的层面，在中国文字的视角里，虽然可以从“道”之“德”、由“道”而“德”的方面来进行理解，但“道”之“德”和由“道”而“德”在本质上没有任何差异，前者不过是静态层面的图画，后者则是动态视角的审视。理解万物自身价值的实现存在自己独特的图式，显然，由“道”而“德”更具有现实的意义。

1.“道生德”

关于这一点，法家、黄老道家的思想家睿智地发展了老子道家的运思。众所周知，老子在演绎道德辩证关系时，也已经注意到了“昔之得一者，天得一以清，地得一以宁，神得一以灵，谷得一以盈，万物得一以生，侯王得一以为天下正”（《老子》39章）。这里的“一”在老子思想中，就是道的代名词，天地万物的生命在于“得一”即得“道”。可以说，万物生命之得是最大的得，这在一定程度上回答了由“道”而“德”的问题。

后来的管子则以明了的语言，回答了“德”的方法论思考，这就是“所以谓德者，不动而疾，不相告而知，不为而成，不召而至，是德也”（《管子·戒》）告诉我们的道理；韩非的“凡德者，以无为集，以无欲成，以不思安，以不用固。为之欲之，则德无舍；德无舍，则不全。用之思之，则不固；不固，则无功；无功，则生于德。德则无德，不德则有德。故曰：‘上德不德，是以有德’”（《韩非子·解老》），也彰显了同样的道理。主观有为的话,无法带来客观的功效,由于没有功效,人的理性就自然地呼唤用道德的名称来加以表述,从而使人在这种名称的表述中得到自己理性价值的抚慰。真正的有德是行为积累的自然结果,无须理性的介入,所以不需要道德的名称来对人的情感进行安抚。

众所周知,人无法完全无为,关键是在多大程度上因循万物的本性而为的问题。因此,人内在欲望等的减少就显得格外重要,这就是古代文化中"虚"所持有的重要性。韩非的"所以贵无为无思为虚者,谓其意无所制也。夫无术者,故以无为无思为虚也。夫故以无为无思为虚者,其意常不忘虚,是制于为虚也。虚者,谓其意无所制也。今制于为虚,是不虚也。虚者之无为也,不以无为为有常。不以无为为有常,则虚。虚则德盛,德盛之为上德。故曰:'上德无为而无不为也'"(《韩非子·解老》),就是对这一问题的最好回答。人的内在欲望的合理调适,是人道德充分生长的前提和必然的条件,"虚"的落实,就是给道德的生长让出空间。这里当然不是禁欲主义,而是把欲望调控在适宜的尺度,而对此落实的关键是人意念上的无为,即不胡思乱想。这一点值得我们思考。"虚"也好,无为也好,都是道的本质的体现,正是在这个视角,管子得出了惊人的"道生天地,德出贤人。道生德,德生正,正生事"(《管子·四时》)的结论,"道"的产生成就了"德"。管子告诉我们,道德不是毫无条件就能产生的,必须依据一定的规则,这规则就是"道"。

2. 由道而德

魏晋正始玄学代表王弼把老子道德的运思以及管子"道生德"的智慧,直接解释为"由道而德",他认为,"万物皆由道而生,既生而不知其所由,故天下常无欲之时,万物各得其所,若道无施于物,故名于小矣"①;在"德""得"的关系上,"德者,得也。常得而无丧,利而无害,故以德为名焉。何以得德?由乎道也。何以尽德?以无为用"②;道德本身就是一个实际获得的过程,其主要的途径就是依归"道"来行为。这是对中国古代道德辩证关系思想的总结。

① 〔魏〕王弼著、楼宇烈校释《王弼集校释》,北京:中华书局 1980 年 8 月。
② 〔魏〕王弼著、楼宇烈校释《王弼集校释》,北京:中华书局 1980 年 8 月。

(五) 道德的有效性规则

"德""得"相通的视野一方面昭示了"道"之"德"(得)的走向,另一方面则表达了由"道"而"德"(得)的路径: 前者是物我关系视野里的图画,显示的是利他的特点;后者是动态视野里的图画,显示的是道德功利性的特征。这是我们具体在传扬传统美德的文化强国实践中必须要首先确立的认识,这也是为了解决道德建设如何有效化的基本问题,因为历来我们的道德建设运动重视的是任务的布置,而完全忽视效果的追问和验证,这是导致在一定程度上越强调道德而生活中越感觉道德出现危机的主要原因和症结所在。

1. 规则是道德的保证

道德的可能在"道","道"的内涵虽然可以有不同的设定,但它代表道理、理则、规范的基本意思是不变的;人必须过社会生活,依照社会的规范来行为,这是最为基本的要求,也是社会有序的前提。这一思想在《诗经》中就有自觉的认识。美国思想家本杰明·史华兹写道:"《诗经·大雅·荡》:'天生蒸民,其命匪谌。靡不有初,鲜克有终。'在这首颂歌中,我们不仅仅发现了在人事领域中实然与应然之间存在着惊人的隔绝,而且还发现了这一观察与下述需要之间的直接联系,这是对于无所不包的规范性社会政治秩序的需要。"(《古代中国的思想世界·周代早期的思想: 延续与突破》)他的论述就是精妙的揭示。

2. 日本因循道理盘活道德运思的启示

规范是社会走向有序的阶梯,规范是道理的结晶。所以,按规范行为也是讲道德的实践。在人类文明史的长河里,日本近代实业家涩泽荣一①对中国仁义道德的总结,可以说就是对"德""得"相通的认识:

> 只想自己一个人的利益,也必然会使自己遭到不幸。尤其是在事物不发达的过去,或许会有侥幸的事,但是,随着社会的进步,在一切事物都必须按照规则进行的时代,如果认为只要自己方便就行,那么

① 日本2019年4月9日公布的新版10 000日元的纸币,已经把日本近代思想巨擘福泽谕吉的头像换成了"日本资本主义之父"的涩泽荣一,以纪念他对日本现代经济发展的不可磨灭的巨大贡献。

举个例子就可以知道结果如何。像在过火车站的检票口,大家如果都想使自己先过去,这狭窄的地方,于是你挤我,我挤你,结果是谁也不好过去。这个浅显的例子告诉我们,人虽只考虑自己,但在行为上却不能光为自身的利益打算。这一点,从上面的例子就可以知道。我所希望的是,人们的心目中,必须有增加财富的欲望,但必须以遵守道理的活动来达到这一目的。所谓道理,就是和仁义相符合。如果不这样的话,那么道德就可能像上面所说使中国陷于衰弱的那样。而欲望,由于违反道理,所以无论怎样地干,也都会造成"不奇不厌"①的可悲结果。②(《仁义与富贵》)

致富的方法手段首先应以公益为宗旨。不坑人,不害人,也不做欺人骗人的事。如果每人都能尽其职,不违反道理而从事致富的工作,那么,我想,无论如何地发展,也不会侵及他人、危害他人的,正当而神圣的富始可得之,而且还能持续。个人各业而均达到这境地,那么腐败的肃整也必就水到渠成了。(《理想与迷信》)

道德是具体的,学理的道德只有与生活契合时才会产生积极的现实意义,这是对我们长期以来道德远离生活实践的很好的反思。道德必须是"得","得"意味着对财富、利益的认同,但对财富、利益的认同和占有只有因循道理来演绎,才能开出艳丽的道德之花。

确立道德必须依据规则而实际有所获得的崭新认识,是21世纪中华民族伟大复兴中国梦征程实践的关键文化课题,这是把远离生活的道德航程拉回现实从而凝聚道德力量为文化力的关键。这也是我们今天必须具备的明智,必须告别为道德而道德丝毫不计较效益的迷失。安德烈·孔特-斯蓬维尔认为:"没有明智的道德,是没有任何意义的或危险的道德。斯宾诺莎说过,'别相信自己',这是明智之格言。在道德忽略其界限或其不确定性时,也不要相信道德。好心不能成为保障,善意也不能成为借口。简而言之,道德不足以成为美德,美德中还必须有睿智和清醒。这是幽默让人想起的东西,也是明智要求的东西。全凭道德行事是不明智的,而不明智是不道德的"(《小爱大德——美德浅论·

① "苟为后义而先利,不奇不厌。"(《孟子·梁惠王上1》)著者注。

② 〔日〕涩泽荣一著、王中江译《论语与算盘——人生·道德·财富》,北京:中国青年出版社1996年12月。

明智》)。我想,中国在一个多世纪前就已经被世界唤醒,正如何天爵所说:"假如我们对中国人有更加全面的了解,能够认识到他们每一个人的优缺点,结合这前30年中国与西方交往的历程,我们就会发现:中国在这一过程中,其古老的传统并非没有改变,而是变化非常大,在很大程度上适应了现代世界的运行规则。中国人并非像表面上看起来那样感觉迟钝,其本质上是既谨慎保守又骄傲自大的。在沉睡了若干世纪以后,他们被唤醒了。当然,他们是在一种极其不利的国际环境中被唤醒的。重新塑造四亿人的生活和思维方式,是需要足够时间的。"(《中国人的本色·中国印象》)我们从确立道德实效如何可能这一最为现实的问题切入,在世界舞台上塑造中华民族的形象来回应美国人在一个多世纪前的预测,肯定是游刃有余的。

三、传扬传统美德实践可能性的诉求

传扬传统美德的实践不仅有必要性的存在，而且有可能性的支持。关于可能性的问题，将通过以下几个方面来加以展示。

（一）人性的可能因子

人性问题是古代思想家普遍关注的课题，这自然源于人对居于宇宙之中自身如何加以把握才能实现社会秩序的稳定和人自身的价值的思考，这些思考无疑是我们今天传扬传统美德实践的丰富的资源之一。

1.“习相远”的启发

众所周知，孔子提出过“性相近，习相远”的人性理论，“习”的意思是长期重复地做，逐渐养成的不自觉的活动，习惯、积习都是在这一层面的概括。“习”由于是人长期形成的不自觉的活动，而脑科学的研究成果表明，这种不自觉的活动占人整个活动的99%，在这个意义上，世代相习、习习相因就具有了非常大的意义，值得我们关注它们的价值。可以说，在孔子看来，人在先天的方面基本没有什么差异，差异是后天养成的，即来自“习”。

2.“学”的重要性

孔子虽然承认“唯上知与下愚不移”（《论语·阳货3》），但“上知”和“下愚”毕竟是少数，大部分人都是通过后天的学习而获得生活知识的。“生而知之者上也，学而知之者次也；困而学之，又其次也；困而不学，民斯为下矣”（《论语·季氏9》）、“盖有不知而作之者，我无是也。多闻，择其善者而从之；多见而识之，知之次也"(《论语·述而28》),就是具体的佐证。不仅如此,孔子本人就是"学知"的存在,"我非生而知之者,好古,敏以求之者也"(《论语·述而20》),这不失为最好的回答。因此,对大部分人来说,通过学与教化来提高自己在社会化实践中所需要的智能等素质完全不是天方夜谭。

(二) 民族的愿望

中华民族伟大复兴中国梦的提出,并不是仅仅立足于21世纪当下的结果,而是紧贴中华民族5000多年文明史而得出的必然结论,因为,14亿中国人要在21世纪的地球村遭受能源枯竭以及经济危机不断袭击的情况下,找到自己生存的空间和营建健康生活的环境,除此以外没有任何通途。换言之,"中国梦"的提出既是中华民族子孙强烈愿望的凝聚,又是中华民族子孙责任感的高度体现,这些无疑成为传扬传统美德实践的可能条件。

1. 历史证明中华民族具有养成美德的能力

我国是一个文化历史悠久的民族,具有很强的包容性。2000多年中,中国统一的时间约占2/3,分裂时间仅占1/3。中国成为世界上唯一长期保持大致相同区域的国家,不能不说这与传统美德和优秀传统文化所具有的宏大的包容性和巨大的凝聚力紧密相关。这种海纳百川的包容性,构成了传统美德文化的显著特征。

中国是一个由56个民族组成的大家庭,这在全世界是独一无二的。各个民族都具有自己的文字和独特的文化,这个大家庭的存在,显示了中国具有巨大的包容性。包容需要宽容,包容的过程是一个"和而不同"的实践。换言之,就是重视各民族之间相互和谐关系的营建,以不拘泥于各民族相互完全认同为前提,这是一个求同存异的价值取向,求同的实现无疑是国家最大合力产生的具体条件。因此,在中国56个民族同生共存的大家庭里,各民族仍然保持着自己民族的文化特色,这也是我们的民族政策成功的经验所在。

求同存异的多民族的文化实践的畅行,无疑离不开宽容。就是在一般文化的视域里,中华民族也显示出巨大的文化融合性,"中国的传统文明中,有一个,并且只有一个外国的因素,那就是佛教。佛教在公元初的几个世纪从印度传入中国,并取得了巩固的地位。我们从犹太人那里学到了不宽容的看法,认为一个人如果接受了一种宗教，就不能再接受别的宗教。基督教与伊斯兰教都有这样正统的教义，规定没有人可同时信仰这两个宗教。而中国则不存在这种不相容，一个人可以是佛教徒，同时又是孔教徒，两者并行而不悖……然而，佛教与孔教在气质上总有些不同，所以同时信两教的人，肯定会有所偏向”(《中国问题·中西文明的对比》)①。在具体的生活实践中，就一个人而言，虽然可以在佛教和儒家思想接受的程度上存有轻重的差异，但并不影响一个人同时接受这两种思想，这种融合性在世界文化中是少见的。总之，我们不仅有“四大”发明，而且有丰富的道德文化思想资源，这为传扬实践提供了客观可能的依托。

2. 中华民族当下的决心

我国经济建设的飞速发展，在世界经济份额的占有比例发生了变化，但我国仍然属于发展中国家。尤其是近年来世界环境污染、能源枯竭危机以及 2008 年引发的世界范围内的经济危机等仍然是地球村公民疲于应对的形势下，利用自己民族文化来润滑本民族经济发展，已经成为地球村各民族村的共同选择。我国也不例外，适时地提出“要全面认识祖国传统文化，取其精华、去其糟粕，古为今用、推陈出新，坚持保护利用、普及弘扬并重，加强对优秀传统文化思想价值的挖掘和阐发，维护民族文化基本元素，使优秀传统文化成为新时代鼓舞人民前进的精神力量”②，同时，“引导人们向往和追求讲道德、尊道德、守道德的生活，让 13 亿人的每一分子都成为传播中华美德、中华文化的主体”③，无疑是传扬实践得以可能的主观动力。

传扬传统文化不是单一的事务，它必须与社会主义核心价值观相结合，通过教育引导、舆论宣传、文化熏陶、实践养成、制度保障等途径，使中华传统文化成为社会主义核心价值观落地开花的文化给养。这是明智的举措，单一地倡导社会主义核心价值观往往收不到预期的效果，而且这本身也是讲究实效的表现。经济的实践无法离开文化的驱动而产生实际的效用，传统美德文化因子是中国现代化建设的持续发展的最为活性化的因子。在这个意义上，传统美德文化的建设是提升中国人均经济份额的最为基础的环节，而对中华传统文化的重

① 〔英〕罗素著、秦悦译《中国问题》，上海：学林出版社 1996 年 12 月。

② 《中共中央关于深化文化体制改革推动社会主义文化大发展大繁荣若干重大问题的决定》，《中国共产党第十七届中央委员会第六次全体会议文件汇编》，北京：人民出版社 2011 年。

③ 《习近平在中共中央政治局第十二次集体学习时的讲话》(2013 年 12 月 30 日)，《人民日报》2014 年 1 月 1 日第 1 版。

视,使这一切成为可能。

当然,在可能性实现的问题上,会遇到的挑战就是长期以来儒家思想一统的局面,如何在最大限度上坚持古为今用、推陈出新,关键必须在创造性转化、创新性发展上下功夫。

(三) 世界的认可

上面从历史和现实两个维度分析了中国自身具有的传扬传统美德实践可能性,这可以说是内在的条件。众所周知,随着高科技的发展,人际、国际、洲际的距离变得越发接近,中国自 2001 年加入世界贸易组织(WTO)以后,这是对中国原有封闭式的小农经济的突破和飞跃。文化的驱动是经济实践的必然课题,传扬传统美德实践作为中华民族文化育养的主要课题,既要超越时代又要超越国度,既立足本国又面向世界。世界经济实践昭示的特点,为我们面向世界传扬传统美德创造了最为切实的外部条件,中华民族具有虚怀若谷的广远和立体开放性,张骞两通西域、唐玄奘印度取经、鉴真东渡日本,这些重大的经济、道德、文化的历史交流活动,对外,不仅有吸纳也有影响。中国古代文化深刻地影响了世界历史的进程,为人类文明和进步做出了巨大的贡献;中华文明像一个强大的动力源,在世界各地正起着积极的影响和作用。关于这外在条件,具体将通过以下三个方面来加以展示。

1. 世界对中国人性格的赞美

前面提到英国哲学家、思想家罗素对中国文化的赞扬,罗素对中国的认识不是通过书本,而是通过亲身的体验和感受,在他离开中国前,一位中国友人请他指出中国的弱点或弊病。他虽然感觉中国人对他非常友善,但出于真诚,他还是满足了友人的要求,指出了中国人的三个弱点:贪婪、懦弱、冷漠。但是,他更多地看到的是中国人的优秀品格,而且这些都是在中西文化比较的视野上展开的。

(1) 中国人具有“不有”“不恃”“不宰”的美德。这三个方面实际上就是在具体的人际关系里不占有外在他者(包括资源),不控制他者。罗素说:“老子是这样描述‘道’的运作的:‘生而不有,为而不恃,长而不宰。’我想,人们可以从这些话里获得关于人生归宿的概念。正如爱好思索的中国人所获得的一样。必须承认，中国人的人生归宿与大多数白人自己设定的人生归宿截然不同。'占有''自恃'和'支配'，白人国家和个人趋之若鹜。尼采把这一切归结为哲学，而他的信徒绝不限于德国。"(《中国问题·中西文明的对比》，第153页)西方人不仅个人体现了占有、自恃、支配他者的特点，而且国家也是这样。罗素把中国人和西方人相对应，这一对应不是相同价值方向的对应，而是相异价值方向的对应，实际是一种对立，这是值得当今地球村的居民认真重温和思考的。实际上，完全有理由说，今天的西方人和国家的行为，丝毫没有超越罗素的结论。当今的世界，不仅一般的人道主义行为后面存在其他动机的推动，而且接连不断的战争本身就是出于对其他民族国家资源"占有"的动机①。

(2)"和气"的美德。与日本的军国主义相比，罗素特别推崇中国人的"和气"，他认为："旅行家现在所能看到的中国的自然魅力将无法保存，将来工业发展必然会使之毁损。但有些东西会保存下去，中国至高无上的伦理品质中的一些东西，现代世界极为需要。这些品质中我认为和气是第一位的。以公理为基础而不是以武力去解决争端。西方人究竟是能让中国人保留这种美德，还是使中国出于自卫而采用日本式的军国主义，还需拭目以待。"(《中国问题·中国人的性格》)当时的罗素虽然对中国能否坚持贯彻"和气"的行为表示担忧，由于世界整体呈现的是武力就是一切的理则，没有所谓的公理，力量就是公理所在。不过，客观的事实已经较好地回答了罗素"拭目以待"的问题，我们坚信的是公理，而不是如日本近代思想巨擘福泽谕吉那样，把争利等同争理②。

(3)自足的美德。与西方的竞争、不知足相比，中国更注重"祥和"、自足。罗素认为："从人类整体的利益来看，欧美人颐指气使的狂妄自信比起中国人的慢性子会产生更大的负面效果。'大战'的爆发表明我们的文明中有那么一些瑕疵，而俄国与中国的情况则使我相信这两个国家能使我们分清对错。中国人摸索出的生活方式已沿袭数千年，若能够被全世界采纳，地球上肯定会比

① 当然，罗素把贪婪作为中国人的弱点之一，贪婪本身就是一种占有，所以，他在肯定中国人的同时，也看到了客观存在的问题。参考"但是，有人或许会说：你是在把西方的实践同中国的理论相比较；但如果以西方的理论同中国的实践相比较，结果就会相反。当然，这话也有一定道理。'占有'，虽然是老子希望我们抛弃的三者之一，却也是一般中国人心灵的欲望。作为一个民族，他们也爱财，或许不如法国人，但肯定超过了英国人和美国人"。(《中国问题·中西文明的对比》)

② 参考"争利，固然为古人所讳言，但是，争利就是争理。现在，正是我们日本与外国人争利讲理的时代"。(〔日〕福泽谕吉著、松泽弘阳校注《文明论之概略·续前论》，东京：岩波书店1995年3月，第118页)

现在有更多的欢乐祥和。然而，欧洲人的人生观却推崇竞争、永不知足以及改变。导向破坏的效率最终只能带来毁灭，而我们的文明正在走向这一结局。若不借鉴一向被我们轻视的东方智慧，我们的文明就没有指望了。”(《中国问题·中国的种种问题》)罗素把中国作为“祥和”的代表和象征，祥和来自自足的心态，罗素虽然没有在这里直接指出中国人自足的特点，从他把西方人的“永不知足”作为竞争原因的思路中也可以悟出这一点；另外，就是在他推崇老子思想的氛围里也不难得出这一结论，知足是老子思想的重要因子，诸如“知足者富”(《老子》33章)、“祸莫大于不知足，咎莫大于欲得，故知足之足，常足矣”(《老子》46章)就是例证。罗素把第一次世界大战作为西方文明中的“瑕疵”。上面已经提到，战争的深层原因其实是资源的占有，是追求竞争的自然结果，支持其行为的心理基础则是“永不知足”，永无止境的竞争只能使世界走向毁灭①，所以，必须学习中国的智慧，这样世界文明才有希望。这些无疑是传扬传统美德实践最好的外在条件之一。

2. 西方对中国文化的信心

理性的发展，给人类展示并带来了高科技的便利时代，这一时代的特点之一就是洲际、国际、人际的距离得以缩短。就文化而言，也早已进入了全球化的时代。2001年在东南大学建校100周年之际举办的系列活动中，美国夏威夷大学哲学系教授安乐哲(Roger T. Ame)讲演时，有学生提问如何理解文化全球化的问题，他的回答是“文化全球化就是全球麦当劳化”。换言之，文化全球化就是西方文化向全球的渗透，或者称占领全球，也就是说，西方文化成为全球文化的评判标准，这自然是我们不能认可的。但我们不得不重视的是，西方文化

① 参考“我认为，中国人的宽容，欧洲人根据本国经历是无法想象的。我们自认为宽容，但只不过比我们的老祖宗显得宽容一些罢了。但是在政治上、社会上仍实行各种压迫，称不上宽容。更严重的是，我们深信自己的文明和生活方式远胜于其他民族。如果遇到像中国这样的民族，就认为对他们最慈善的举动莫过于让他们全盘接受我们的文明——这真是大错特错。我认为，一个普通的中国人可能比英国人贫穷，但却比英国人更快乐。这是为什么呢？因为他们国家的立国之本在于比我们更宽厚、更慈善的观念。无休止的好勇斗狠不仅产生了明显的恶果，还使我们不知足，不能享受美，使我们失去思考的美德。从这一点来说，在过去的一百年里，我们是迅速地退步了。毋庸讳言，中国的弊病正趋于另一个极端，但是，正由于这个道理，中西交流对双方都有好处。他们可以从我们这里学到必不可少的实用的效率；而我们则可以从他们那里学到一些深思熟虑的智慧，这种智慧使其他古国都已灭亡之时，唯独中国生存了下来”(《中国问题·中西文明的对比》)。

本身包含着对其他文化的学习和吸收，他们的学习和吸收，与我们的价值倾向是相异的。

> 虽说日本文化在明治维新之前源于中国，直到今天，日本的书写仍然采用汉字，日本的佛教也是从中国传入，忠孝是日本的伦理基础，儒家的这两种美德是与其他古老的中国文化一块进口来的。但在西方人入侵之前，中日两国的历史发展不同，人民的性格也不同，虽然他们原来采用的学说是一样的。中国从秦始皇（公元前200年左右）开始，一直是统一的大陆帝国，与周边的安南、缅甸、蒙古、西藏、印度等外国交往甚多。与之相反，日本是一个岛国，除了与朝鲜，偶尔与中国有些接触之外，与其他国家几乎没有什么往来。藩族的分立与相互争战，造就了武士的美德与恶德，然而却使日本没有经济上的或行政上的大举措……然而，就是孔子的理论在日本的发展，也与中国的不同，这也是理所当然。（罗素《中国问题·1914年之前的日本与中国》）
>
> 我和日本人一起工作时就发现，他们最初用的那些奇特词句和概念，一变而为具有重大含义，并充满长年积蓄的感情，同西方人所了解的道德观、罪恶观有着巨大的差异。而他们的体系则是独特的，既不是佛教的，也不是儒教的，而是日本式的——包括日本的长处和缺点。（《日本文化的类型·任务——研究日本》）①

日本的文字虽然也采用中国的汉字，但他们在学习中国文化的过程中，形成了日本式的文化特征，这是基于日本社会特征的结果。儒家文化在日本没有任何特别的位置，他们甚至都没有把儒家的“仁”作为最重要的道德原则来接受，而选择了“孝”作为最重要的道德②。

---

① 〔美〕鲁思·本尼迪克特著、吕万和等译《菊与刀》，北京：商务印书馆1990年6月。

② 参考“中国的伦理学把‘仁’作为检验一切人际关系的试金石。中国伦理学的这一前提，日本从未接受。日本学者朝河贯一在论及中世纪两国的这种差异时写道：‘在日本，这些观点显然与天皇制不相容，所以，即使作为学术理论，也从未全盘接受过。’事实上，‘仁’在日本是被排斥在伦理体系之外的德目，丧失了它在中国伦理体系中所具有的崇高地位。在日本，‘仁’被读成‘jin’（仍用中文的汉字）。‘行仁’或‘行仁义’，即使身居高位也不是必须具备的道德。由于‘仁’被彻底地排斥在日本人伦理体系之外，致使‘仁’形成具有‘法律范围以外之事’的含意。比如提倡为慈善事业捐款、对犯人施以赦免等等。但它显然是分外的事，不是必须如此”（《菊与刀·报恩于万一》）。

西方的情况也一样，他们在学习和吸收中国文化的实践中，在20世纪末、21世纪初提出了“21世纪是中国道家哲学的世纪”的警世性的断论，这自然不是他们的信口开河，而是总结世界文化后得出的结论，与道家哲学的本质存在必然的联系，因为21世纪世界正面临的能源枯竭、环境污染、人际关系疏离等危机，都可以在道家的宇宙一体的思维、万物整体联系的认知、虚静凝思的修养方法、接受性的倾听他者的行为等智慧中找到消解的文化力。西方人的这一运思是值得我们重视和珍惜的，中国的富强需要优化古代一切资源，单一的儒家文化是无法承担这一重任的，这是我们必须有的自觉。可以说，道家对海外的影响，渗透到科学、政治、艺术、生活的一切层面，诸如联合国秘书长潘基文2014年8月4日赠送美国总统奥巴马的生日礼物是汉字书法“上善若水”，这出自《老子》8章，它充分说明道家文化对世界舞台产生的实际影响。这一客观现实自然为传扬传统美德实践走向海外提供了最好的条件。

3. 中国物质文化登上世界舞台的现实

站在世界文明的舞台上，我想我们应该尽快明了一件事情，就是做任何事情不能感情用事，不能主观臆想，必须依据事情本有的规律来做，才会收到效益，带来预想的效果。文化走向世界是一个大工程，必须本着文化的规律来做才行。西方文化占据世界舞台的主角地位，诸如美国的艺术文化产品等，在向海外其他国家的输出中实现了大量的利润，为国家创造了高税收。具体而言，美国的文化创意产业(Culture and Creative Industries)2014年的贡献是6 980亿美元，占GDP的4.32%；2012年出口的文化产品达162亿美元，版权产业对GDP的贡献是8 690亿美元①。从这些数据也可看出现在各国热衷于用文化来拯救或促进本国经济发展的原因了。我认为我们提出传扬中华优秀文化战略的背后，自然与经济存在相应的联系，不然无法与厚实民生实现对接。

审视客观现实，我们精神性的文化产品虽然在走向世界市场时还存在着不如意的现实，但是，我们的物质性文化产品早已在世界舞台上得以显示，不过，迄今仍未引起我们应有的重视。比如我们的国宝“大熊猫”(Giant Panda)。“熊猫外交”为大家所熟知，其历史最早可以上溯到唐代武则天时期。据日本《皇家年鉴》记载，早在武后垂拱元年(685年)，临朝称制的太后武则天就曾赠送给日

① 详细参照 http://www.mpaa.org/nea/

本天武天皇2只“白罴”和70张“白罴”毛皮。据大熊猫专家胡锦矗考证,“白罴”就是现在的大熊猫[①]。1941年,宋美龄、宋蔼龄代表中华民国政府向由美国政府支持的民间机构“救济中国难民联合委员会”赠送一对大熊猫,以对其救济二战中的中国难民表示感谢。此为中国现代“熊猫外交”之滥觞,也开创了“熊猫外交”的现代模式,此后,中华民国于1946年又向英国政府赠送了1只大熊猫,正式开始了大熊猫作为国礼出国的历程。

从1982年至1994年,是大熊猫由赠送改为巡展与商业性租借的时期,其间约有24只大熊猫分别巡展或商业性租借到苏联、朝鲜、美国、日本、法国、英国、墨西哥、西班牙、德国等国家。1994年至今进入践行合作研究的时期,为了解决大熊猫出国带来的种种问题,更好地保护大熊猫,中国野生动物保护协会和中国动物园协会与国际动物保护机构达成协议,中国可以将一对健康、有繁殖能力的大熊猫送至其他国家进行为期10年的合作研究,其间繁殖的后代归中方所有;若大熊猫意外死亡,其遗体也归中方所有。中方可派出技术人员与外方共同进行对大熊猫的研究工作,外方每年付给中方100万美元,10年总共支付1 000万美元。那些生活在海外的大熊猫大多是在人工饲养条件下繁殖的子代或者经人类长期豢养的个体,无论从数量还是从来源考虑,都对野生大熊猫种群不再构成威胁[②]。一般野生的大熊猫的寿命约是18年,而人工饲养的大熊猫寿命最长的可达38年,这对研究的推进非常有利。

可以说,大熊猫是中国元素,目前在世界上具有很高的人气,为世界居民所认可。例如,美国新年的气氛虽然比不上圣诞节,但2016年新年最抢媒体风头的是半年前出生在美国首都国家动物园的大熊猫贝贝(Beibei),当时虽已长到23磅,但仍不会走,只能滚。新年期间对外第一次开放,有上千人排队等候,显示出美国人喜欢大熊猫的狂热程度;与此同时,加拿大多伦多的动物园的大熊猫,也在网络上有几个视频,非常走红。有一个视频是大熊猫抱着一根木头打滚儿玩,反复从坡上往下滚,其可爱的程度难以让人忘怀!

在值得庆幸的同时,必须引起我们思考的问题是,虽然围绕大熊猫的外交已达一定时日,但围绕大熊猫这一中国元素的文化产品并没有诞生。换言之,我们至今缺乏配套大熊猫的中国文化产品开发,没有文化产品的依托,要想中国文化元素走上世界文化舞台有一定困难。必须选择可行的切入口。与此相

---

① 参考胡锦矗的《关于大熊猫的中文名称》,载《中国科技术语》2009年第1期。

② 参考 http://zh.wikipedia.org/wiki

反，美国利用我们租借给它的大熊猫，大力发展了围绕大熊猫的文化产品。在2008年6月6日就上映了第一部以中国功夫和大熊猫为主题的美国动作喜剧电影*Kung Fu Panda*①，影片以中国古代为背景，其景观、布景、服装以至食物均充满中国元素。故事讲述了一只大熊猫立志成为武林高手的故事，该片由约翰·斯蒂芬森和马克·奥斯本执导，梅丽·莎科布制片，杰克·布莱克、成龙、达斯汀·霍夫曼、安吉丽娜·朱莉、刘玉玲、塞斯·罗根、大卫·克罗素和伊恩·麦西恩等配音，首日上映的票房达2 030万美元，周末累积达6 020万美元，美国国内票房共达2.15亿美元；2011年5月*Kung Fu Panda 2*又上银幕，前3天的票房达4 770万美元，票房共达6.657亿美元，其中约75%来自海外②，美国国内票房达1.625亿美元；*Kung Fu Panda 3*于2016年1月29日在美国上映③，首日票房达1 050万美元，周末的票房达4 100万美元。海外尤其是中国，给他们带回的都是效益④。美国利用熊猫来制作文化产品而推动美国经济发展的事实，非常值得我们借鉴和学习。我们必须思考，熊猫是我们的国宝，但至今我们没有享誉世界的熊猫题材的影视产品，这样的话，中国文化走向世界如何成为可能？何时成为可能？为什么我们的文化建设不能与人民的生活紧密结合？为什么不能与效益结合？熊猫是中国独有的，但它无疑是中国元素普世化的最佳载体之一，可是，就是这样一个好的题材，在中国熊猫外交的实践中，没有引起艺术家、思想家们的关注。我想我们应该利用这次与*Kung Fu Panda 3*与美国有1/3的合作过程的实践，来思考我们自己的文化如何在世界上"元素化"的大事。这无疑也是传扬传统美德实践的可能的有利条件，因为美德必须在适合自己的文化中得以生长，不能依靠提倡美德来期盼别人重视你的美德，"文化"实际有一个"以文化人"的过程，这必须引起我们足够的重视。

---

① 2010年，美国梦工厂动画首席执行官Jeffrey Katzenberg宣布功夫熊猫系列一共有6部。

② 场景在和平谷，讲的是大熊猫与其他动物互帮共存而保卫和平谷的故事。

③ 本片将由美国梦工厂动画和东方梦工厂（一家2012年由梦工厂动画和上海东方传媒集团在上海共同成立的工作室）联合制作，三分之一在中国制作，其余将在美国梦工厂动画制作。这是美国主导的动画电影第一次同中国大陆公司联合制作。制片公司正与国家新闻出版广电总局亲密合作以确保影片在中国大陆的发行。作为一部与中国的合拍片，梦工厂可以避免中国严格的进口配额限制，并能分享比进口影片更大比例的票房收益。为了确保影片在中国的成功，除了英语版以外，中文版也将完全动画化，使之成为唯一一个声音与口型同步的外语版本。

④ http://deadline.com/2016/01/weekend-box-office-kung-fu-panda-3-finest-hours-fifty-shades-of-black-1201692571/

四、危机意识是传扬传统美德实践的文化驱动力

传扬传统美德必须首先克服目前的道德危机，这是前提。道德危机实际是道德疲软的表现。在此，我们不得不思考的是，具有悠久历史的文化礼仪之邦，为什么现实仍然缺乏道德？这说明我们的文化积淀机制严重缺乏活力，或者说缺乏合理的枢机。这与我们的研究缺乏科学合理性不无关系，对危机问题的无视就是最好的说明。无视古代思想中与忧患紧密联系的危机及相关运思的总结和分析，无形中放弃了激活危机意识这一文化因子的机会，把人置于高枕无忧和夜郎自大的文化优越感的虚妄的境遇之下，流失了对民众危机意识唤醒和培养的一切途径，今日道德危机正是这种文化优越虚妄症的直接表现之一。激活危机意识是传扬传统美德实践获得文化驱动的需要。下面就对危机意识进行完整的分析。

（一）《诗经》里的忧患的意识

“危机”的问题是古代文化本有的概念，危机因子的存在是不可无视的事实。

1. “危”成为研究的盲点

众所周知，虽有“居安思危”“转危为安”等成语，但在人们的习惯思维中，更多地强调的是“安身立命”“安家立业”“安邦立国”“安居乐业”以及如何安的“安之若泰”等，换言之，思考的落脚点在“安”，不在“危”。另一方面，在中国思想文化的长河里，“危”是本有的概念，是中国文化的基因之一，问题是它没有为我们的研究所正视。

中国是儒家思想一统的社会，在儒家思想中，“忧患”是为大家所熟知的，可以说它与中国知识人存在特殊的关系，往往把具有忧患意识作为知识人的优良品德之一。但是，儒家重视的不仅仅是忧患，还有与此相连的危机问题，而危机问题迄今都没有成为我们聚焦的对象，这是非常遗憾的事情，与夯实文化软实力的战略显然是不相吻合的。

2.《诗经》里的“忧”

由于危机与忧患紧密联系，故这里想在对忧患的分析中明了存在危机意思的真相。古代的忧患意识，最早可以在《诗经》里找到。“忧”在《诗经》里出现75次左右，其中“忧心”约25次，“心之忧”约24次，“我心忧伤”约4次，“心忧”约3次，“心忧伤”4次，“无思百忧”约3次。一个不可否认的事实是，《诗经》对“忧”的解释侧重在“心”，这说明“忧”是一种心理活动，这与“忧”的字形相一致，“忧”的左边就是“心”。“忧”的本义是担忧、发愁，《说文解字》解释为“忧，愁也”①，忧戚、忧思、忧煎、忧急、忧惶、忧烦等都是对担忧的具体描绘。

《诗经》里没有出现“患”，实际上，“忧”与“患”在字形上都与“心”联系，说明都是心理活动，《说文解字》的“患，忧也”，往往可以互释，忧患是同义反复，意为忧虑。总之，一般而言，“忧”在动词的层面上，表示担忧、忧虑；在名词的意义上，则表示忧患、祸患。忧患意识就是由对忧患、祸患认识而积淀起来的心理情感，往往表现为忧愁之感。对《诗经》中的忧患意识，先哲们都有深刻感悟：班固的《汉书·艺文志》认为“大儒孙卿及楚臣屈原，离谗忧国，皆作赋以风，咸有恻隐古诗之义”②；清代文艺理论家刘熙载的《艺概·诗概》也认为“大雅之变，具忧世之怀，小雅之变，多忧生之意”③。这些都是有力的佐证。

（二）儒家的忧患意识

在中国思想史的长河里，儒家思想中具有非常丰富的忧患意识，具体可以通过孔子和《周易》的相关内容来佐证。

① 〔汉〕许慎撰、〔清〕段玉裁注《说文解字注》，上海：上海古籍出版社1981年10月。

② 〔汉〕班固撰《汉书》，北京：中华书局1962年6月。

③ 〔清〕刘熙载著、薛正兴点校《刘熙载文集》，南京：江苏古籍出版社2000年12月。

1. 孔子的忧患运思

忧患的运思在孔子那里就能找到，“不患人之不己知，患不知人也”（《论语·学而》16）、“人无远虑，必有近忧”（《论语·卫灵公 12》）就是例证，孔子的“忧”和“患”是分开的，这里没有成为一个概念。就孔子而言，“忧”和“患”的意思就是忧虑，而“丘也闻有国有家者，不患寡而患不安，不患贫而患不均。盖均无贫，和无寡，安无倾”（《论语·季氏 1》）尤为重要。换言之，贫穷和寡少是不用担心的，关键是在贫穷和寡少的境遇里做到均平，这样大家就能和安。也就是说，孔子明显表现出不关心发展生产的倾向，只是运思如何在贫寡的境遇下快乐生活，“贤哉，回也！一箪食，一瓢饮，在陋巷，人不堪其忧，回也不改其乐。贤哉，回也”（《论语·雍也 11》）就是具体说明。在贫寡的境遇里能保持快乐心态的话，就能忘却忧愁和忧虑，即“叶公问孔子于子路，子路不对。子曰：‘女奚不曰，其为人也，发愤忘食，乐以忘忧，不知老之将至云尔’”（《论语·述而 19》）。所以，对儒家孔子而言，贫寡等关联物质生活方面的东西是无须担忧的，“君子谋道不谋食。耕也，馁在其中矣；学也，禄在其中矣。君子忧道不忧贫”（《论语·卫灵公 32》）、“德之不修，学之不讲，闻义不能徙，不善不能改，是吾忧也”（《论语·述而 33》），道义是他唯一担忧的内容。

2.《周易》的忧患意识

忧患作为一个概念，我们在孟子和荀子那里就能找到[①]。总的说来，孟子把忧患作为人生命活力的根源[②]，荀子则把忧患与国家的安危紧密相连，认为国家安定不仅君主快乐，而且没有忧民，国家危险就没有快乐的君主，这样的话，社会治理就成为“君”之首要的任务，君主在实行社会的治理中远离忧愁、获得快乐[③]。

---

① 《孟子》有 1 个用例，《荀子》有 4 个相同意义上的用例。

② 参考“舜发于畎亩之中，傅说举于版筑之间，胶鬲举于鱼盐之中，管夷吾举于士，孙叔敖举于海，百里奚举于市。故天将降大任于是人也，必先苦其心志，劳其筋骨，饿其体肤，空乏其身，行拂乱其所为，所以动心忍性，曾益其所不能。人恒过，然后能改；困于心，衡于虑，而后作；徵于色，发于声，而后喻。入则无法家拂士、出则无敌国外患者，国恒亡。然后知生于忧患，而死于安乐也”。（《孟子·告子下 15》）

③ 参考“国危则无乐君，国安则无忧民。乱则国危，治则国安。今君人者急逐乐而缓治国，岂不过甚矣哉！譬之是由好声色而恬无耳目也，岂不哀哉！夫人之情，目欲綦色，耳欲綦声，口欲綦味，鼻欲綦臭，心欲綦佚。此五綦者，人情之所必不免也。养五綦者有具，无其具则五綦者不可得而致也。万乘之国，可谓广大、富厚矣，加有治辨、强固之道焉，若是，则恬愉无患难矣，然后养五綦之具具也。故百乐者生于治国者也，忧患者生于乱国者也，急逐乐而缓治国者，非知乐者也。故明君者必将先治其国，然后百乐得其中；暗君必将急逐乐而缓治国，故忧患不可胜校也，必至于身死国亡然后止也，岂不哀哉”（《荀子·王霸》）！

《易大传》中忧患有2个用例，诸如“《易》之为书也不可远，为道也屡迁。变动不居，周流六虚。上下无常，刚柔相易，不可为典要，唯变所适。其出入以度，外内使知惧，又明于忧患与故”(《周易·系辞下》)。可以说，《周易》本身就是忧患意识的写照。不仅如此，在忧患的行程里，《易大传》强调“君子以思患而预防之”(《周易·象传下·既济》)，这可以说就是我们习惯认定的并引以为骄傲的“忧患”情结。孔颖达的总结也非常精彩：“若无忧患，何思何虑，不须营作。今既作《易》，故知有忧患也。身既患忧，须垂法以示于后，以防忧患之事。”[①]对《易大传》的忧患意识，徐复观也认为，周在取代殷以后，表现出来的不是趾高气扬的气象，而是忧患意识[②]。

儒家重视忧患的运思可以说是前后一贯的，这在新出土的文献中也可得到佐证，即“凡忧患之事欲任，乐事欲后”[③]，体现出对积极担当忧患事务、尽力谦让快乐事务的强调。这与《易大传》体现的精神是一致的，但与《诗经·小雅·无将大车》的“无思百忧，祇自疷兮”所体现的思想本质存在相异的一面，这也是需要引起注意的。

(三) 儒家忧患运思中的危机取向

历来对儒家忧患的研究基本都停止于此，其实，这是浅尝辄止的行为。具体理由是，儒家思想家在强调忧患的同时，也推崇与此相连的危机意识的培育。“危”在词语学上，小篆字形上面是人，中间是山崖，下面是腿骨节形。表示人站在很高的山崖上，本义是在高处而心生畏惧；在动词的层面，是恐惧、忧惧的意思；在名词的角度，是危机、危亡、危险等困境及其根源的意思。必须注意的是，

---

① 《周易正义》，载〔清〕阮元校刻《十三经注疏》，北京：中华书局1980年10月。

② 徐复观对忧患意识是这样界定的：“忧患意识，不同于作为原始宗教动机的恐怖、绝望。一般人常常是在恐怖绝望中感到自己过分地渺小，而放弃自己的责任，任凭外在的神为自己做决定。凭外在的神为自己做决定后的行动，对人的自身来说，是脱离了自己的意志主动、理智引导的行动，这种行动是没有道德评价可言，因而这实际是在观念的幽暗世界中的行动。由卜辞所描绘的‘殷人尚鬼’的生活，正是这种生活。‘忧患’与恐怖、绝望的最大不同之点，在于忧患心理的形成，乃是从当事者对吉凶成败的深思熟虑而来的远见；在这种远见中，主要发现了吉凶成败与当事者行为的密切关系，及当事者在行为上所应负的责任。忧患正是由这种责任感来的要以己力突破困难而尚未突破时的心理状态。所以忧患意识，乃人类精神开始直接对事物发生责任感的表现，也即是精神上开始有了人的自觉的表现。”(《周初宗教中人文精神的跃动》，载徐复观著《中国人性论史》，上海：上海三联书店2001年9月)

③ 李零著《郭店楚简校读记》，北京：中国人民大学出版社2007年8月。

反映动词层面“危”的意思的概念还有“惧”①。《说文解字》曰:“危,在高而惧也。”在上面分析“忧”时,曾经提到其基本意思是担忧、忧愁,这仅是一个方面。另一方面,“忧”还有忧愤、忧惧的意思。忧愤的意思是不满而怨恨或愤怒,当然,这是人的心理活动,正是在这个层面,忧愤的意思恰好与“忧”字右边的“尤”的意思相一致,“尤”正是怨恨的意思,不仅仅是一种忧愁;忧惧的情况不仅仅是“忧”,而且是“惧”,或者说“惧”是主要的方面,其意思是忧愁恐惧、惧怕的意思。《说文解字》曰:“惧,恐也。”“惧”是害怕、恐惧的意思。因此,“忧”在这个层面的意思,正好与“危”的意思相合。因此,对危机、危亡、危险等困境及其根源等的认识,以及忧惧危机来临和避免、应对危机的心理和能力的综合整合,就是我们所说的危机意识。在危机来临时,危机意识可以驱动人们立即采取行动脱离危险境地,以避免造成灾难,从而消解人自身的恐惧心理而回归正常的生活轨道。

1. “惧”和“危”的联系

在孔子那里,虽然“危”在动词层面的用例没有典型的表现,但他对“惧”显示出相当的重视,诸如“必也临事而惧,好谋而成者也”(《论语·述而 11》),就是佐证。不仅如此,而且孔子将“忧”“惧”对应使用,如“知者不惑,仁者不忧,勇者不惧”(《论语·子罕 29》)、“司马牛问君子。子曰:‘君子不忧不惧。’曰:‘不忧不惧,斯谓之君子已乎?’子曰:‘内省不疚,夫何忧何惧?’”(《论语·颜渊 4》)孔子的这一运思,为荀子所继承和发展,“若驭朴马,若养赤子,若食馁人,故因其惧也,而改其过;因其忧也,而辨其故;因其喜也,而入其道;因其怒也,而除其怨,曲得所谓焉”(《荀子·臣道》),这里“惧”“忧”对应而用。不仅如此,荀子还直接使用了“恐惧”这一概念,诸如“身不能,知恐惧而求能者,如是者强;身不能,不知恐惧而求能者,安唯便僻左右亲比己者之用,如是者危削,綦之而亡”(《荀子·王霸》)。

荀子还把“惧”“危”连用,“鲁哀公问于孔子曰:寡人生于深宫之中,长于妇人之手,寡人未尝知哀也,未尝知忧也,未尝知劳也,未尝知惧也,未尝知危也……孔子曰:君入庙门而右,登自胙阶,仰视榱栋,俯见几筵,其器存,其人亡,君以此思哀,则哀将焉而不至矣!君昧爽而栉冠,平明而听朝,一物不应,乱之

① “易之兴也,其当殷之末世,周之盛德邪?当文王与纣之事邪?是故,其辞危。危者使平,易者使倾。其道甚大,百物不废,惧以终始,其要无咎,此之谓易之道也。”(《周易·系辞下》)这里的“危”和“惧”就具有相同的意义。

端也，君以此思忧，则忧将焉而不至矣！君平明而听朝，日昃而退，诸侯之子孙必有在君之末庭者，君以思劳，则劳将焉而不至矣！君出鲁之四门以望鲁四郊，亡国之虚则必有数盖焉，君以此思惧，则惧将焉而不至矣！且丘闻之：君者舟也，庶人者水也。水则载舟，水则覆舟；君以此思危，则危将焉而不至矣”（《荀子·哀公》）。这里讨论了“思哀”“思忧”“思劳”“思惧”“思危”，思虑的对象从一般悲伤到危机，这是一个逐渐递进的序列，在此，我们既可以看到“忧”“惧”“危”的联系，也可感受到它们之间的区别，这也自然成为中国古代思想文化中危机运思区别于忧患运思的依据所在，也是区别忧患和危机这两个文化因子的价值所在。

2. 居安思危

在危机意识方面，荀子推崇的是居安思危，即“知者之举事也，满则虑嗛，平则虑险，安则虑危，曲重其豫，犹恐及其祸，是以百举而不陷也”（《荀子·仲尼》）。在“安则虑危”的具体对象方面，荀子主要关注国家社稷的安危，“不利而利之，不如利而后利之之利也；不爱而用之，不如爱而后用之之功也。利而后利之，不如利而不利者之利也；爱而后用之，不如爱而不用者之功也。利而不利也，爱而不用也者，取天下矣。利而后利之，爱而后用之者，保社稷也。不利而利之，不爱而用之者，危国家也”（《荀子·富国》）、“国者，天下之制利用也；人主者，天下之利势也。得道以持之，则大安也，大荣也，积美之源也。不得道以持之，则大危也，大累也，有之不如无之，及其綦也，索为匹夫不可得也，齐愍、宋献是也。故人主，天下之利势也，然而不能自安也，安之者必将道也”（《荀子·王霸》），都是具体的佐证。

也就是说，国家社稷的安危虽然非常重要，但引发其危殆的因素在是否利民。对待民众利益的不同行为，可以分为三种情况：不让利民众而取利于民众，不关爱民众而利用民众，其结果势必危殆国家；让利民众而不取利于民众，关爱民众而不利用民众，就能取得天下；让利民众然后再取利于民众，关爱民众然后再利用民众，只能保住社稷。可以说，取得天下是在对待民众利益问题上的最高行为，而危殆国家是最差的行为，居于中间的是保住社稷。在另一方面，对待民众利益的不同行为，也是治理之道的不同。君主虽然处于最为有利的位置上，但在是否以“道”来治理社会上的不同选择，带来的结果是完全相异的；不依归“道”来治理社会的话，势必危殆国家；依归“道”来进行社会的治理，社会国家势必安定。换言之，在最终的意义上，君主虽然处在最为有利的位置，但这位置本身无法实现“自安”，能够带来安定的因素只能是“道”。

荀子的运思为后来的《易大传》所继承，综观《周易》，“危”字大约出现 13 次，“惧”约出现 6 次，动、名词的用法都有①，显示的也是居安思危的倾向。“君子安而不忘危，存而不忘亡，治而不忘乱，是以身安而国家可保也。《易》曰：其亡其亡，系于苞桑。”(《系辞下》)身处安逸的境遇，但不忘危险的来临；现实虽拥有许多，却不忘失去它们的可能；生活秩序虽整治井然，却不忘祸乱的降临。正因为始终能够保持这样的心境和行为，故始终能够处在安稳、安逸的境遇之中，如果人人都能这样，国家的繁荣也就没有问题。此外，还强调修炼适应危惧境遇的心理，如“洊雷，震。君子以恐惧修省”(《周易・象传下・震》)，常怀忧患意识、危机意识，进行实际的反省和修炼，这是值得肯定的。

(四) 危机意识对现代道德危机的启示

反观世界文明以及 21 世纪的现实，可以清楚地看到，民族的强大和持续繁荣，与一个民族危机意识的有着紧密联系。西方一般都不强调忧患意识，但强调危机意识。在古代文化资源的开发利用上，我们迄今皆以具有丰富的忧患意识而骄傲，无视忧患后面的、根本性的文化因子——危机意识在民族性格培育中的巨大作用。不可否认的是，在心理学的层面，忧患仅仅是一种苦恼，这在《广雅》“患，苦也”的界定中就可以得到解答。我想这可以作为日本学者涩泽荣一得出“在中国，尽管有上流社会，有下层社会，但却不存在成为社会中坚的中流社会。识见、人格都非常卓越的人物虽然不能说少，但从国民整体来观察时，个人主义、利己主义却很突出，缺乏国家观念”(《论语与算盘——人生・道德・财富・算盘与权利》)这个评价的原因。

再来看美国对待经济危机的方法，也能给我们以一定的启发。当今经济发展受阻给美国带来的困难，是他们从来没有遇到过的。对普通的民众而言，无论经济如何，有无稳定的工作是最为重要的事务。美国人的危机意识正是在如何拓展民众工作机会上显示出文化力量的。abc 电视台专门临时增加了一个节

① 也存在名词作动词用的情况。参照“君子进德修业。忠信，所以进德也。修辞立其诚，所以居业也。知至至之可与几也，知终终之可与存义也。是故居上位而不骄，在下位而不忧。故乾乾，因其时而惕，虽危而无咎矣”(《周易・文言・乾》)。危在这里是身处危险的意思。

目，就是在全美寻找“美国制造”的生活用品，对一些原为美国制造，现为海外其他国家所替代的产品，也分别加以说明介绍，他们意在唤醒美国人重温自己制造的情感享受，并推出值得推广的产品，有力地辅助了一些中小企业的再生，这正是应对经济危机的有效手段。这个节目开始至今，美国制造的份额在市场占领上不断加大，有许多本在海外制造的产品，现在重新回到了美国本土，有效地解决了就业的问题。

在当今地球村的文化竞争中，我们面对的客观现实是异域文化的不断进入或者涌入，而我们自己的文化却很难进入地球村的大舞台。迪斯尼项目在上海得以落户的主要原因是能够带来周边经济的互动和效益，依据是中国民众的消费需求。我们送给美国的一对熊猫，成为华盛顿特区地铁票的装饰物，在地铁票“Welcome to Washington DC”的下面，就是一对正在玩耍的可爱的熊猫，以及之前上演的《功夫熊猫》电影，我们的国宝成为他们打造文化产品的主要因子。这是不得不引为警醒的事件，我们需要应对这些危机的具体行为。

总之，局限于忧患问题而忽视危机意识的唤醒，是我们不容回避的现实问题。忧患和危机的联系在忧惧，危机意识就是“惧”的意识，如果“惧”是一个家族，那么诸如惧怕、恐惧、忧惧，都是其成员，忧惧不过是其中的一个成员，正是忧惧连接了忧患和惧怕，这是应该明确认识的。“飘风不终朝，暴雨不终日。孰为此？天地而弗能久，又况于人乎？故从事于道者同于道，德者同于德，失者同于失。同于德者，道亦得之；同于失者，道亦失之[①]”（《老子》23 章）。老子通过狂风、暴雨等自然现象不能持久的事实，告诫人类必须依归“道”“德”来行为以获得长久，这实际是危机意识的预警。荀子依归“道”来治理社会的运思也能在这里找到源头。社会的发展，需要真正的危机意识来支撑我们的行为，而真正危机意识的养成，离不开权利和义务相统一的认识和社会制度的保证，而危机意识的价值，就在于它最终势必通过具体的行为来预防、应对困境的实践，从而消解个人内心的恐惧心理，而不停留于担忧苦恼心理活动的层面！老子依归“道”来行为以获得长久的运思，对我们依归“道”来盘活古代危机思想资源无疑具有积极的价值意义。

在世界文化市场西方主导的客观现实面前，文化强国不是一句空话，它的

---

① 文字的变动依据老子帛书本而定。

具体落实就要通过夯实文化软实力来展示中华文化的独特魅力。夯实文化软实力的关键在于对古代中国文化的理性审视,需要把古代文化置入世界文化的舞台来进行思考,使中华民族最基本的文化基因与当代文化相适应,与现代社会相协调,既要立足本国又要面向世界。毋庸置疑,文化软实力的内在动力不在外在的世界文化市场,而只能在古代文化本身,依据古代文献本身来科学合理地慎思是夯实文化软实力的唯一出路,任何盲从行为带来的结果只能是对文化软实力的消解。毋庸置疑,重视道德建设是我们的强项,但越推行道德建设,现实生活中道德冷漠的现象会越严重。道德冷漠实际就是道德危机,而道德危机的产生虽然存在诸多原因,但与我们无视古代危机意识存在必然的联系。换言之,古代文化中的危机意识资源一直处在沉睡的状态之中,尽管有忧患意识,但忧患意识只在“忧惧”的层面与危机意识存在联系。对中国人而言,即使对忧患不陌生,但对“忧惧”无疑是非常陌生的。完全可以说,对大多数中国人而言,危机意识几乎是一个盲区,这一文化因子一直没有得到激活。中华民族伟大复兴中国梦的实现,是每一个中国人道德生活的现实境遇,发挥文化的本有功能来消解危机、营建美丽生活的道德乐园是其必然途径,危机意识无疑是中华美德的活力源,是传扬传统美德实践可能的现实驱动轮和动力源。

五、从“礼义之邦”到“礼仪之邦”

中国有“礼仪之邦”①的美称，但随着现代化实践的推进，这一美称也在经历着前所未有的挑战，这当然与我们现实生活中道德的缺席紧密相联。湖南省醴陵市的陈自绪老人10年间共为154名学生联系了资助，他希望受助学子入学后给他寄张照片，但总是难以如愿②。这一情况自然与礼仪存在一定的距离，但不能说没有礼义，这说明“礼仪”与“礼义”之间存在着一定的区别，而对这些区别的明晰，也是传扬传统美德实践可能性成为现实性的条件。

（一）“礼仪之邦”与“礼义之邦”的区别

这两个概念在历史上都存在过，虽然只有一字之差，但却存在根本性的差异。在中国文化的长河里，存在这种差异显然不是偶然所致，与中国知识人对这种差异意识的淡化紧密相连。因此，即使认为两者存在差异，但对这差异本身所持有的价值意义的思考却很少涉及。

1. “礼仪之邦”和“礼义之邦”的对立

虽然“礼仪之邦”与“礼义之邦”的差异是客观存在的，但等同这种差异是习以为常的运思。当然，对这种差异的自觉意识没有完全泯灭，这是值得庆幸的

① 是“礼仪之邦”还是“礼义之邦”，至今仍然存在一定的疑问或者称为争议，这一现象的存在也是我们文化领域暴露出来的根本问题之一。存在的争议可以概括为：我们是重视学理的礼义，还是推崇行为的礼仪？

② 详细参考《圆助学老人一个梦①》，《光明日报》2011年11月9日06版。这是一个连续报道，我也应邀加入了活动，具体报道在《圆助学老人一个梦⑤》，《光明日报》2011年11月28日06版。

事情。较早对语文教材中存在混淆两者的事实获得自觉的是江苏省宜兴中学的钱秀程，他发现了中学语文教材中四个地方存在的“礼仪之邦”和“礼义之邦”混淆使用的情况，并发表了相应的文章，认为用“礼仪之邦”是错的，应使用“礼义之邦”，因为“中国自古以来就以‘礼义’作为道德标准，一贯重视制度品节，提倡遵循社会规范和道德规范，推崇为正义而献身的操守。正因为这样，中国才被称为‘礼义之邦’。这样的‘礼义之邦’才是值得自豪的，如果仅是注重行礼仪式的‘礼仪之邦’，有什么值得自豪的呢”？①

此后中国艺术研究院的王能宪则连续发表文章，既有利用网络搜索的“礼仪”远远超过“礼义”的结果，又有围绕“礼义之邦”的历史轨迹的简略考察，最后断论：“‘礼仪之邦’的滥用是完全错误的，应当废止。为了维护汉语的纯洁性，为了继承弘扬中华民族优秀传统文化，让‘礼义之邦’魂兮归来。”②之后，王蒙也认为，“现在有人将‘礼义之邦’，写成‘礼仪之邦’，这是完全错误的。礼义指的是规范与道理，而礼仪偏于形式”③。

以上观点认为，本质的重点是“礼义”指的是规范和道理，诸如社会规范、道德规则等，而“礼仪”的重点在关注仪式，这是浮于表面而不及本质的形式的东西，因此没有肯定的价值。可以说，这种观点是中国人对礼义和礼仪差异的普遍认识。但这一观点无疑在本质和形式的辩证关系上存在机械的认识，轻视了带有仪式的“礼仪”，从而对立了“礼仪”和“礼义”。

2. “礼仪之邦”和“礼义之邦”的两立

与上面的观点相异，有学者则对两者关系进行了客观的分析，而没有以一方来否定另一方。

在上面对立两者关系的坐标上，有研究提出“我国自古以来就是‘礼义之邦’而非‘礼仪之邦’”，认为“‘礼仪’是仪式、礼节的形式规定，指人在一定场景下的进退揖让，语词应答、程序次序、手足举措皆须按礼仪举止的规定而行，显示出发达的行为形式化的特色。而‘礼义’则是贯彻于礼之细节规定的核心价值和伦理原则”，但同时也看到了“二者之间可能是起点与终点、外在与内在、行

---

① 参考钱秀程《“礼仪之邦”应为“礼义之邦”》，载《语文知识》2004 年第 6 期，第 24 页。

② 参考王能宪《岂止一字之差——“礼义之邦”考辨》（《光明日报》2012 年 12 月 17 日）、《“礼义之邦”考辨》（《文艺研究》2013 年第 2 期）的论述。

③ 参考王蒙《寄希望于文化》，《光明日报》2013 年 8 月 19 日 05 版。

动与思想、表现与实质等既相互联系又相互促进的关系”，认为“‘礼义’仍应为当代社会教化之重点，这是因为其有现代性与民族性，礼的精神实质在于：和而不同、等差有序的文明秩序；恭敬、辞让的尊人利他精神。弘扬礼的当代意义，必须在价值观与道德观上坚持等差伦理与平等伦理的统一。弘扬礼让精神，抑制过分竞争”①。显然，这一研究虽然看到了两者之间的起点与终点、外在与内在、行动与思想、表现与实质联系的关系，而且视之为促进的关系，但是，必须注意到这里使用的是“可能是”，显示出不肯定的信息，可见研究者虽然对两者关系必须具有明显的意识，但对两者的关系认定仍缺乏有力的把握，而且在现代社会教化的层面，完全无视了“礼仪”的价值存在，而仅仅局限在“礼义”的一个点上，无疑他的结论完全消解了对提出的问题可能产生的意义。

在此值得一提的还有对“礼仪之邦”“礼义之邦”的考论，有学者在文化史的维度上对两者进行了审视，提出在文化史的维度，并非如王能宪所断言的那样找不到“礼仪之邦”，同样可以找到其历史的足迹，不过，“礼义之邦”出现在先，“礼仪之邦”在后，但“直到民国年间，明确以‘礼仪之邦’指称‘中国’才逐渐流行起来”。产生这一认知的原因是，“这可能与中国自鸦片战争以来的衰落、受西方文化的冲击、清王朝的崩溃、新文化运动对传统的批判等因素有关；或者对绝大部分人来说，并未注意‘仪’‘义’二字的区别，以至于口耳相传、混而不察吧”，最后得出“‘礼义’与‘礼仪’亦非非此即彼的对立物，其关键在于如何因时因势把握其间的度。诚如宋儒程颐所强调的：‘礼者，理也，文也。理者，实也，本也。文者，华也，末也。理文若二，而一道也。文过则奢，实过则俭。奢自文至，俭自实生，形影之类也’”的结论②。显然，结论建立在史的基础上，在相同问题的研究上，无疑是一个巨大的推进，其主要贡献是揭示了“礼仪之邦”在中国文明史上得到认同的这一价值取向，肯定了“礼仪之邦”的价值。但“因时因势把握其间的度”的结论的提出，从所引程颐文献的内容来看，强调的最多不过是文与实的一致，换言之，就是形式与内容的一致。从以上分析的意义上看，这一结论就是“礼仪之邦”“礼义之邦”的统一，用作者的话说就是“‘礼义’与‘礼仪’亦非非此即彼的对立物”。但是，这一视野忽视了对两者之间的必然的辩证关系的揭示，因此，可以说这就是本研究得以成立的条件，自然也是传扬传统美德实践所要进行的革命性的一步。

---

① 参考肖群忠《“礼义之邦”的礼义精神的重建》，《江海学刊》2014年第1期。

② 参考林存阳《“礼仪之邦”抑或“礼义之邦”考论》，《光明日报》2015年1月21日14版。

(二)“礼”“义”“仪”的辨析

要辨明“礼仪之邦”“礼义之邦”的真义，在汉语的境遇里，借助文字从词义学来加以澄清不能不说是一个很好的切入点。这里也依顺这一常用的思维模式来进行具体的工作。

由于礼仪、礼义这两个概念，都是由“礼”组成的词组，可以说，“礼”是理解它们关系的桥梁。

1. 何谓“礼”

“礼”的繁体字为“禮”，是会意字，从示，从豊。“豊”是行礼之器，在字中也兼表字音；“示”是汉字的一个部首，其义多与祭祀、礼仪有关，引申义为让人看、显示、示范等。“礼”的本义为举行仪礼，祭神求福。换言之，“礼”是通过一定的仪式来演示的，仪式的参加者都是演示者。也就是在“礼”的本义里显示的不是通过语言来祭神求福而是通过具体的仪式来进行，仪式是与具体的行为结合在一起的。《说文解字》的“礼，履也；所以事神致福也”，也正是在这个维度来界定的。古代的“礼”有各种各样，诸如“四礼”(冠、婚、丧、祭)①、“五礼”(吉、凶、军、宾、嘉)②、“六礼”(冠、昏、丧、祭、乡、相见)③、“九礼”(冠、婚、朝、聘、丧、祭、宾主、乡饮酒、军旅)④。在动态的层面，“礼”还具体表示为尊敬的态度和动作，诸如礼让、礼遇、礼赞、礼尚往来、先礼后兵等里的“礼”，都是这个意思。在静态的层面，“礼”有几种不同的样态。首先表现为一定的仪式，如“卒廷见相如，毕礼而归之”(《史记・廉颇蔺相如列传》)里的“礼”，就是仪式的意思；其次是在表示庆贺、友好或敬意时所赠之物，即我们今天所说的礼物、礼金、献礼等，诸如“及受礼，唯酒一斗、鹿肉一柈，坐客愕然”(《晋书・陆纳传》)⑤，就是佐证；最后是礼

① 参考“正家以四礼：冠婚丧祭”(郑春颖《文中子〈中说〉译注》，哈尔滨：黑龙江人民出版社 2003 年 1 月)。

② “修五礼、五玉、三帛、二生、一死、贽”；孔氏传：“修吉凶宾军嘉之礼，五等诸侯执其玉。”(《尚书・虞书・舜典》载阮元校刻《十三经注疏》，北京：中华书局 1980 年 10 月)

③ 参考“司徒修六礼以节民性”、“六礼：冠、昏、丧、祭、乡、相见。”(《礼记・王制》载阮元校刻《十三经注疏》，北京：中华书局 1980 年 10 月)

④ 参考“冠、婚、朝、聘、丧、祭、宾主、乡饮酒、军旅，此之谓九礼也。”〔清〕王聘珍撰、王文锦点校《大戴礼记解诂》，北京：中华书局 1983 年 3 月)

⑤ 〔唐〕房玄龄等撰《晋书》，北京：中华书局 1974 年 11 月。

貌的意思，在“礼”的活动中，自然包含着以礼相待、礼貌的内容，“秦不哀吾丧，而伐吾同姓，秦则无礼，何施之为”①“而我先大夫子驷，从寡君以朝于执事，执事不礼于寡君”（《春秋左氏传·襄公二十二年》）中的“礼”，就是这个层面意思的用例。

2. 何谓“义”

“义”是合宜的道德、道理的意思，主要侧重在原则规范的方面，而不是行动的方面。“义”属会意，从我，从羊。“我”是兵器，又表仪仗；“羊”表祭牲。本义是在祭祀仪式上选用适宜的祭品和仪仗，在引申的层面，就是道义，诸如“吾义固不杀人”②，意思就是我讲道义本来就不杀人；“生，亦我所欲也；义，亦我所欲也；二者不可得兼，舍生而取义者也”（《孟子·告子上》）里的“义”，就是我们习惯所说的“五常”（仁义礼智信）中的“义”，自然也是道义。当然，对个人而言，这是经过后天的学习、教化后获得的成果，因为“恻隐之心，仁之端也；羞恶之心，义之端也；辞让之心，礼之端也；是非之心，智之端也”（《孟子·公孙丑上 6》），这里“礼”“义”是作为两个不同的概念来界定的。作为“端”，仅仅是一种萌芽，人要过社会化的生活，所以必须经过后天的“扩充”，“苟能充之，足以保四海；苟不充之，不足以事父母”，而且这是作为一种道德素质来把握的，而不是道德准则。《孟子》里有 5 个礼义的用例，礼义作为道德准则来把握，则是后来被赋予的，或者说是扩充以后的样态，诸如“自暴者，不可与有言也。自弃者，不可与有为也。言非礼义，谓之自暴也。吾身不能居仁由义，谓之自弃也。仁，人之安宅也。义，人之正路也。旷安宅而弗居，舍正路而不由，哀哉”（《孟子·离娄上 10》）！总之，“无礼义则上下乱”（《孟子·尽心下 12》），礼义是治理国家的准则。

作为道义的“义”，在读音上取的是去声，这也是必须注意的，在这个层面的概念诸如义断恩绝、义不容辞，都是读的去声。

3. 何谓“仪”

“仪”的本义是容止仪表，属形声，从人，义声。“令仪令色，小心翼翼”③里的“仪”，表示的意思是美好的仪表。“仪”还有法度、礼法的意思，“置此以为法，立

① 〔清〕阮元校刻《十三经注疏》，北京：中华书局 1980 年 10 月。
② 〔清〕孙诒让撰《墨子闲诂》，北京：中华书局 2001 年 4 月。
③ 〔清〕阮元校刻《十三经注疏》，北京：中华书局 1980 年 10 月。

此以为仪,将以量度天下之王公大人、卿大夫之仁与不仁,譬之犹分黑白也”(《墨子·天志中》),这里的“仪”就是法度的意思,法度也就是“法仪”。《墨子》专门有一篇对此加以讨论,按照法仪而行为,这是完成具体事务、实现国家治理的关键,“天下从事者不可以无法仪,无法仪而其事能成者,无有也。虽至士之为将相者皆有法,虽至百工从事者亦皆有法。百工为方以矩,为圆以规,〔平以水〕,直以绳,正以悬。无巧工不巧工,皆以此五者为法。巧者能中之,不巧者虽不能中,放依以从事,犹逾已。故百工从事,皆有法所度。今大者治天下,其次治大国,而无法所度,此不若百工辩也”(《墨子·法仪》),就是最好的说明。就是说话、言语,也不能没有具体的法度,“凡出言谈,则必可而不先立仪而言。若不先立仪而言,譬之犹运钧之上而立朝夕焉也。我以为虽有朝夕之辩,必将终未可得而从定也。是故言有三法。何谓三法?曰:有考之者,有原之者,有用之者。恶乎考之?考先圣大王之事。恶乎原之?察众之耳目之请,恶乎用之?发而为政乎国,察万民而观之。此谓三法也”(《墨子·非命下》)。换言之,人们的具体行动或仪式,必须依据一定的规则来进行,这时的仪式和规则的意思是紧密联系在一起的。

“礼”的另一个意思是典范、表率,诸如仪范、仪象、仪形、仪型都是这一层面的概念。在古代文献里也能找到具体的用例,诸如“主者,民之唱也;上者,下之仪也。彼将听唱而应,视仪而动。唱默则民无应也,仪隐则下无动也。不应不动,则上下无以相有也”(《荀子·正论》,第321页)里的“仪”,就是典范、表率的意思。典范、表率必须在公共的场合展现,这样才能对大家起到教育的功用。此外,“仪”还有仪式、礼节的意思,礼仪就是这个意思,“礼仪卒度,笑语卒获”(《诗·小雅·楚茨》),意思是礼仪如果完全合乎法度,言谈笑语就会得当。

与“仪”的仪表、仪式相关联的概念可以举出许多,诸如仪状、仪观、仪止、仪采、仪相、仪操、仪举、仪轨、仪仗、仪表、仪容、仪范、仪态、仪式、礼仪、威仪、令仪、司仪、贺仪、谢仪等,都是表示相应意思的词。必须注意的是,人的仪表与人的内心的情感变化是紧密联系在一起的,“故心质亮直,其仪劲固;心质休决,其仪进猛;心质平理,其仪安闲。夫仪动成容,各有态度:直容之动,矫矫行行;休容之动,业业跄跄;德容之动,颙颙卬卬”[1],“夫容之动作发乎心气,心气之征,则声变是也。夫气合成声,声应律吕:有和平之声,有清畅之声,有回衍之声。夫

① 〔三国〕刘邵著、刘建国注译《人物志》,长春:长春出版社2001年9月。

声畅于气，则实存貌色；故诚仁，必有温柔之色；诚勇，必有矜奋之色；诚智，必有明达之色”（《人物志·九征》），就是最好的说明。

（三）“礼”与“仪”的相同性

在上面的分析中，可以清晰地看到，“礼”“义”“仪”三者的联系，具体可以通过以下三个方面来进一步明确。

1. “义”“仪”的联系

在上面分析“义”时说到，其读音为去声，表示合宜的道德、道理，它是通过一定的原则、规范等条文来得以显示自己的存在价值；它属会意，繁体的“义”为“義”，上面是羊，下面是我，故从我、从羊；“我”既是兵器，又表仪仗；“羊”表祭祀使用的牲口。显然，这里共通的是，都是具体的实物，为什么要这样？这也是不得不思考的问题，其实原因只有一个，那就是这里的“义”表示的是具体的仪式，在举行的具体仪式上选用具体的实物，自然是增加自然形象性的需要，仪式无法通过抽象的东西来得到深入人心的效果，这是众所周知的道理，这是一个方面。另一方面，也是不能忽视的，那就是在具体祭品和仪仗的选用上，存在一个与仪式相协调一致的问题。如何来界定或评判协调一致，这自然也是一个问题，这里涉及一个准则的问题。在中国古代知识人的心目中，这就是一个“道义”即“义”的问题，显然，这是“义”作为会意字在引申层面给我们传递的合宜的价值信息，合宜与否虽然无法离开具体的物事来进行评判，但就合宜作为一个标准而言，却获得了抽象一般性的价值。

“义”是一个多音字，另一个读音是阳平，这个层面的意思是仪容、状貌，它们必须通过一定的形式加以形象化地表现。段玉裁认为，“义”是“仪”的古文，《说文解字》有“义，已之威仪也”的记载，段玉裁曰：“古者威仪字作义，今仁义字用之；仪者，度也，今威仪字用之；谊者，人所宜也，今情谊字用之”“义之本训谓礼容各得其宜；礼容得宜则善矣。”显然，段玉裁“礼容得宜”的解释是综合形式和学理两个方面而得出的。我们在对“义”的习惯的解释和理解中，在偏重其学理层面发挥的过程中，无疑忽视乃至完全遗忘了其本身最初所持有的仪式方面的内容。

在中国文化思想史上，对古代“义”“仪”的联系早就有深刻的认识，诸如“凡国之大事,治其礼仪,以佐宗伯”的郑氏注曰:“故书,仪为义。郑司农云,义读为仪,古者书仪但为义,今时所谓义为谊”①,就是迄今可以找到的较早的资料,这清楚地说明,“义”是“仪”的古字。也就是说,当“仪”字在文字的宝库里占有自己的位置之前,“义”和“仪”的意思都为“义”所持有,这由去声和阳平的两个读音所囊括来承担。在文字的发展中,“义”虽然保留了原来的意思,但阳平的“义”所反映的仪容、状貌等聚焦重视形式的意思,自然地移植到了新产生的“仪”字上;这样一来,阳平的“义”原本所持有的仪容、状貌等反映形式的意思,就在现实文字的使用中退出了舞台,仅仅在较早的古代文献中供人理解欣赏时实现自己的文字功能价值。上面郑注的“今时所谓义为谊”的“谊”,之所以与“义”相通用,一个原因就在于它的读音也是“去声”。这些语言本身所存在的现象,是迄今的研究所完全忽视的方面。

以上都是围绕“义”来审视它与“仪”之间的关系的,就文字形式而言,两者既有联系也有差别。在文字的构造上,“仪”由人与义组成,可以称为人之“义”,读音当然是阳平。换言之,“仪”必须通过具体的人来加以演绎,在这个意义上,人就是行为、行动的代表,或者说人是合宜的载体;也就是说,道义在人的行为中得以显示时,就成为具体的有礼貌的道德行为,而不是抽象的道德原则。

2. “礼”“仪”的相同性

“礼”与人的具体履行紧密联系,“仪”作为人的道义的反映,无疑也要通过具体的行为来加以表现,或者在一定的仪式中得以显示,这是在文字上就可得到明了的。正是在这一层面,礼仪就直接成为一个概念,而且这个概念至今都在使用。

大家知道,现在的《十三经》里有“三礼”,即《周礼》《仪礼》《礼记》。就《仪礼》而言,它记述有关冠、婚、丧、祭、乡、射、朝、聘等礼仪制度,可以说是专门对“礼”的仪式进行的总结,因此,“仪礼”就是“礼仪”,或者也可称为“礼”。其实,《仪礼》原来就叫《礼》,汉朝人称为《士礼》,对《礼记》而言,又叫《礼经》,到了晋代才称《仪礼》,比如《晋书·荀崧传》就有荀崧上疏请立置《易》《仪礼》《春秋公羊》《春秋谷梁》博士各一人的记载②。其实,改称《仪礼》也不无道理,因为《仪

① 〔清〕阮元校刻《十三经注疏》,北京:中华书局 1980 年 10 月。

② 参考《晋书·荀崧传》。

礼》十七篇，全是礼仪的详细记录，这书一般光记仪节，不讲“礼”的意义，与《周礼》的历史记载相异，也与《礼记》聚焦“礼”的功能和意义等不同。

3. “礼”“义”的联系

“礼”“义”联系的讨论自然是在义读为去声的层面上立论的。在中国，“礼”“义”作为统治者整体利益的行为准则，受到思想家的推重。从孔子对君子的规定中，我们可以看到，一方面是“君子义以为质，礼以行之”（《论语·卫灵公18》），这里“义”作为君子的内在素质，“礼”则是表现“义”的方式，可以说，“义”与“礼”存在的差异是明显的；另一方面，“义”与“利”还互相对立，这就是“君子喻于义，小人喻于利”（《论语·里仁 16》）告诉我们的道理，这说明，“义”与物质层面的利益是相对的，不难推知，“义”属精神层面指导人们行为的规则。可以说，这是总体上的运思。在具体的层面，孔子把“礼”作为立国、立身之本，“立于礼”（《论语·泰伯 8》）、“为国以礼”（《论语·先进 26》）、“恭而无礼则劳；慎而无礼则葸；勇而无礼则乱；直而无礼则绞”（《论语·泰伯 2》），都是具体的佐证。在这个基础上，进一步提出“克己复礼”（《论语·颜渊 1》的设想，强调“非礼勿视，非礼勿听，非礼勿言，非礼勿动”。就“义”而言，在“义”与“利”对立的前提下，孔子高扬道义，“饭疏食饮水，曲肱而枕之，乐亦在其中矣。不义而富且贵，于我如浮云”（《论语·述而 16》）、“见得思义”（《论语·季氏 10》），都是具体的例证。对公明贾的“义然后取，人不厌其取”，孔子表示“其然”（《论语·宪问 13》），“见利思义，见危授命”（《论语·宪问 12》）成为儒家“成人”的内容之一。

在上面的分析整理中，可以清晰地看到，孔子虽然有“君子义以为质，礼以行之”的运思，但总体上显示的仍然是把礼义看成道德规则的倾向，这一倾向在后来儒家思想的发展中得到了肯定和发展。对孔子的“义以为质”，孟子则以此为人性的先天素质之一，即“无恻隐之心，非人也；无羞恶之心，非人也；无辞让之心，非人也；无是非之心，非人也。恻隐之心，仁之端也；羞恶之心，义之端也；辞让之心，礼之端也；是非之心，智之端也”（《孟子·公孙丑上 6》），这里“礼”“义”是作为两个不同的概念来界定的，作为“端”，仅仅是一种萌芽，这并不能满足人过社会化生活的基本要求，所以，对人而言，一个最大的课题就是必须在后天的生活实践中“扩充”这些萌芽的“端”，即“苟能充之，足以保四海；苟不充之，不足以事父母”，这里的“端”是作为人的一种素质来把握的，这是人之所以为人的基本条件，存在于人性之中。另一方面，孟子认为：“仁之实，事亲是也。义之实，从兄是也。智之实，知斯二者弗去是也。礼之实，节文斯二者是也。”（《孟子·离娄上 27》）“仁”的实质是侍奉父母，“义”的实质是顺从兄长，“智”的实质是明白这两方面的道理而不背离，“礼”的实质是在这两方面不失礼节、态度恭敬。显然，就内容而言，我们自然可以体会到其与孔子“君子义以为质，礼以行之”的相似性。孟子的另一个发展是，把礼义①作为一个概念来把握，这是经过后天扩充以后的结果或样态，也就是“端”的成熟形式，诸如“自暴者，不可与有言也。自弃者，不可与有为也。言非礼义，谓之自暴也。吾身不能居仁由义，谓之自弃也。仁，人之安宅也。义，人之正路也”（《孟子·离娄上 10》）。总之，“无礼义则上下乱”（《孟子·尽心下 12》），礼义是治理国家的准则。

要而言之，“礼”“义”的联系在此都是作为规则、原则来把握的，在这一前提下，“礼”略微显示出“行之”的特点，但这不是主要的。

（四）“礼仪之邦”的必然性

在上面的分析中，可以清晰地看到“礼义”和“礼仪”的同异。同的支点在“礼”，异的缘由在“仪”不在“义”，“仪”是“人”与“义”的结合；换言之，“仪”是人对“义”的演绎。在这个基点上，再来看“礼义之邦”与“礼仪之邦”的问题，也就简易多了。

1. 出现“礼义之邦”与“礼仪之邦”疑问的深层文化原因

在中国思想史的长河里，依据不同的视域，“礼义之邦”与“礼仪之邦”的问题也就是学理和功用的问题；换言之，强调“礼义”就是强调学理，推重“礼仪”就是推崇实用；或者说，这实际上也是聚焦何谓和如何可能的问题。在一定的意义上，“礼义之邦”也就是道德之邦、文明之邦，诸如，主张“应为礼义之邦”的观点就认为，“中华文化的基本理念是对于道德的追求，对于礼（行为、举止、规范）义（义理，人际道理原则）的追求，对于道或仁的追求，这些是一通百通的根本概念，这种追求就是我们说的理想，也可以说是整体的文化走向。它所主张的自强不息与厚德载物，它所敬重的古道热肠、敬天积善、崇文尚礼、忠厚仁义、中庸

① 《孟子》里有 5 个“礼义”的用例。

和谐、勤俭重农、乐生进取等等，正是古代的‘中国梦’。它更看重美善，而不是分辨真伪，它更看重和谐，而不是竞争(顺便说一下，现在有人将‘礼义之邦’，写成‘礼仪之邦’，这是完全错误的。礼义指的是规范与道理，而礼仪偏于形式)”①。礼义显示出的重视“规范与道理”的价值而轻视“形式”的作用的特点，是显而易见的，并把遵循社会规范和道德规范的“礼义之邦”作为“值得自豪”的理由，而认为注重行礼仪式的“礼仪之邦”而没有什么自豪的②；或者说，“‘礼仪’是‘礼’的表现形式或具体仪式，其含义明确而单一。‘礼仪’包含在‘礼义’之中，‘礼义’的概念远大于‘礼仪’的概念。如称吾国为‘礼仪之邦’，无异于说‘中国人只会打拱作揖’”③。这些观点明显存在着内容与形式相分离的缺陷，仅仅推崇内容的重要性，而忽视乃至无视形式的前提性，成为中国人目前的一个现实大问题。虽然，冰冻三尺非一日之寒，与我们长期来形成的学理道德与生活道德相脱离的情况是一致的。换言之，我们注重的仅仅是做道德文章，为道德而道德，强调道德建设的运动，而丝毫也不关注对运动本身是否有效的正视，这成为中国社会的一种不言自明的定式，大家自喜于中，到头来，大家成为现实的牺牲品。因为，客观的事实是，这样的模式给人养成的是好大喜功的怪癖，在好大喜功的旋律中，道德文化的光环黯然失色，其活力枯竭殆尽，现实道德的乏力就是其直接的结果。

道德不是美丽迷人的学理规定，道德只能在目中有人、心中有他的检测器中找到自己的位置，而目中有人、心中有他不是说出来的，而是在人际的生活中做出来的。不重视仪式，哪来道德素养的积累？而且在道德发生论的维度，仪式永远是道德规范得以提炼的园地和温床，绝对不能倒过来，即从道德规范那里引申出人的道德素质。因此，强调“礼义之邦”的运思的逻辑思维，显然是反常的。其实，“凡人之所以为人者，礼义也。礼义之始，在于正容体，齐颜色，顺辞令；容体正，颜色齐，辞令顺，而后礼义备；以正君臣，亲父子，和长幼；君臣正，父子亲，长幼和，而后礼义立；故冠而后服备，服备而后容体正，颜色齐，辞令顺。故曰：冠者礼之始也”④，不失为最好的总结。礼义的营养源于具体的行动、行为，即具体的履行实践，其实，在此也不难推测，这里的“礼义”实际就是“礼仪”。

---

① 参考王蒙《寄希望于文化》，《光明日报》2013年08月19日05版。
② 参考钱秀程《“礼仪之邦”应为“礼义之邦”》，载《语文知识》2004年第6期，第24页。
③ 参考王能宪《岂止一字之差——“礼义之邦”考辨》，《光明日报》2012年12月17日。
④ 〔清〕阮元校刻《十三经注疏》，北京：中华书局1980年10月。

2. “礼义之邦”缺乏思想意义的支撑

重视“礼义”是中国古代思想家的共同选择，是中国文化的整体特色，管子强调“礼义廉耻”的“四维”，荀子推重“隆礼义”(《荀子·儒效》)、“隆礼贵义”(《荀子·议兵》)，都是具体的例证。但是，我们不能忽视的是，由于“义”为多义词，所以，无法排除在“礼义”的客观字样背后，实际传递的却是“礼仪”的价值信息，这是迄今所有的研究所忽视的，也是我们缺乏实证的原因。余秋雨在《何谓文化·中国文化的特性》中，就把缺乏实证作为中国文化三大缺点之一，可以说是击中要害。

关于这一点，我们先来看管子的情况。管子一方面重视“礼义”，另一方面也推崇“礼节”“礼仪”，而“礼节”本身就是“仪”的内涵之一。《管子》有“礼仪”的用例1个，即“故立身于中，养有节；宫室足以避燥湿，食饮足以和血气，衣服足以适寒温，礼仪足以别贵贱，游虞足以发欢欣，棺椁足以朽骨，衣衾足以朽肉，坟墓足以道记”(《禁藏》)。此外，必须引起注意的是，“礼”“仪”与“礼节”是紧密联系的，社会生活中，由于道德观念和风俗习惯而形成的“礼节”，诸如婚礼、丧礼、典礼等，以及我们现在的开学典礼、毕业典礼都是典礼的具体形式。“礼”在“礼节”层面上加以表达和使用的例子古已有之，《管子》就有四个用例，其中三个是“仓廪实则知礼节”(《管子·牧民》)，另一个是“义”的“七体”之一，即“孝悌慈惠以养亲戚，恭敬忠信以事君上，中正比宜以行礼节，整齐撙诎以辟刑僇，纤啬省用以备饥馑，敦蒙纯固以备祸乱，和协辑睦以备寇戎。凡此七者，义之体也。夫民必知义然后中正，中正然后和调，和调乃能处安，处安然后动威，动威乃可以战胜而守固。故曰：义不可不行也。”(《管子·五辅》)这里有两个信息必须注意：一是“行礼节”，“礼节”必须用具体的行为、行动来加以表现；二是“民必知义然后中正”，施行“礼节”的条件是“中正比宜”，但“中正比宜”本身必须以“知义”为基本的条件；“知义”的“义”就是“仪”，这里指的是行为、容止、仪表如何展示，然后才能在具体的关系中达到中正适宜，并进而走向和调、安定，这样行动起来就威仪无比。“仪者，万物之程式也。法度者，万民之仪表也。礼义者，尊卑之仪表也。故动有仪则令行，无仪则令不行。故曰：进退无仪，则政令不行”(《管子·形势解》)。显然，从这里的“礼义者，尊卑之仪表也”，以及“动有仪则令行”等可以清晰地看到，“礼义”实际就是“礼仪”，不能囿于文字来做机械的解释。

“礼义”在意思上同“礼仪”的情况，在荀子那里也有广泛的使用。众所周知，在儒家思想家里，荀子以推崇“礼”而得到定位，他的“礼”就是“礼义”，“夫义者，所以限禁人之为恶与奸者也。今上不贵义，不敬义，如是，则下之人百姓皆有弃义之志，而有趋奸之心矣，此奸人之所以起也。且上者，下之师也，夫下之和上，譬之犹响之应声，影之像形也。故为人上者不可不顺也。夫义者，内节于人而外节于万物者也，上安于主而下调于民者也。内外上下节者，义之情也。然则凡为天下之要，义为本而信次之。古者禹、汤本义务信而天下治，桀、纣弃义倍信而天下乱，故为人上者必将慎礼义，务忠信然后可"(《荀子·强国》)，这里从讨论"义"开始到"慎礼义"结束，从"义"和"礼义"的自然置换中，也可以看出，在荀子那里"礼义"具有的外在性，与"仁"形成明显的区别。正是在重视"礼义"外在性方面，《荀子》2 次引用了《诗经》的"礼仪卒度"。第一次是：

礼者，以财物为用，以贵贱为文，以多少为异，以隆杀为要。文理繁，情用省，是礼之隆也；文理省，情用繁，是礼之杀也；文理、情用相为内外表里，并行而杂，是礼之中流也。故君子上致其隆，下尽其杀，而中处其中。步骤、驰骋、厉骛不外是矣，是君子之坛宇、宫廷也。人有是，士君子也；外是，民也；于是其中焉，方皇周挟，曲得其次序，是圣人也。故厚者，礼之积也；大者，礼之广也；高者，礼之隆也；明者，礼之尽也。诗曰礼仪卒度，笑语卒获。此之谓也。(《荀子·礼论》)

这里主要讲"礼"，但最后引用《诗经》"礼仪卒度，笑语卒获"来加以概括，显然，前面的"礼"就是"礼仪"；从具体的内容里也可以得到证明。"礼"以财物馈赠为行礼之用，以车服旗章的不同为区别贵贱的文饰，以衣物车马等多少的不同来表示上下等级，以丰厚或者简省得当为要。文饰礼仪多，诚心少，这是隆重礼的表现。文饰礼仪少，诚心多，这是简省礼的表现。文饰礼仪和内心的情感内外吻合互相表里，并行相会，这就是"礼"的中道。所以君子，对待大礼则极其隆重，对待小礼则尽量简省，对待中等的"礼"则取其适中。所以，走路、疾走、快跑，君子的一切行为都不应该超出"礼"的范围。这就像是君子应当住在屋宇宫廷中一样。居住在其中就是士君子，住在它的外面，就是普通人了。如果在"礼"的范围内，能够随意活动而又能完全符合"礼"的要求，这就是圣人了。所以说君子厚重的德行，是积累礼仪所致；君子博大的精神，是处处遵循礼仪所致；君子高尚的品德，是推崇"礼"的结果；君子能够明察，是因为完全做到了

"礼"的要求。《诗经》上说的"礼仪"如果完全合乎法度，言谈笑语就会得当，就是这个意思。"礼"的讨论始终没有离开具体的所指，诸如车马多少、疾走、快跑等都是具体的动作，而不是抽象的概念，这是必须注意的。

第二个文献是：

> 扁善之度，以治气养生则后彭祖，以修身自名则配尧、禹。宜于时通，利以处穷，礼信是也。凡用血气、志意、知虑，由礼则治通，不由礼则勃乱提僈；食饮、衣服、居处、动静，由礼则和节，不由礼则触陷生疾；容貌、态度、进退、趋行，由礼则雅，不由礼则夷固僻违，庸众而野。故人无礼则不生，事无礼则不成，国家无礼则不宁。诗曰礼仪卒度，笑语卒获。此之谓也。（《荀子·修身》）

这里的情况与上面一样，具体讨论的是"礼"，但最后用《诗经》"礼仪"来概括，而这"礼仪"贯穿在一切生活之中，"食饮、衣服、居处、动静"和"容貌、态度、进退、趋行"，就是具体的内容，这些都是具体可把握的，显然不是抽象的道德规则①。

此外，我们也不难在荀子那里找到9个"礼节"的用例，诸如"遇君则修臣下之义，遇乡则修长幼之义，遇长则修子弟之义，遇友则修礼节辞让之义，遇贱而少者则修告导宽容之义"（《荀子·非十二子》）、"其为人上也广大矣：志意定乎内，礼节修乎朝，法则度量正乎官，忠信爱利形乎下，行一不义、杀一无罪而得天下，不为也"（《荀子·儒效》），就是例证。"修礼节""礼节修乎朝"中的"修"，除

---

① 也有严格区分礼、仪的，诸如"夏，会于黄父，谋王室也。赵简子令诸侯之大夫输王粟，具戍人，曰明年将纳王。子大叔见赵简子，简子问揖让周旋之礼焉。对曰：是仪也，非礼也。简子曰：敢问何谓礼？对曰：吉也闻诸先大夫子产曰：夫礼，天之经也，地之义也，民之行也。天地之经，而民实则之。则天之明，因地之性，生其六气，用其五行。气为五味，发为五色，章为五声，淫则昏乱，民失其性。是故为礼以奉之：为六畜、五牲、三牺，以奉五味；为九文、六采、五章，以奉五色；为九歌、八风、七音、六律，以奉五声；为君臣、上下，以则地义；为夫妇、外内，以经二物；为父子、兄弟、姑姊、甥舅、昏媾、姻亚，以象天明，为政事、庸力、行务，以从四时；为刑罚、威狱，使民畏忌，以类其震曜杀戮；为温慈、惠和，以效天之生殖长育。民有好、恶、喜、怒、哀、乐，生于六气。是故审则宜类，以制六志。哀有哭泣，乐有歌舞，喜有施舍，怒有战斗；喜生于好，怒生于恶。是故审行信令，祸福赏罚，以制死生。生，好物也；死，恶物也；好物，乐也；恶物，哀也。哀乐不失，乃能协于天地之性，是以长久。简子曰：甚哉，礼之大也！对曰：礼，上下之纪，天地之经纬也，民之所以生也，是以先王尚之。故人之能自曲直以赴礼者，谓之成人。大，不亦宜乎？简子曰：鞅也请终身守此言也。宋乐大心曰：我不输粟。我于周为客？若之何使客？晋士伯曰：自践土以来，宋何役之不会，而何盟之不同？曰同恤王室，子焉得辟之？子奉君命，以会大事，而宋背盟，无乃不可乎？右师不敢对，受牒而退。士伯告简子曰：宋右师必亡。奉君命以使，而欲背盟以干盟主，无不祥大焉"（《春秋左氏传·昭公二十五年》），就是例证；这里把"仪"作为具体演绎"礼"的仪式，而"礼"则是仪式施行时必须遵循的规则。

有装饰、修饰的意思外，还有付诸行动的内容，这里用的正是后者的意思。在这个意义上，荀子对“礼节”的理解，无疑也重在行动方面。在社会生活方面，荀子尤其重视统治者“仪”的效用，诸如“主者，民之唱也；上者，下之仪也。彼将听唱而应，视仪而动。唱默则民无应也，仪隐则下无动也。不应不动，则上下无以相有也。若是，则与无上同也，不祥莫大焉。故上者，下之本也，上宣明则下治辨矣，上端诚则下愿悫矣，上公正则下易直矣”（《荀子·正论》），就是最好的说明；要使社会治理收到预想的效果，关键在统治者自身仪表的鲜明性，自身的“宣明”“端诚”“公正”要显明，因为“仪隐则下无动”。

3. “礼义”与“礼仪”同一性的认识依据

以上分析了字面形式上的“礼义”与“礼仪”的意义同一的情况，虽然不是全部文献的整理，但在中国思想史上也能找到相关证明。这就是“义”本身具有的外在性的特点，这正是它区别于“仁”的本质所在，诸如“告子曰：‘……仁，内也，非外也。义，外也，非内也’”（《孟子·告子上 4》）。这不仅仅是告子的运思，而是中国思想史上显示出的古代知识人思维的一个共同特点，“仁，内也；义，外也”（《郭店楚简校读记·六位》），就是有力的证据；同时，从“见而知之，智也。知而安之，仁也。安而行之，义也。行而敬之，礼也。仁，义礼所由生也，四行之所和也。和则同，同则善”（《郭店楚简校读记·五行》）中，同样可以看到“仁”“义”在人的人生实践历程中所承担职务的不同，这也是需要注意的[①]。另一方面，“礼”也具有外在的特征，这在郭店楚墓竹简里就有明确的记载，“天生百物，人为贵。人之道也，或由中出，或由外入。由中出，仁、忠、信。由外入者，礼、乐、刑”（《郭店楚简校读记·物由望生》）。“礼”就是“由外入”的存在。

就外在性的特点而言，“义”本身还具有“行”的意思，诸如“闻君子道，聪也。闻而知之，圣也。圣人知天道也。知而行之，义也。行之而时，德也”（《郭店楚简校读记·五行》），讲了闻道、知道、行道三个环节。“知而行之，义也”属于“义”的环节。显然，这是“道”与人的生活实现对接并实现社会意义的关键一

① 关于“知而安之，仁也”，这符合孔子的运思，这就是“不仁者不可以久处约，不可以长处乐。仁者安仁，知者利仁”（《论语·里仁》）所昭示的信息；对“仁者安仁，知者利仁”的解释，一般偏于做安于仁道、利用仁道；相反于此，我认为该有的意思是：不具备仁德的人，不能长久地居住在简约和安乐的境遇里；具备仁德的人则能通过自己的仁行来安和、丰满仁这一德目的内涵，具备智慧的人则能通过自己的慧眼使自己的行为不偏离仁的航道，从而滋润、利益仁的内质。详细参考《“知者利仁”的知论》，第 71～75 页（许建良著《先秦儒家的道德世界》，北京：中国社会科学出版社 2008 年 8 月）。

环，问道、知道如果不落实到行动上，就不会对人的行为产生任何影响，自然也没有实现自己价值的舞台。这三个环节是一个整体，这一整体价值的完美实现，还牵涉另外一个因素，就是“行之而时，德也”存在所持有的意义。换言之，具体的行为、行动必须把握住时机、时势，这是“德”的要求。对其中“德”的解释，我们的研究往往习惯作道德的解释，其实这是不准确的，因为“德”还有另外一个重要内容，就是在“德”“得”相通层面上获得的意思。这是非常重要的内容，但我们习惯缺乏对此重视的意识。这也造成我们仅重视“做”的行为，而忽视乃至无视如何“做”、“做”得怎样，所以形成了“做”了就可以了的误导。可以说，方法论上的如何做以及对其相应效果的审视已经被疏忽，而这恰恰是厚实社会的最为关键的因子，这是我们必须关注的。

就“义”所持有的行的特点而言，古代思想家没有停留于时机、时势的方面，而且还有第二个规定，这就是简单、直接的内容，诸如“不直不肆，不肆不果，不果不简，不简不行，不行不义”（《郭店楚简校读记·五行》）、“简之为言犹练也，大而晏者也。匿之为言犹匿匿也，小而轸者也。简，义之方也”（《郭店楚简校读记·五行》），都是具体的说明；“不行不义”是对上面“知而行之，义也”的进一步肯定，但这不过是行动的最后一个环节，前面还有“直”（直率）、“肆”（正直）、“果”（果断、果决）、“简”（简单、直接）这四个环节，它们协同工作，才是实现“义”的完整条件；具体的意思是：一个人的性格不直率，其品质就不正直，品质不正直处理事情就无法果断，不果断的话做事就不简单、直接，不简单、直接的话就难以施行，其结果就是“不义”；正是在这个意义上，自然得出了“简，义之方也”的结论，因为只有简单、直接才便于实现。其实，“义”的行之的内容也与“礼，行之也”（《郭店楚简校读记·父无恶》）的规定相一致。

“礼义”与“礼仪”一致的认识依据还被“义”的另一规定所支持，这就是“义，宜也”（《郭店楚简校读记·父无恶》）；这里可以从两个方面来思考：一是“宜”同“仪”，表法度、标准的意思，诸如“宜鉴于殷，骏命不易”（《诗经·大雅·文王》）里的“宜”就是“仪”，在这里“义”读为阳平声，这无疑是直接的证据。二是“宜”通“谊”（yì），表合理的道理、行为的意思，“明主之治国也，案其当宜，行其正理”（《管子·明法》）、“守天之聚，将施于宜。宜而不施，聚必有阙”（《国语·晋语四·曹共公不礼重耳而观其骿肋》）[1]里的“宜”，用的都是这个意思。合理的道

[1] 邬国义等撰《国语译注》，上海：上海古籍出版社 1994 年 12 月。

理昭示着一种符合，这种符合不是个人范围内的事情，而是社会人际关系中的事务，诸如管子讲的“宜”就是治国中的事情；僖负与曹共公谈话的内容显然也包括人与人之间的关系，这是非常明显的。实际上，第二方面的“宜”的意思就是适宜，不过，适宜不是个人的事务，而是在关系里衡量，这用的也是“宜”的本义，“义者宜也，尊贤为大”（《礼记·中庸》）可谓形象的表述；“尊贤”就是人际关系中的事务，“贤”自身无法完成这一事务；韩愈的“博爱之谓仁，行而宜之之谓义”（《原道》）[①]，说明的也是同样的意思。这种关系里的宜，也就是内外之间的适宜，行为的施行必须顾及外在的因素，诸如上面提到的“时”的因素，就是具体的一个例子；这在“义”的文字的结构上也可得到解释。“义”的上面是“羊”，下面是“我”，可以从两个方面来加以理解：

一方面，“羊”表祭祀的祭牲，“我”表兵器，在引申的层面就是仪仗，这说明的是祭祀用的羊，必须与仪仗相一致，这就是符合；另一方面，“我”除有兵器的意思外，还是第一人称的指示代词即自己，诸如“万物皆备于我矣”（《孟子·尽心上 4》）、“观我生进退”（《周易·观卦》）里的“我”，用的都是这个意义，所以，《说文解字》有“我，施身自谓也”的解释。这个层面的意思落到“义”的字形上，就是“羊”与“我”的适宜，要理解里面的深意，还有待了解“羊”所具有的公正的意思，这在《墨子》里就可以找到具体的用例，即“非惟若书之说为然也。昔者，齐庄君之臣，有所谓王里国、中里徼者。此二子者，讼三年而狱不断。齐君由谦杀之，恐不辜；犹谦释之，恐失有罪。乃使之人共一羊，盟齐之神社，二子许诺……读王里国之辞既已终矣，读中里徼之辞未半也，羊起而触之，折其脚，祧神之而槁之，殪之盟所。当是时，齐人从者莫不见，远者莫不闻，著在齐之春秋”（《墨子·明鬼下》）。汉代的王充，则把这样的运思归为儒家学说，“儒者说云：觟（角虎）者，一角之羊也，（青色四足，或曰似熊，能知曲直），性识有罪。皋陶治狱，其罪疑者，令羊触之。有罪则触，无罪则否。斯盖天生一角圣兽，助狱为验，故皋陶敬羊，跪坐事之”[②]，就是例证，至于是否是儒家的原创可能有待进一步深究，但起码羊作为法官角色的事情不是毫无依据的虚构。

在以上羊具有公正使者的层面上，“我”与“羊”关系的合宜就表明“我”与外在公正保持合宜关系的取向，这也充分说明，“义”并不是如“仁”仅关注个人内在情感方面的事务，而与外在保持着互动共进的倾向，而这一倾向也与“仪”的

---

① 〔唐〕韩愈撰、马其昶校注《韩昌黎文集校注》，上海：上海古籍出版社 1986 年 12 月。

② 黄晖撰《论衡校释》，北京：中华书局 1990 年 2 月。

本质是相合的。这就是中国古人在认识上给我们提供的审视“义”“仪”关系的重要文化信息。

(五) 确立“礼仪之邦”正当性需要思想的革命

经过上面的分析，无论是在文字外在结构以及读音的方面，还是在“义”的合宜的内在方面，都说明“义”作为道德规范，与“仁”存在差异性，正是这一差异性使它与“礼”“仪”的相似性相得而彰。这也使这里聚焦的问题得到了清晰的整理。但是，要确立“礼仪之邦”的唯一正当性，我们的思维还需要革命，这一革命的意义绝对不限于“礼仪之邦”这一概念本身，而对中国巨龙的真正腾飞、具有振聋发聩的价值意义。

1. “礼义之邦”就是“文明之邦”

毋庸置疑，中国素有文明古国的美称。称中国为“礼义(yì)之邦”，无疑就是在文明、道德的层面对中国的评价和肯定。但就道德而言，它不是笼统的存在，而是与生活紧密联系的而且是具体的，容易为人所把握。称一个国家为文明之邦、道德之邦，仅仅是一个非常笼统的说法，没有涉及任何细微的环节，人们通过这个概念仍无法很快把握中国人的性格特征。道德永远是生活的伙伴，生活是道德的主要演绎场所，离开生活的任何道德都缺乏实际的意义。其实，我们习惯把道德作为一种工具或手段来评价人和事，这时的道德就是一种笼统的存在，没有任何细节，因为笼统的说法并不能使人心悦诚服，对人根本起不到警示的作用。长期以来，由于我们总是在学理上做好道德的文章，换言之，就是为道德而道德，并没有切入生活，说到底也就是缺乏实用这个杠杆的审视，道德与人的社会生活相脱离，这样的道德自然也无法打动人的心灵。表面上虽然强调道德，但由于不具体，一般民众仍然不知道道德是什么。

2. “礼仪之邦”才是中国的真正特色

众所周知，中国素有“文明之邦”的美称，“文明之邦”也就是“礼仪之邦”，这与中国在文明进化的过程中重视“礼”这一点是紧密联系的，诸如“夫礼，天之经也，地之义也，民之行也”(《春秋左氏传・昭公二十五年》)、“人无礼则不生，事无礼则不成，国家无礼则不宁”(《荀子・修身》)阐明的，“礼”不仅是存在的，而且不是孤立的存在，人们无法在毫无依据的情况下对“礼”进行评判，必须借助于人的行为来认识和把握“礼”，这就是“民之行”的意义所在，所以，天、地、人是通过这样一种方式得到实际联系的；人的生命不能离开“礼”，国家的安宁不能离开“礼”，但这两者都依赖于具体的事务，“大哉！圣人之道洋洋乎！发育万物，峻极于天。优优大哉！礼仪三百，威仪三千，待其人然后行”（《礼记·中庸》），就是具体的说明。“礼”在社会功效的体现上，必须贯穿在个人生活的具体事务中，“扁善之度，以治气养生则后彭祖，以修身自名则配尧、禹。宜于时通，利以处穷，礼信是也。凡用血气、志意、知虑，由礼则治通，不由礼则勃乱提僈；食饮、衣服、居处、动静，由礼则和节，不由礼则触陷生疾；容貌、态度、进退、趋行，由礼则雅，不由礼则夷固僻违，庸众而野”（《荀子·修身》），可谓是最好的描绘。日常生活的言行举止、穿衣打扮等就是具体的容止、仪态。

不得不承认的是，在古代文献中，我们使用更多的是“礼义之邦”，而不是“礼仪之邦”，这是客观的事实①，但是，一个不得不重新思考的问题就是如何理解这些资料才能最接近古代思想原意。换言之，先行研究对此的理解仍然存在商榷的可能。现举例说明：

> 西戎荒俗，非礼义之邦。羁縻之道，服而赦之，示以中国之威，导以王化之法，勿极武穷兵，过深残掠。（《晋书·载记第十四·苻坚下》）
>
> 先是，慕容麟攻王兖于博陵，至是粮竭矢尽，郡功曹张猗逾城聚众应麟。兖临城数之曰：“卿，秦之人也。吾，卿之君也。起众应贼，号称义兵，何名实相违之甚！卿兄往合乡宗，亲逐城主，天地不容，为世大戮。身灭未几，卿复续之。卿见为吾吏，亲寻干戈，竞为戎首，为尔君者，不亦难乎！今人何取卿一切之功，宁能忘卿不忠不孝之事！古人有云，求忠臣必出孝子之门，卿母在城，不能顾之，何忠义之可望！恶不绝世，卿之谓也。不图中州礼义之邦，而卿门风若斯。卿去老母如脱屣，吾复何论哉！”既而城陷，兖及固安侯苻鉴，并为麟所杀。（《晋书·载记第十五·苻丕》）

① 王能宪《岂止一字之差——“礼义之邦”考辨》的论文和林存阳《“礼仪之邦”抑或“礼义之邦”考论》的论文都使用过相关的资料。

惟王久慕华风，素怀明略，效忠纯之节，抚礼义之邦。①

对“西戎荒俗，非礼义之邦”的理解，显然必须与后面的“示以中国之威，道以王化之法”相联系。“威”在这里表示国家的举动、国家的威仪，也就是使人敬畏的严肃容貌和举止；“法”的意思是法制、准则，与“仪”的意思相通。“不图中州礼义之邦，而卿门风若斯”里的“礼义”，与门风相联系，门风的主要内容是“孝”，在家庭生活中，尽孝是非常具体的事情，要具体做出来，必须表现在仪表、仪容上②。最后的“抚礼义之邦”则必须与前面的“效忠纯之节”结合起来进行理解。“节”就是礼节的意思，而不是礼义规范，是通过具体的仪式来完成的，而不是抽象的规则，这是非常清楚的。所以，以上三个“礼义之邦”里的“礼义”实际上就是“礼仪”，“义”的读音不是 yì，而是 yí，这是无法否认的，而且是必须正名的③。

前面说过，“义”是“仪”的古字。换言之，“义”在仪表层面上的意思被后来出现的“仪”所代替。但是，文字从出现到成为人们熟练无误地使用的对象，不是短期内就能完成的，这就是后来出现“礼仪之邦”的原因所在④。其中在民国期间流行起来的以“礼仪之邦”指称中国的现象值得注意。中国是讲究礼节和仪式的国家，这是非常具体的，不像文明之邦、道德之邦那样笼统。余秋雨在《在接受澳科大荣誉博士称号后的学术演讲》中说：“按照独特性和实践性的标准，我把中国文化的特性概括为三个‘道”——其一，在社会模式上，建立了‘礼

① 〔元〕脱脱等撰《宋史》，北京：中华书局 1977 年 11 月。

② 日本在借鉴中国文化中，就置“孝”以最高的位置，这是因为“孝”是具体的，而“仁”是虚空的，参考“七世纪以来，日本一再从中国引进伦理体系，‘忠’‘孝’原来都是汉文。但是，中国人并没有把这些道德看成是无条件的。在中国，忠孝是有条件的，忠孝之上还有更高的道德，那就是‘仁’……中国的伦理学把‘仁’作为检验一切人际关系的试金石”（〔美〕鲁思·本尼迪克特著，吕万和等译《菊与刀·报恩于万一》），“孝道在日本就成了必须履行的义务，甚至包括宽宥父母的恶行或无德。只有在与履天皇的义务冲突时可以废除孝道，此外，无论父母是否值得尊敬，是否破坏自己的幸福，都不能不奉行孝道。”（同上）

③ 以下《管子》里的资料也是同样的情况，参考“是故上必宽裕而有解舍，下必听从而不疾怨，上下和同而有礼义，故处安而动威，战胜而守固，是以一战而正诸侯”（《管子·五辅》）、“号令已出又易之，礼义已行又止之，度量已制又迁之，刑法已错又移之。如是，则庆赏虽重，民不劝也；杀戮虽繁，民不畏也”（《管子·法法》），“凡人之情，得所欲则乐，逢所恶则忧，此贵贱之所同有也。近之不能勿欲，远之不能勿忘，人情皆然，而好恶不同，各行所欲，而安危异焉，然后贤不肖之形见也。夫物有多寡，而情不能等。事有成败，而意不能同。行有进退，而力不能两也。故立身于中，养有节；宫室足以避燥湿，食饮足以和血气，衣服足以适寒温，礼仪足以别贵贱，游虞足以发欢欣，棺椁足以朽骨，衣衾足以朽肉，坟墓足以道记。不作无补之功，不为无益之事，故意定而不营气情。气情不营，则耳目谷，衣食足。耳目谷、衣食足，则侵争不生，怨怒无有，上下相亲，兵刃不用矣”（《管子·禁藏》）。

④ 详细参考林存阳的《“礼仪之邦”抑或“礼义之邦”考论》。

仪之道'；其二，在人格模式上，建立了'君子之道'；其三，在行为模式上，建立了'中庸之道'"①。把"礼仪之道"作为社会模式上的一个特点，可以说是较为准确的概括，这也是中国为"礼仪之邦"而非"礼义之邦"结论的一个佐证。而且余秋雨对"礼仪"的界定也值得我们重视，"所谓'礼仪'，就是一种便于固定、便于实行、便于审视、便于继承的生活化了的文化仪式。设计者们相信，只要规范在、仪式在，里面所蕴藏着的文化精神也就有可能存活，否则，文化精神只能随风飘散"②。

人的素质必须通过具体的行为才能得到表现，道德也一样，尤其是一个民族的道德面貌和素质，绝对不是虚空的概念，也不是纸上谈兵，必须表现在具体的仪表、仪式之中。社会生活中，由于道德观念和风俗习惯而形成的仪节，诸如婚礼、丧礼、典礼等。中国是"礼仪之邦"，在21世纪的世界舞台上，我们要占有我们的文化份额，必须在具体实在的层面来进行谋划，不能离开实效，不能离开如何实现的实际问题，这是对民族振兴负责任的唯一方法，而不能笼统地讲道德建设。我们必须考虑如何才能在中华大地上尽快开出满园的道德花朵，冲破为道德而谈道德的怪圈，走向如何着实开创道德素质的健康大道。

① 余秋雨《何谓文化》，济南：山东教育出版社2014年10月。

② 余秋雨《何谓文化》，济南：山东教育出版社2014年10月。

六、传统美德的本质

传扬传统美德实践的切实展开，关系着每个中华民族子孙对古代礼仪魅力切实感受和体验的程度，关系着中华民族在何种程度上描绘21世纪崭新文明图案，这些问题的解决，必须确立一个基本的前提，这个必须确立的前提就是人与道德的一致性。道德是人理性提高的产品，是人性的杰作，这是毋庸置疑的事实。既然是这样，那为何还要确立人与道德的一致性的前提呢？这就是问题的关键。

众所周知，生活迄今仍在运作的一个无形的思维模式，就是道德与人的分离，人是人，道德是道德。换言之，道德虽然是人的杰作，但人并没有真正把道德纳入自己的现实生活，或者说，现实生活迄今并没有成为道德的服务对象。我们对待道德的态度无非是为道德而道德，而不是为生活而道德，道德没有在最大的程度上成为人生活的一部分，这既是道德的悲哀，也是人自身的悲凉。可以毫不夸张地说，多发的道德建设运动，往往是人为装饰生活的需要，在一定程度上，也可以说是道德异化的结果。人与道德游离的最大负面效应就是现实生活道德气氛的淡薄，这状态与我国的现代化建设自然是不相符的。今天提出的传扬传统美德的实践，无疑是应对现实道德危机冲浪的对策。但是，这一良好愿望要结出丰硕的果实，我们一定要打破既有的框架，尤其是学界的研究，必须承担自己时代所赋予的重大责任，不能沉浸在“礼仪之邦”的自我陶醉中，必须打破学术狭隘化的限制，既站在世界现代化舞台的前沿，又站在世界汉学研究的前沿，并在经济与文化共赢而输出正能量的基础上，来思考传统美德的问题。

(一) 西方美德的辩证

毋庸置疑,传统道德、传统美德、道德、美德都是学术界经常使用的概念,这些概念之间的相互联系是显而易见的,但差异也是客观存在且不可忽视的。在这个意义上,传统美德的讨论,不仅需要传统道德的审视,更离不开美德这个基础的设定。对于美德问题的研究,科学确立其与道德的关系尤为重要。

1. 美德的呼唤

在西方,古希腊时期重视的是美德伦理学,关注的是人应该成为什么样的人的问题。众所周知,亚里士多德的“四主德”即“节制”“勇敢”“智慧”“正义”,强调德行以及个人自我完善的重要性,产生了重要的影响。在社会发展相对不发达的阶段,依靠个人的德行达到感召他人的效果,的确是一个很好的思路和选择。但是,随着人的理性的发展,伴随着工业革命进程的拓展,人的活动的空间得到巨大的开拓,与此同时,人与人之间的利益关系趋于复杂化也是无可争辩的事实,在这样的境遇下,仅仅依靠个人行为的完善根本无法消解来自现实矛盾的挑战。况且人性的特性显示,人无法从对欲望和利益追求的迷恋狂热中果断地知返。也就是说,人是欲望和利益的俘虏,这是为人的智慧、理性所决定的。其实这早在《圣经》里就有过描述:伊甸园本是万物幸福的家园,但当夏娃、亚当偷吃禁果后,一切就改变了,人与自然完全一体或合一,或者说,客观的自然与人协调一体的状态遭到了破坏,而且一去不复返。原本素朴的自然(称此为第一自然)远离人而去,人类始终挣扎在与自己理性认识里的“自然”协调一致的实践中;或者说,进入人类理性自然的程式(称之第二自然)。毋庸置疑,第二自然与第一自然具有相悖的价值取向。因此,从亚当和夏娃偷吃禁果开始,人类就失去了原本属于自己的自然即第一自然的境遇,被赶出伊甸园也就走上了第二自然的征途。换言之,人类本质生活的场域只能是第二自然,从人类离开第一自然开始,第一自然就成为人类需要重新憧憬的理想。

不可否认,人类在第二自然生活的主旋律无非是欲望和利益。人对自己的生活境遇有一定的认识,也提出了应对的策略,诸如遵循规范行为和生活。在伦理学的角度,就是注重道德行为和道德原则研究的规范伦理学在西方登场,这是与亚里士多德“四主德”相异路径的另一种提升和维护人类文明的探索和追求,主要侧重人应该如何行动这一中心问题上①，并通过功利主义、义务论、公正论等角度对人的行为的道德合理性进行了论证，但缺乏对人生整体图画的勾勒和憧憬，仍难以令人信服，对人自然也缺乏人生导航的引力。阿拉斯代尔·查莫斯·麦金泰尔(Alasdair Chalmers Macintyre)在1981年出版的《追寻美德》中，出自一种对现代西方社会道德危机的深刻思考，呼唤传统的回归，认为在道德理论与实践中，当“规则”取代“德行”成为道德的基础时，我们在社会生活中所使用的道德语言只是一个破碎了的“道德传统”所遗留下来的残章断片，而我们所赖以生存的社会组织同样成为与“道德传统”不相容的、格格不入的对立物。他运用历史主义的方法进行了陈述，即对现代道德语言中普遍存在的情感主义趋向的追溯和对“道德传统”的历史追溯。在他看来，尼采对世俗道德的否定是十七、十八世纪启蒙主义对于道德合理性论证失败的必然回应。这个论证的失败者既包括休谟也包括康德。由此，他进一步追溯了西方以德行为中心的“道德传统”，此传统包括《荷马史诗》所描述的英雄时代的德行、雅典城邦时代的德行、亚里士多德的德行以及中世纪基督教的德行。通过对这一传统的追溯，他概括出与德行概念紧密相连的三个概念：与其“内在利益”相关的“实践”概念，与人的“整体生活”相关的善的概念以及一个可持续的“传统”的概念。他认为一个持续的传统，把具体生活的各种利益整合在一个包含着对善和至善寻求的模式中。客观的事实是，人必须在现实中生活，他无法摆脱自己设下的悖论，只能把追随传统的最后一线希望寄托在类似修士团体这样的被挤到社会边缘的共同体的存在中。在他看来，在德行形式之前，有一个道德传统的历史延续。追寻美德，有一个道德传统的历史延续。而在这两个历史延续的道德传统中所看到的只是一个历史断层，从而忽视了两个传统之间的延续性。我认为，以“断层”来揭示传统的变异和从此变异中体会传统的延续具有同样重要的意义。把“德行”与“追寻美德”之间的人为的、绝对的、不可逾越的历史鸿沟视为“规则”，隔断了“规则”在道德文化建设中的实际的作用，这本身就违背了历史主义的方法论原则②。

---

① 南师大教授陈真认为西方哲学在柏拉图以后一直想寻求对自然和人的确定性的认识，注重的是理性分析和证明，而把涉及人的动机和人的本性问题的美德研究课题视为心理学问题，逻辑分析和证明对此难有作为；另一方面，宗教的发展在西方现代化的进程中起到了稳定社会秩序的实际作用，因此，如何做人、做什么样的人的问题失去了为人聚焦的机会。参考《美德伦理学与道德建设》(《江苏社会科学》2005年第6期)。

② 相关研究也可参考秦越存著《追寻美德之路：麦金太尔对现代西方伦理危机的反思》，北京：中央编译出版社2008年8月。

2. 美德的定位

苏格拉底"美德即知识"的著名论断，释放了美德是道德的基础的强烈信号。这是因为知识是人走向文明的最为基本的素质，人的一生是从无知到有知不断进化的过程，接受知识是人生活的最为主要的任务和内容，正是在接受知识的动态过程中，人类理性得到不断的发展和提升。在这个意义上，苏格拉底无疑把美德作为一切的基础，在人的社会化的过程中，按照美德而生活显得非常重要①。

亚里士多德推崇的美德除上面提到的"节制""勇敢""智慧""正义"这"四主德"外，还把"中道"即适中之道作为美德。在人的生活中，"中道"就是孔子所说的"过犹不及"(《论语·先进16》)，既不过头也不欠缺，即俗话说的恰到好处。就行为而言，"中道"无疑是最为重要的，是各种境遇中的最为适宜的行为对策，在结果上也最能带来实际的效益，没有风险的心理忧虑。如果在利益调节的杠杆上演绎的话，就是自爱与爱他、利己与利他的有效协调。可以说，这是最为符合人本性和特性的一种行为选择。因为人的本性特征告诉我们，人无法离开自己利益和欲望的满足来筹谋利益他人的事务。以前我们提倡的大公无私、毫不利己而专门利人，在现实生活中很难做到，其根本原因就是缺乏人性的基础，缺乏生发作用的能源和持续发展的能量，这是值得我们认真总结的。我认为，这种能够在具体关系中切实协调人我关系的"中道"有其合理性②。

美德在西方一直占有着重要的位置，上面提到的麦金太尔的《追寻美德》，试图挽救在现代社会成为残片的传统美德。尽管他孤立地割裂社会历史的历史主义方法无法找到解决实际问题的途径，但是，他在道德与美德关系上的立场，无疑与苏格拉底、亚里士多德他们是一致的，"人有了美德才有道德价值；没

---

① 西方学者认为中国古人有与苏格拉底相同的思维，参考"无论在哪一段文本中，我们都没能找见丝毫关于天在非人性的宇宙之中的角色的讨论。大部分文本涉及的是天与人类以及人类秩序的关系，而且恰好在此语境中，天的'神学的'方面表现得最为明显。天的命令主要关心的是人类的道德礼仪状况，天已经借助于道德问题和人类建立了联系。道德问题本身不是苏格拉底的问题——什么是善？而是这样的问题——为什么人们会偏离善？假如说苏格拉底殚尽一生去探求关于善的本质的定义，那么很清楚，他坚信人类还没有真正掌握它是什么的知识。如果说在中国存在着这样的信仰——善的秩序的样式在某种程度上已在过去'显现'过了，因此产生的问题则是——为什么人类不能够维持它？人缺少保持这种样式的能力，这一点就明显地表达于那首赋予人以'内在法则'(则)的颂歌之中(《诗经·大雅·荡》：'天生蒸民，其命匪谌。靡不有初，鲜克有终。')"。(〔美〕本杰明·史华兹《古代中国的思想世界·周代早期的思想：延续与突破》)

② 有观点认为，"美德恰恰与此相反，美德始终具有无私性，自我牺牲性，因为美德所考虑的是他者的感受、他者的苦乐、他者的利害得失，而不是自己。所以，美德始终不能恪守中道。恪守中道，追求行为的适中，不是美德，而是道德。"(唐代兴《道德与美德辨析》，载《伦理学研究》2010年第1期，第10页)

有美德,人就毫无道德价值”(《中世纪的各种观点与事件》)①,就是佐证。

(二) 中国美德的学界认知

按照西方的语义而言,美德无疑体现了理想性的特点,强调人自身修养的重要性。规范伦理体现的是现实性的特点,强调因循规范行为的重要性。显而易见,前者侧重在个人的方面,注重内在性的特点;后者聚焦个人生活的环境,注重外在性的特点。但是,一个不可否认的事实是,人生活在社会之中,因此,我们面临的问题不仅包含着内在的方面,也覆盖着外在的方面。西方美德的辩证,仅仅把规范伦理视为打碎德行美德的杀手,显然是有失公允的,当然也是无法解决社会问题的,现今全球面临的三大危机之一的人际关系疏离的危机,就是对西方文化选择的一种挑战。

1. 西方的框架

不过,值得我们担忧的不是西方的文化选择,而是我们自己的文化选择。毋庸置疑,我们的研究不自觉地走在西方价值中心的道路上,而忘记了本身具有悠久文明历史的事实。譬如,“现代伦理形态不是单一的规范伦理,也不是单一的美德伦理,而是两者的结合,用规范伦理去规范人们的行动,用美德伦理去指导人的生活和自我完善”②,虽然承认规范和美德伦理的互补在价值方向上没有问题,但使用的语言无疑是西方的。

2. 单一性的视野

学术界的研究也有令人困惑之处,如“一个人长期遵守道德的伦理行为所形成和表现出来的稳定的心理自我、道德人格或道德个性,叫作美德;一个人长期违背道德的伦理行为所形成和表现出来的稳定的心理自我、道德人格或道德个性,叫作恶德”③“一个人因遵守道德——不论这种道德是优良的还是恶劣的——而形成的品德就叫作美德;因违背道德——不论这种道德是优良的还是

① 〔美〕麦金太尔著、宋继杰译《追寻美的:伦理理论研究》,南京:译林出版社 2003 年 12 月。
② 肖群忠《美德诠释与美德伦理学研究》,载《广西民族大学学报》2006 年第 5 期。
③ 王海明《论美德——两种美德之辨析》,载《东南大学学报》2009 年第 1 期。

恶劣的——而形成的品德就叫作恶德"①。美德、恶德的对应虽然没有任何问题,问题是把遵循恶德而形成的品德作为美德是否妥当?作者一方面承认遵守优良的道德而形成的美德具有正的道德价值,而遵循恶德而形成的道德只有负的道德价值,但是,"如果优良道德还没有得到社会认可,那么,社会就等于没有优良道德而仅仅存在恶劣道德……人们就应该遵守恶劣道德;否则,岂不就等于不遵守任何道德?那样一来社会岂不必定崩溃"②?不得不质疑的是,社会的稳定依靠的就仅仅是道德吗?假如把遵循恶德作为美德来定义的话,那把人的良心置于何处?在最终的意义上,遵循一种道德与否,都是人的选择,在没有可供选择的合宜的道德规范的情况下,人完全可以听任良心的呼声而生活得好?因此,不做任何选择本身就是一种选择。另外,正如美德与恶德相对而存在一样,优良的道德与恶劣的道德也是相对存在的,没有优良自然也就无所谓恶劣,它们是互为依存的。在这样的意义上,所谓"两种美德之辨析"的意义就只能在语言的游戏层面得以存在,而缺乏任何积极的学理和现实生活意义。

3. 美德的定位

在美德与道德的关系中,学界主要认为美德高于道德,道德是基础。有观点认为不是美德是道德的原因,也不是道德是美德的结果,而是道德是美德的原因,美德是道德的结果,即"一个人的品德乃是他的行为长期遵守或违背道德规范所得到的结果:'道德''规范'和'做什么'是原因、前提;'品德''美德'和'是什么人'则是结果、结论。准此观之,从伦理学体系的构成来看,首要的、主要的、根本的、绝大部分的内容便不能不是'道德''规范'和'行为''做什么';而'品德''美德'和'是什么人'则只能是最后的、结论的、极少部分的内容"③。也有观点认为,"公民道德或规范伦理的特点就在于其规范内容的基本性、社会作用范围的普适性,而美德伦理其性质具有某种高尚性,其作用的确在引导人们进行更高的、基于自我完善的德性修养"④,虽然没有直接对道德和美德进行区分,但从"引导人们进行更高的、基于自我完善的德性修养"的用语中,不难推测

① 王海明《论美德——两种美德之辨析》,载《东南大学学报》2009年第1期。

② 同上。

③ 王海明著《新伦理学》,北京:商务印书馆2001年2月。

④ 肖群忠《美德诠释与美德伦理学研究》,载《广西民族大学学报》2006年第5期。

作者持有的美德高于道德的意蕴[①]。

在对美德与道德关系衡量的研究中，值得关注的观点还有，“客观论之，道德属于他律，是人人必须遵守的社会规范，所以，道德是功利的，它以自我利益持守为出发点，以权利与责任对等为基本原则，以实现个人利益为直接目的。道德是美德的基础，因而，美德属于自律，是对道德的卓越，是人人应该响应的社会倡导，所以，美德是道义的，它以自我利益放弃或超越为起步，以无私利他为基本准则，以履行责任之外的义务来增进他者利益为展开方式，以实现个性张扬和精神自由为直接目的”[②]；认为道德是指人的行为必须如何，它构成人的行为的最低规范，最起码的要求，人的社会行为的底线，并且以“自由”、起源和目的、利益等为聚焦点，区分了两者的不同。

(1)“自由”的方面

四川师范大学教授唐代兴认为，“诚然，道德与美德，都是一种付出。付出之于人、之于生命的本质呈现，就是对自由的丧失。道德和美德虽然都丧失自由：道德对自由的丧失，是由社会规范所形成的，它丧失自由而获得了自由；美德对自由的丧失，是个人追求所实现的，他放弃自由而创造了自由”[③]。必须注意的是“社会规范”和“个人追求”相对，两者的自由不同。其实，个人必须在社会中生活，离开社会就无法完成生活的演绎，自然也无法描绘自己的人生篇章。

(2) 起源和目的

“道德与美德的这一区别，还可以从其起源和所达到的目的两个方面讨论：道德源于个人的社会性需要，即功利需要；美德源于个人的精神自由，即道义需要。并且，道德之目的有二，构建社会秩序和使人成为人；美德所欲达到的目的，是实现个人成就为大人。伦理学是人性塑造的学问，从这个角度看，人性的塑造涉及两个方面，一是‘使人成为人’；二是‘使人成为大人’。前者是道德之努力目标，后者乃美德之努力目标。概言之，道德是社会促使人成为人，美德是个人鼓动自己成为大人，完人。”值得重视的是以“功利需要”和“道义需要”来区分道德和美德的起源；而把“社会促使人成为人”和“个人鼓动自己成为大人，完人”作为道德和美德的目的；不仅存在个人与社会分离的嫌疑，而且存在道德和

---

① 参考“欲踰至德之美者，其虑不与俗同。”(《鹖冠子·世兵》载黄怀信撰《鹖冠子彙校集注》，北京，中华书局2004年10月)

② 唐代兴《道德与美德辨析》，载《伦理学研究》2010年第1期第6页。

③ 唐代兴《道德与美德辨析》，载《伦理学研究》2010年第1期第8页。

美德隔离的迹象。

(3) 利益的方面

“道德追逐利益，所以它需要社会治理。美德却不需要社会治理，原因在于美德是一种对自我利益的放弃行为，美德是通过自觉主动地放弃利益自由而创造心灵自由、意志自由、情感自由、认知自由、信仰自由，或可简言之精神自由。所以，一个人有没有美德，并不受人干涉，也不受社会规范。社会可以倡导人要美德，但决不能强迫人去施行美德”，在追求利益的具体方法上，“道德行为所追求的是既不损己也不损人或既益己又益人的利益之善：道德之善是一种世俗之善，一种功利之善，一种合于社会伦理规范之责任和权利相对等之善……美德行为所追求的是以损己之利来益人的超利益之善：美德之善是一种超功利之善，一种超越社会道德规范的灵魂之善，一种神性之善。因而，德性是美德的主体条件，美德是德性的行为表现”，因此，“道德本身就追求利益，就是以权利与责任的对等为规范原则来实现自己的利益。所以，道德就是利己的，利己主义属于道德的范畴，并且利己主义就是道德，是基本的道德敞开方式。相反，美德本身就是追求个性张扬与自由创造，就是以自我利益的放弃或奉献为基本方式来实现个性张扬和自由创造。所以，美德就是利他的，利他主义属于美德的范畴，并且利他主义就是美德，是基本的美德敞开方式”。道德追逐利益，是利己的，而美德放弃利益，是利他的；社会可以倡导人具有美德，但不能强行人去施行美德；道德是功利之善，美德是超功利之善。显然，道德与美德在价值坐标中呈现的是正相反的特征。

以上这些研究虽然不是全部，但基本是代表性的。不过，不得不说的是，这些研究不仅是纯学理的研究，而且是纯道德范围的研究，并且基本是以西方的框架来进行的演绎。换言之，最大的问题不仅割裂了道德与美德的科学关系，而且无视了透过道德与“美”的关联性维度来审视和观照问题的基本环节，没有了基础，自然无法得出合理的结论。

(三) 传统美德的语境意义探寻

1. 对传统美德的已有认识

(1) 美德是品质

迄今对美德的认识，基本是把美德看成高位的存在；对传统美德的认识也不例外，诸如“传统美德是传统道德中的精华，是传统道德中那些比较好地反映了人与人之间、人与社会集体之间以及人与天地万物之间关系的本质要求的优秀道德原则、规范、范畴和道德品质等的总和”①“传统道德中的精华”“优秀道德原则、规范、范畴和道德品质等的总和”，都是具体的回答，而且把美德视为“品质”；再如，“美德是一种实践品质与智慧，对其诠释是与整个人类道德实践相伴随的，在思想史上也有较为丰富的资料，尽管它可能不是很系统”②，也是从“品质”的维度对美德加以把握的。

（2）美德是美的道德

在时间上，上面介绍的研究虽然是新近的，但是，对传统美德不多的研究中，我们仍能找到依据中华文化特点而得出研究结论的成果，“道德美即善美或美的道德。指能引起人们愉悦情感或美感的道德形象，换言之，就是具有审美价值的道德形象。在本质上，真善美的统一是其前提，但不是善的内容与美的形式的简单联结，而是一种道德美学化和审美道德化的高超境界。在审美的意义上，道德形象的内在的善和外在的美，以及内在的善和外在的丑都能激发人们的美感”③，这里基于真善美的轨道，以审美为视角对美德进行了界定，与前面所有中西方研究不同的就是引进了审美的尺度，打破了就道德而论美德的狭隘的举措。不仅如此，紧贴中国象形文字的特点来切入问题，就是把美德看成“道德美”“善美”或“美的道德”，这是意味深长的运思。

2. 美德的词语学意义审视

世界文化发展的现实，随着科学技术的发展得到飞速的进步，多文化、多学科的融合已经成为人文、自然科学研究的首选频道。

众所周知，在中国文化长河里，美德虽然是古已有之的概念，诸如“将将鸿鹄，貌之美者也；貌美，故民歌之。德义者，行之美者也；德义美，故民乐之。民之所歌乐者，美行德义也，而明主鸿鹄有之”（《管子·形势解》）、“洋洋美德乎！宰制万物，役使群众，岂人力也哉”（《史记·礼书》），都是佐证；“德义者，行之美者也”昭示的信息是，美德所反映的是行为之美。对后者的理解，可以参考孔颖达《史记正义》的解释，即“言天地宰制万物，役使群品，顺四时而动，咸有成功，

① 王泽应《中华传统美德通论》，载《南通大学学报》2005 年第 3 期。

② 肖群忠《美德诠释与美德伦理学研究》，载《广西民族大学学报》2006 年第 5 期。

③ 徐少锦、温克勤主编《伦理百科辞典》，北京：中国广播电视出版社 1998 年 12 月。

岂藉人力营为哉，是美善盛大众多之德也”。这包含着对美德的赞美，由美德行为具有导航人行为的实际作用和价值所决定。因此，对传统美德的科学界定，无法在西方规范、德行等概念的辨明中得到演绎，只能在与古代文献的紧密结合中得到澄清。

(1)“美”的释义

顾名思义，美德就是美之德，显然，美德不是一个孤立的概念，离开“美”就不是美德，这与英语的 virtue 不同，这是讨论传统美德的关键。

“美”是会意字，金文字形，从羊，从大；古人以羊为主要副食品，肥壮的羊吃起来味很美；本义为味美，《说文解字》的“美，甘也；从羊大”的解释，正是从味道美的视角来切入的。“甘”会意兼指事，小篆从口，中间的一横像口中含的食物，能含在口中的食物往往是甜的、美的；汉字部首之一，从“甘”的字往往与“甜”“美味”有关。《说文解字》“美”和“甘”是互释的。但必须注意的是，在“美，甘也”的运思中，“甘”的意思不是甜，而是好吃，相当于英语的 delicious，日语的うまい。当然，不能忽视的是，许慎对“美”的解释，在 1928 年安阳殷墟科学发掘以来，其中的甲骨文发现后，也受到了相应的挑战，因为甲骨文的“美”字并不是“羊大”的形象，上边并不像“羊”，而是人饰羊首的形状，戴着羊角样饰物，整个“美”字是戴图腾标志的人的形象。可见，古人很早就知道利用装饰物来扮美了，而“戴羊角”是当时最美的打扮，这与当时形成的以“羊人为美”的审美观点相联系。这在现代民族风俗中也能找到佐证，在青海河湟一带古羌人发源地，过年时跳传统的“老羊歌”舞蹈，舞者必须戴羊角帽，而且“羌”字本身就包含羊在里面。在一些少数民族宗教活动中，尚有戴羊面具跳舞祭神的现象。

对味美的理解自然不能离开具体的源头，也就是“大”“羊”即羊大为美。“大”是对羊形体的认定。我们有充分的理由推断，中国古人原始的审美意识，大致源于“大羊”，大羊往往躯体肥膘、羊毛浓厚、形象丰满，具有旺盛的生命力。不过，值得注意的是，在文字构造上，美是“羊”和“大”的合二为一，具有形体肥大的意思，但作为最初的审美感受和意识，给人留下的首要的体验不是羊的形象——丰满的美的感受，而是由羊的肥膘而来的“甘”美的味道。换言之，依据羊大而创造出来的“美”的本义，切入点不在形体本身的硕大，而在肥大的羊的肉味甘美，羊的肥大，其肉中的膏脂就多，甘美的滋味正源于膏脂之多，而瘦小无法与膏脂多相联系，只有肥硕才能导致膏脂多。

羊与中国人有着非常紧密的关联。审视已有的古代史的研究，不难得知，羊与人类有着悠久的历史渊源，是人类最早开始狩猎和驯养的动物之一，可以说，中国传统文化从诞生起就与羊有着密不可分的关系。据最新考古发现，距今大约 8 000 年前的河南新郑裴李岗文化遗址，以及距今约 7 000 年前的浙江余姚河姆渡文化遗址中，都已出现了“陶羊”。在古代文明史上，三皇五帝是为大家所熟知的。以唐代学者成玄英对《庄子》“余语汝三皇五帝之治天下”里的“三皇”所作的《疏》为例，“三皇者，伏羲、神农、黄帝也”(《庄子・天运》)[①]。伏羲属于古羌戎氏族，其原始图腾就是“羊”，“羲”字上部也是“羊”，这是该族“羊崇拜”特性的自然反映。神农即炎帝，《史记・五帝本纪》载有“《集解》‘皇甫谧曰：《易》称庖牺氏没，神农氏作，是为炎帝。班固曰：教民耕农，故号曰神农”，同注释还载有：“《正义》：《帝王世纪》云：神农氏，姜姓也，母曰妊姒，有蛟氏女，登为少典妃，游华阳，有神龙首，感生炎帝。人身牛首，长于姜水。”姜水属羌地，这里的羌人部落便以羊为图腾，可见炎帝一出生就与“羊”结下渊源的关系。

在深远久长的渊源关系中，不得不追问的是，羊在人们的生活中，扮演着什么样的角色呢？要明了这一点，就无法逾越羊在古代中国文化中具有的功用。

首先，羊的日常功用。众所周知，羊毛、羊皮具有御寒的功用，羊肉具有食用的功用，“曾皙嗜羊枣，而曾子不忍食羊枣。公孙丑问曰：脍炙与羊枣孰美？孟子曰：脍炙哉！公孙丑曰：然则曾子何为食脍炙而不食羊枣？曰：脍炙所同也，羊枣所独也……”(《孟子・尽心下 36》)、“天子居青阳左个，乘鸾辂，驾苍龙，载青旂，衣青衣，服青玉，食麦与羊，其器疏以达”(《吕氏春秋・孟春纪・孟春》)[②]，可谓例证之一。

其次，祭品的文化担当。牛羊在古代常常作为牺牲品，在祭祀、会盟时使用，诸如“自古及今，无有远灵孤夷之国，皆犓豢其牛羊犬彘，洁为粢盛酒醴，以敬祭祀上帝山川鬼神，以此知兼而食之也”(《墨子・天志下》)、“明日将战，华元杀羊飨士……”(《吕氏春秋・先识览・察微》)，都是例证。当然，古代文化里存在“牛羊”并称的习惯，牛无疑也是重要的牺牲品，而且有“臣闻之胡龁曰：王坐于堂上，有牵牛而过堂下者，王见之曰：牛何之？对曰：将以衅钟。王曰：舍之！吾不忍其觳觫，若无罪而就死地。对曰：然则废衅钟与？曰：何可废也，以羊易之。不识有诸”(《孟子・梁惠王上 7》)的记载。对以羊换牛的事情，齐宣王虽然有“是诚何心哉！我非爱其财而易之以羊也，宜乎百姓之谓我爱也”的解释，但我们仍可以推测

① 郭庆藩辑《庄子集释》，北京：中华书局 1961 年 7 月。

② 〔战国〕吕不韦著、陈奇猷校释《吕氏春秋新校释》，上海：上海古籍出版社 2002 年 4 月。

的是，牛在体积上要比羊大得多，在祭祀活动中是首选的牺牲品，但在原始时期，在物质生活资料相对缺乏的情况下，使用牛来做牺牲品其代价当然是很高的，以羊替代自然也可行得多。这在本质上也反映着实用。

最后，法典的功用。在诉讼中，羊还被奉为神圣的审判者，诸如《墨子·明鬼下》的"羊起而触之，折其脚，祧神之而槁之，殪之盟所"、《论衡·是应》的"皋陶治狱，其罪疑者，令羊触之。有罪则触，无罪则不触"，都是例证；"触之"是"有罪则触，无罪则不触"，羊担当的就是审判者的角色。

显然，羊在人们生活的全方位上占有着自身独特的位置，不仅可以推断出古人以羊为美的价值观，也可以领悟出古人由羊而来的审美体验或感受，以致形成的审美意识。

（2）"善"的释义

显然，羊与人的生活存在非常紧密的关系，对羊的崇拜当然不仅仅止步于12生肖，今天的一些农村的风俗中，就有在秋收后用宰羊来庆祝犒劳自己的辛苦劳动①。"美"与羊的联系，无疑表达着羊在中国古人生活中的重要位置，毋庸置疑，虽然羊是古代人日常生活的主要经济资源，但通过这一造字，中国古人自然赋予"美"以独特的内在意义。

在人类文明的进化中，人的品性的提升无疑显示出由原本的重视感觉器官的物质性满足不断向精神性感受满足追求的倾向；在审美意识上也一样，原本的诸如"羊大为美"所体现的重视味觉的倾向②，也随着人的理性的发展而得到发展和提升，这种提升也是以打破味觉等的狭隘范围而向伦理等方面拓展的，

---

① 一些少数民族的文化与羊有着紧密的联系：哈萨克、蒙古、塔吉克等民族流行"叼羊"的马上游戏：在喜庆的日子里，人们在几百米外放一只羊，骑手们分成几队去抢夺羊；也有一青年骑手持羊从马队中冲出来，后面的人紧紧追随，其中有人配合争夺羊，有人保护羊；游戏以叼羊到终点者为胜，取得胜利的人，当场把羊烧熟，然后大家一起享用。锡伯族民间有"抢羊骨头"的婚俗，流行于今新疆地区：婚礼之后，迎亲爹娘在新郎新娘的炕沿上放上一块羊大腿骨，双方姐妹兄弟聚于新房，迎亲娘将拴有红线的两个酒杯放在盘里，并迅速将两只酒杯换来换去，从而使两位新人分不清哪是水，哪是酒，然后让他们任选一杯，喝到酒的为大吉，接着要连饮三杯；之后，双方兄弟姐妹开始抢羊骨头；男方家人抢到羊骨头认为是新郎勤劳能干，能养妻子，家庭美满幸福；女方家人抢到羊骨头，则认为新娘会持家，家庭和睦兴旺。哈萨克流行"羊头敬客"的交际风俗：朋友来访，宰羊招待；用餐时，先端上熟羊头，羊脸朝向客人的位置，然后主人请客用刀割羊肋肉献给在座的长者，后割一块羊耳给在座的幼者，再随意割一块给自己，然后将羊头盘捧还给主人。另外，全羊是蒙古、哈萨克、柯尔克孜、塔吉克等民族的传统佳肴，上席时，将大块羊肉放入托盘，摆成整羊，以羊头献客。

② 日本学者笠原仲二认为，"中国古代人却把美意识最穷极的根源放在味觉上"。（《中国人原始的美意识》，第43页；〔日〕笠原仲二著、杨若薇译《古代中国人的美意识》，北京：生活·读书·新知三联书店1988年12月）

"就歌乐来说，所谓'郑、卫、宋、齐'的音乐、歌曲作为淫声遭到了贬斥(《荀子·乐论》《礼记·乐记》)……意味着从把只满足从属于生理的、自然的，即本能或感觉的欲求、冲动的对象当作美的人——自然的人，向着把在自己支配下，合理地控制着那些本能或感觉的理性和意志作为美的人——文化的人进化；同时又意味着，接受美感的对象具有的官能性美的要素深奥地隐藏起来，对发现精神性或理性的美的要素的美感——重新享受生的充实感，即对于美的感觉，与质的变化一道，变得更深刻、更敏锐了；进一步又意味着，关于'美'的观念内容的这种变化、审美意识质的升华的这种推移的阶段，正是美感作为具有伦理的、道德的效果被意识、美的意义或价值从那种伦理的、道德的立场被观念评价的阶段"(《古代中国人的美意识·中国人原始美意识的变质》)①，不失为最好的总结；换言之，道德进入人审美的视野无疑是人从自然人向文化人进化的文化标志之一。所以，"一般伦理的、道德的价值正意味着'善'时……凡是'美的'，就是'善的'；相反，凡是'善的'，就是'美的'。换句话说，意味着'美'和'善'其价值相一致的观念产生了。"(《古代中国人的美意识·中国人原始美意识的变质》)

在词语学的视角，也可以证实日本思想家笠原仲二的结论。在汉语中，"美""善"是同义词，《说文解字》的"美，甘也。从羊大。羊在六畜主给膳也，美与善同意"，就是例证。"美""善"同义在古人心目中具有深厚的意识，诸如"故长短、小大、善恶形相，非吉凶也……长短、小大、美恶形相"(《荀子·非相》)、"君子修美……高诱注：美，善也"②，都是具体的用例。当然，必须注意的是，同样存在一些细微的差异，就拿墨子而言，他既有"故得士则谋不困，体不劳，名立而功成，美章而恶不生，则由得士也"(《墨子·尚贤上》)的运思，也有"夫仁人事上竭忠，事亲务孝，得善则美，有过则谏，此为人臣之道也"(《墨子·非儒下》)的论述，前者的"美章而恶不生"的"美"实际就是"善"，后者的"得善则美"，可以说是行为学上的审视，具有动态性的特点，只有得善才是"美"，如果无法实现"善"，就不是"美"，这一见解等于宣告"美"仅仅是结果上的审美事务，似乎与动态过程中的故事没有关系，"善"和"美"的差异尽管是细微的，但是存在的。

"善"与吉祥存在紧密的联系，《说文解字》的"羊，祥也"，就是具体的说明，段注曰："叠韵。《考工记注》曰：羊，善也。按廱义，羑美字皆从羊。""善"的吉祥

---

① 〔日〕笠原仲二著、杨若薇译《古代中国人的美意识》，北京：生活·读书·新知三联书店 1988 年 12 月。

② 刘文典撰、冯逸、乔华点校《淮南鸿烈集解》，北京：中华书局 1989 年 5 月。

通过具体的仁义道德在生活中展开演绎，段玉裁对“羍，小羊也。从羊大声，读若达同。羍，羍或省”的“……羊有仁义礼之德，故从人”的注释，可谓具体的回答。

在文字的构成上，“善”的古字是“譱”，读去声的 shan，本义为“吉也”；《康熙字典》的解释也相同。《汉书・礼乐志》载有“安上治民，莫譱（善）于礼。移风易俗，莫譱（善）于乐”。上面提到“善”与羊联系的一面，事实上与吉祥也相联系；另一方面，《说文解字》有“吉，善也”的记载，而《说文解字》也有“譱（善），吉也，从誩芊，此与义美同意”的论述，可见，“吉”“善”两字存在互训的关系。不可忽视的是，“譱（善）”字的构成，是由羊的本字“芊”与《说文解字》本义“競言也”（同上）的“誩”字组合的，所谓“誩”或“競”，是表现两个人对具体事情的议论、争辩姿态的会意文字。这给我们输送着一个重要信息，也就是说，“善”的结论的得出并非随意所致，它需要经过争议的实际过程；“善”不是个人说了算的存在，它必须经过生活的检验；生活中根本不存在绝对的“善”，“善”也不是一成不变的，具体时代具有具体“善”的内容，这也成为华夏子孙今天诠释传统美德具体内容的需要和依据。

关于争议标准的具体内容，今天虽然无法找到有力的文献证据，但可以肯定的是，它与人们的生活是紧密相连的，或者可以说，有利生活的就是“善”的结论是完全可能推测的（“美”本身具有利益、愉悦的意思，这在后面分析）。争议需要人持有斗争、献身的精神，这是为真理而斗争的精神，真理的舞台是现实生活，而不是个人的利益，这令人想起美国波士顿“二战”犹太人蒙难纪念碑上，刻着德国新教牧师马丁・尼莫拉留下的铭文：在德国，起初他们追杀共产主义者，我没有出来说话——因为我不是共产主义者；接着我们追杀犹太人，我没有出来说话——因为我不是犹太人；此后他们追杀工会成员，我没有出来说话——因为我不是工会成员；后来他们追杀天主教徒，我没有出来说话——因为我是新教教徒；最后他们奔我而来，那时却再也没有人能够站出来为我说话了。这与“善”具有争议、议论的取向存在一致性。

“譱（善）”字下面的“誩”是两个“言”，表明不是一言之堂；言说离不开“口”，正是这“口”，使“善”与“讼”形成了联系，下面的思路完全可以参考：

> 在古文字中，善与“讼”存在紧密的联系。“讼”的本义为“争也”，如《论语・公冶长》的“吾未见能见其过而自讼者也”；讼的古字作

"吅",读去声的 song;但"吅"也同"喧",意为大声呼叫,所以,我们在理解古字作"吅"的讼时,不能离开"喧"的本义来运思,《说文解字》解释"吅"为"惊呼也,从二口,凡吅之属,皆从吅,读若讙"(第 62 页下左),同"欢",议论纷纷的意思;所以,"吅"的原始意义是人声嘈杂或是争吵之声喧闹。"誩"与"吅"相同的意义,就是在文字的形体上也可以看出,"口"与"言"是紧密联系的,因此,常常通用,"誩"与"吅"这两个字而言与二口相对,象征着大声争议的姿态,即诉讼的样子;这两个文字在形体上很好地表现着要象征那种争论姿态的造字者的意图。在以上的维度来审视"譱"字,其实那是在相互吵闹的二人之间,介入羊字;羊字当是扮演倾听两人的争议,从而判断谁是谁非的角色;而这时的羊,被认为能支持、佑护"是"者——对"是"者给予吉福。这里有着羊是神圣不可侵犯的动物的观念。换言之,这暗示着,在中国的上古时代,在某些部族或国家……有着羊能守护本部族,被部族带来福利的观念;羊有这种神秘的灵力,或者所谓天、鬼神附体于羊、以羊为自己意志传达的媒介者来做这些事情等等的某些信俗。(《古代中国人的美意识·善的原始意义及其转义》)。

"讼"是法律用语,案子的诉讼一般包括原告和被告两方,具体法律责任的量定必须经过双方律师的辩护,也就是争议。"善"的古字介入"羊","羊"字起的正是上面提到的法典的作用,《墨子》中的"羊起而触之"表明的就是在具体案件的审理过程中用羊来裁断案件,这是在人类的事务中保证落实公正的手段之一。

不难得知,词语学里的"善"绝对不是主观意志的产物,而为客观性所支持,这明显与我们今天对道德等的认识不同,通过规则来量定"善",其实是古代思想中的一条红线,这没有为今天的道德建设有效利用是我们应该认真思考的地方。这种重视"善"的客观性的运思,还可以韩非为例子来进行深入的讨论,"昔者舜使吏决鸿水,先令有功而舜杀之。禹朝诸侯之君会稽之上,防风之君后至而禹斩之。以此观之,先令者杀,后令者斩,则古者先贵如令矣。故镜执清而无事,美恶从而比焉;衡执正而无事,轻重从而载焉。夫摇镜则不得为明,摇衡则不得为正,法之谓也。故先王以道为常,以法为本。本治者名尊,本乱者名绝。凡智能明通,有以则行,无以则止。故智能单道,不可传于人。而道法万全,智能多失。夫悬衡而知平,设规而知圆,万全之道也。明主使民饰于道之故,故佚而有功。释规而任巧，释法而任智，惑乱之道也。乱主使民饰于智，不知道之故，故劳而无功”(《韩非子·饰邪》)。“镜”即镜子清晰才能照出人的真实面貌，即“镜执清而无事，美恶从而比焉”；“衡”即秤杆，泛指秤，只有保持不动而出于正的位置，才能秤出真实的轻重，即“衡执正而无事”。

显然，“譱(善)”字中“羊”的介入，在职役上，仿佛“镜”“衡”等在照出“美恶”、秤出“轻重”过程中的“镜”“衡”的效用，“羊”不仅要倾听人与人之间的争议，而且要做出“善”是否的决断。

3. 汉语“真”的释义

在上面的分析中，可以清楚地看到，“美”与“善”的统一，是对“美”最初源自味觉意识而来的判断的理性的超越，来自味觉的享受，可以说是人与其他动物共通的地方，味觉的享受对其他动物而言，可以说是主要的生活内容，尽管他们不会用语言来表达，我们可以看到诸如狮子来自享用猎物后的放松、享受的姿态，以及整个狮子群的享乐的气氛。人作为有理性的动物，自然不会仅仅满足于味觉体验生活享受的层面，他要拓展体验的空间，深化体验的内涵，“美”与“善”的契合就是这种拓展的实现。

众所周知，“善”不是主观的判断，在上文分析的“善”与“讼”的联系中已经一目了然。“善”的位置的最后确立是在争议、争辩的过程中获取的，这在一定程度上昭示着“善”本身具有的客观性，这一客观性是为“真”所支持的；另外，“羊”所持有的法典功能，也是“真”的本质因子之一的体现。这也正是要分析“真”的理由。

基于上面的讨论，不难知道，“美”“善”在“羊”的文字造字方面的关联是显而易见的，但在实际的内涵上，两者的统一不是永恒不变的。换言之，“善”的一定是“美”的，“美”的未必“善”，这为譱(善)下面的两个“言”字所决定，“善”不能一锤定音，必须经过争议的环节。也就是说，“美”“善”的统一具有条件，不是绝对的。日本学者笠原仲二的“在中国，美、善、真三者关系中，美常常不一定作为善，而善却常常作为美。真在作为意味着是形而上的实体的宇宙根源的、创造性生命的概念的时候，在观念中作为伦理的概念的时候，美、真两者不仅是相一致的，而且在后一种情况下，真又常常是必须与善相一致的”(《古代中国人的美意识·中国人对绘画美的观念与真、善的关系》)分析，就是这个层面的概括。在此，可以看出，“真”与“善”的统一却是绝对的，无条件的。

在中国美学史上，古代以天地自然为美。对人而言，自然之美似乎可以欣赏，每当遇到自然美景时，往往会流连忘返而陶醉其中；历史上，对自然的赞美可以说是人生活的主题之一，“天地有大美而不言，四时有明法而不议，万物有成理而不说”（《庄子·知北游》），这里的“不言”“不议”“不说”的语言形式，可称为“不形式”的表达，这是一种优质的品性，是天地、万物具有的。换言之，宇宙万物是自然无为的。人必须生活在宇宙之中，人的行为的最好对策是因循天地自然，“夫天地者，古之所大也，而黄帝尧舜之所共美也。故古之王天下者，奚为哉？天地而已矣”。这是为何呢？因为人的理性无法真正抵达宇宙规律的彼岸，只能接近，这就是“夫大道不称，大辩不言，大仁不仁……道昭而不道，言辩而不及，仁常而不成”（《庄子·齐物论》）告诉我们的道理，所以人的结论是“夫知者不言，言者不知，故圣人行不言之教”（《庄子·知北游》）。但是，人具有理性，这是其他动物不及的，理性驱动人不断行进在努力探索自然真谛的实践过程中，“判天地之美，析万物之理，察古人之全，寡能备于天地之美，称神明之容”（《庄子·天下》）、“圣人者，原天地之美而达万物之理，是故至人无为，大圣不作，观于天地之谓也”（《庄子·知北游》），这里的“判”“析”“原”等既是人努力探索的表现，这些探索又是人应该去做该做的事的昭示。

这一运思是古代道家所特有的，早在老子那里就奠定了厚实的基础。众所周知，老子提出的“道可道，非常道；名可名，非常名”，就告诉我们真正的宇宙之道是无法为人所真正认识的，人的理性认识只能接近它，人认识到的、把握到的宇宙规律仅仅是习以为常的“道”，即人心目中的道，这不是真正的宇宙之道。日本物理学家、诺贝尔奖获得者汤川秀树的“真正的道——自然法则——不是惯常的道，不是公认的事物秩序。真正的名称——真正的概念——不是惯常的名称，不是公认的名称”（《创造力与直觉：一个物理学家对于东西方的考察·关于思维方式·老子》）的论述，不失为最为精妙而形象的说明。

“美”与“真”的统一，就是在人类对宇宙规律探求实践中发现的美，在天地自然之中，客观存在着人的俗眼所不能完全发现、理解的美、法和理，但人可以在探索的实践中去体验，在追求美的体验中不断发展真实的宇宙世界。在这样的场合，人发现的天地万物的一切状态，按其原有的样子，都作为美的东西。它们都是真实的。在词义学上，“真”与虚、假相反，具有充实性，这源于中国古人认为宇宙有万物组成，组成宇宙舞台的万物具有自己独有的自然之分，这自然之分来源宇宙根源的生命本身，万物各自的自然之分的怒放，正是宇宙生命根源强大生命力的象征，这是一种实相。也就是说，自然之分既是宇宙之真，也是万物个体生命之身，在这个意义上，“真”无疑是生命本身。这一运思是中国古代道家的智慧，在老子那里就得到了奠定，“孔德之容，惟道是从。道之为物，惟恍惟惚。惚兮恍兮，其中有象；恍兮惚兮，其中有物。窈兮冥兮，其中有精；其精甚真，其中有信”（《老子》21 章），就是一个具体的说明。“道”在宇宙万物之中，虽然无形，但却是真实的存在体，“其精甚真，其中有信”就是例证，这里的“信”正是与虚无相对的真实、信实，可以得到证实的意思，老子的“信言不美，美言不信”（《老子》81 章）里的“信”也是这个意思，“真这一概念，源于道家，不仅具有前述那些意义、本质，而且在观念中，意味着一般作为虚、伪的相反概念的真实——信、诚或实。而且，这样的真实，自古在中国一般当然作为善而在伦理上高度评价的观念。在这种情况下，与信、诚、实等同义的真，就是能包括在善的观念中的概念。在这一点上，可以说，真是善。同时，又可以说，它们意味着给予理性的、精神的美感的一个美的对象——比如，崇高的伦理行为”（《古代中国人的美意识・中国人对绘画美的观念与真、善的关系》，第 309 页），可谓合理的总结。

相对于宇宙生命之真，个人的生命无疑也是真实的，其真实性就在于宇宙生命力的无限性，“真”与“身”具有同义的一面，“庄周游于雕陵之樊，睹一异鹊自南方来者，翼广七尺，目大运寸，感周之颡而集于栗林。庄周曰：‘此何鸟哉！翼殷不逝，目大不睹。’蹇裳躩步，执弹而留之。睹一蝉，方得美荫而忘其身；螳螂执翳而搏之，见得而忘其形；异鹊从而利之，见利而忘其真”（《庄子・山木》）中“忘其身”和“忘其真”的所指，其意思是完全相同的。

“真”不仅仅限于生命根源性的真实，还包括情感的诚实。“真者，精诚之至也。不精不诚，不能动人。故强哭者虽悲不哀，强怒者虽严不威，强亲者虽笑不和。真悲无声而哀，真怒未发而威，真亲未笑而和。真在内者，神动于外，是所以贵真也。其用于人理也，事亲则慈孝，事君则忠贞，饮酒则欢乐，处丧则悲哀。忠贞以功为主，饮酒以乐为主，处丧以哀为主，事亲以适为主，功成之美，无一其迹矣。事亲以适，不论所以矣；饮酒以乐，不选其具矣；处丧以哀，无问其礼矣。礼者，世俗之所为也；真者，所以受于天也，自然不可易也。故圣人法天贵真，不拘于俗。愚者反此。不能法天而恤于人，不知贵真，禄禄而受变于俗，故不足”（《庄子・渔父》），可谓精妙的阐释。因此，人的社会实践最为重要的就是依归“真”来生活，这就是“牛马四足，是谓天；落马首，穿牛鼻，是谓人。故曰：无以人灭天，无以故灭命，无以得殉名。谨守而勿失，是谓反其真”（《庄子・秋水》），这里的“真”就是本性、本源的意思。在这个意义上，道家称存养本性或修真得道的人为“真人”，“真人”无疑是中国思想史上独特的审美人格的反映。

从以上的分析中可以得出，“真”是真善美统一的基础，在审美的坐标里，真的一定是善的，一定是美的，没有“真”，“美”与“善”就失去统一的基础。这在上文分析的“善”与“美”在“羊”的联系时，“善”必须经过羊的仲裁的环节就是具体的证明。“后世一般与美、义等互训的善这一观念，是从符合喜欢正直、支持佑护正直，恶却不直的鬼神之心意这一角度出发，并不断扩大、丰富其内容。”换言之，这意味着凡认为是“惬鬼神之意，鬼神嘉纳”的言动、行为，作为与后世所谓恶这一观念相反的内容，均认为是善。然而，“适鬼神之意”(《广雅·释诂》“适，善也”)，意味着获得鬼神以为是(正道)；“鬼神嘉纳”意味着获得鬼神许可、赞美。但如已论证的那样，在古代中国，凡“惬意”的事物或“符合道理、正确的事”，一般意为是、可或作为美的时候，“其本身就存在着善与是、善与美，从而美与是也都各自被相通意识的一个契机”(《古代中国人的美意识·善的原始意义及其转义》)，不失为精妙的总结。

(四) 传统美德的科学界定

在词语学的层面分析“美”与“善”“真”的联系，“善”是“美”的内容，“真”是“美”的基础，真善美的统一是中国思想本有的情结。这无疑为界定传统美德创设了前提条件。

1. 美德的对象

美德的对象是道德行为。前文已经提到徐少锦等从审美的视野来量定美德的努力尝试，把美德界定为“引起人们愉悦情感或美感的道德形象”，这无疑具有启发的意义和价值。日本学者笠原仲二的“对于中国人来说，所谓美的对象，是人们所憧憬理想的——适合人们心情所好、引起强烈共鸣、共感的、恳切希望把它归为已有、并和自己结为一体的或者是人们衷心悦乐、具有使人感到生存意义的力量的事物。而这又是激发人们的爱情，为人们所爱好的东西”(《古代中国人的美意识·文字上表现的中国人的美意识》)的观点，则明显把激发人的“生存意义的力量的事物”作为美的对象，并认为“一般说来，美的东西都是洋溢着生气勃勃的生命感、爽快人们的胸怀、从苦恼和束缚中自由地解放、净化人们的身心的东西，从美中获得的感受，使人们感到愉悦和生活的价值”（《古代中国人的美意识·中国人原始的丑意识和美的特殊形态》）。毋庸置疑，这里聚焦的并非美的对象，而是美具有的功效问题的揭示。

显然，从“道德形象”来审视美德的对象，虽然可以在一定程度上接受，但存在的含糊性也无疑是明显的。因为，道德形象本身不是可以简单把握的。所以，人在对美的追求中，不断发现宇宙世界的真实性，在真实性的发现过程中，不断认识到自己与万物世界的联系，正是在对这些联系性的认识中，人从简单的美的味觉满足向超越物质性的精神生活领域愉悦迈进的实践努力中，以及人类自身对宇宙真谛探索不断递进的实践中，既懂得了探索宇宙毅力的必要性，又深谙自我牺牲精神的必要性，在这种必要性的认识中，人自己生命的根源性动力就自动地与宇宙万物产生了联动，这种联动形成了人不竭的生命力，也正是在这种生命力的提升中，人的道德化得到了空前的提高。基于这样的思考，我认为，美德的对象不是终点上的道德形象，而是道德行为。实际上，每一个道德行为都会给人带来审美的享受。

2. 中国语境下“美”与“丑”的辩证

“美”与“丑”是相对存在的，没有“丑”就无所谓“美”。郑燮《板桥题画兰作》“东坡又曰：石文而丑，一丑字则石之千态万状，皆从此出。彼元章但知好之为好，而不知陋劣之中有至好也。东坡胸次，其造化之炉冶乎。燮画此石，丑石也。丑而雄，丑而秀”①，告诉我们的就是这个道理。这一思想的哲学基础为“天下皆知美之为美，斯恶已；皆知善之为善，斯不善已。故有无相生，难易相成，长短相形，高下相倾，音声相和，前后相随”（《老子》2章）。在宇宙世界里，万物都存在着自己存在的必然理由，“天生烝民，有物有则”（《诗经·烝民》）②、“东郭子问于庄子曰：‘所谓道，恶乎在？’庄子曰：‘无所不在。’东郭子曰：‘期而后可。’庄子曰：‘在蝼蚁。’曰：‘何其下邪？’曰：‘在稊稗。’曰：‘何其愈下邪？’曰：‘在瓦甓。’曰：‘何其愈甚邪？’曰：‘在屎溺’”（《庄子·知北游》），都是佐证。因此，“丑”也必然是审美的对象，日本学者笠原仲二认为，“丑是对凡是使人忧患、悲哀或苦痛的事物，压抑拘束人的精神的畅达和自由的事物等等，总之，是对意

① 郑燮撰《板桥集》，《续修四库全书》编委会编《续修四库全书·集部·别集类》（第1425册），上海：上海古籍出版社2002年3月。

② 〔清〕阮元校刻《十三经注疏》，北京：中华书局1980年10月。

味、象征着人的生命力的否定乃至毁伤、薄弱、消耗等的那些实体、姿态的本能性感情、意识”(《古代中国人的美意识·中国人原始的丑意识和美的特殊形态》)。为何丑的物事或恶德行为能够成为审美的对象？对此，“是由于这些本来是丑的东西，在某一美的对象①，某一偶然的时机、场合中，统一于其他本来美的东西中(比如，象征精神焕发的旺盛的生命力)，自己的丑却被扬弃而成为肯定性的美了。换言之，这些丑的对象可以看作是因其自身的存在而成为其他美之事物的诸要素之一，从而成为振起、高扬美之事物的全部具有的美的效果的契机”(《古代中国人的美意识·中国人原始的丑意识和美的特殊形态》)的论述，可以给我们一些启发。但必须注意的是，丑的物事或恶德并不是在“某一偶然的时机、场合中，统一于其他本来美的东西中，自己的丑却被扬弃而成为肯定性的美了”，其实美丑的相互转化仅仅是众多情况中的一种。美丑或美德恶德始终是相互存在的。

美德作为美之道德，是为审美的实践所洗礼和落实的，在美丑相互依存的关系中，美德和恶德也是相互依存的。在动态的层面，与人类理性所昭示的价值取向保持一致的、源于人本性冲动的道德行为，在审美的过程中无疑会给人带来情感的愉悦和生命的享受；另一方面，违背人本性的恶德行为，虽然不能直接给人带来审美的愉悦，但它同样能以丑陋的一面，诸如对人类生命本源冲动的损害、对人类理性价值的漠视、对他人存在的无视等，使人可以在对这种恶德的行为审视中，得到学习的机会，积累自己在人际关系中如何纯净自己行为的经验，从而纯净自己的灵魂；换言之，激发个人远离恶德行为而履行美德行为的冲动，这在另一方向丰富了个人对道德行为的审美享受，实现了美德与恶德的辩证，这为人生命的本真注入了正能量，管子的“恶者，美之充也”(《管子·枢言》)，正是这一层面的结论②。

---

① 原文此处有“中”字，不符合文法要求，现删除。

② 参考“面对悠久的时间这种伟大而不可抗拒的力量，产生对人的存在的卑小的和薄命的、深沉的自我自觉悟；对于为命运所左右、为虚假的权势所俘虏，虽尽死力斗争，但终于失败的所谓英雄的悲哀和恸哭；对于最终释然失败，但在斗争时却冲向自然或敌人的顽强激烈的抵抗力的赞叹；对于面向残忍、悲痛而不败退、不灭亡的事物的怜悯和同情，这些大概都作为一种美——悲剧美而摇撼人们的心。对深深震痛人们心胸的这种悲剧命运的共感、激烈的悲痛，确实显示着昂扬人们精神，净化、救济其灵魂的作用。在根本的面貌上观察悲剧，就会发现，悲剧性的确由来于生的本质，这是不分贵贱、不分高卑，所有人类的存在，不，一切有生命之物难以躲避的共同的、悲哀的宿命。对于这种悲剧的同情和共感，不正是从这种认识中产生出来的吗？”(《古代中国人的美意识·中国人原始的丑意识和美的特殊形态》)

需要注意的是，对恶德的审美区别于简单的生活层面体验。在一般的生活层面，人们对恶德行为往往是憎恨和厌恶，审美的视野显然是对这一经验生活层面的提升，人不能简单地停留在对恶德行为的由愤恨到抛弃的层面，而需要透过这一层面来寻找在现实生活中产生这些行为的原因，从而从简单地归罪行为者的狭隘视野，深入到人性层面产生诸如此类恶德行为的可能性的认识，以及对助长这种恶德行为的环境气候因素的透析，并思考对引起这些后果的责任追究。通过这些思考，在社会和人性的层面增进对预防这些恶德产生途径的可能性设计。在这一过程的切实运作中，人的行为自然地把美德和恶德进行了社会一体性的捆绑，在两者的共存中，切实地思考如何努力地把可能性的恶德导航到美德的航道，最大限度地减少恶德在现实生活中发生的可能性，这就是美丑辩证的真正实现。

3. 中国语境下动词"美"的释义

在中国语境下，"美"还具有特殊的意义，这一意义迄今很少为我们所注意。换言之，"美"还具有悦乐、利益的意思，"当然，一般人们是忌避对自己凶恶、有害的东西，而喜欢吉利和能够给自己带来福利的东西。前述的悦、庆、贺等与美的观念有着密切、亲近的关系，能够带来吉、利的对象也作为美的对象被意识，从而，吉、利等字就含有美的意思，换言之，美当然也有吉、利之意了"(《古代中国人的美意识·文字上表现的中国人的美意识》，第 128 页)，就是在这个层面的总结。

"美"利益、悦乐的意思，当然首先是在名词层面，诸如"尧、舜为帝而雍，非仁天下也，不以美害生也；善卷许由得帝而不受，非虚辞让也，不以事害己。此皆就其利、辞其害，而天下称贤焉，则可以有之，彼非以兴名誉也"(《庄子·盗跖》)、"大适小，有王美……"(《春秋左氏传·襄公二十八年》)，"美害""王美"的"美"，就是利益、悦乐的意思。但不得不指出的是，在悦乐、利益的层面，"美"的意思得到充分显示的场合是在动词层面，下面的文献就是例证：

> 故凡治乱之情，皆道上始。故善者圉之以害，牵之以利。能利害者，财多而过寡矣。夫凡人之情，见利莫能勿就，见害莫能勿避。其商人通贾，倍道兼行，夜以续日，千里而不远者，利在前也。渔人之入海，海深万仞，就波逆流乘危百里，宿夜不出者，利在水也。故利之所在，

虽千仞之山，无所不上，深源之下，无所不入焉。故善者势利之在，而民自美安，不推而往，不引而来，不烦不扰，而民自富。(《管子·禁藏》)

人具有趋利避害的本性基因，商人日夜兼行、渔人入海，就在于有利可图，民众自然可以从利益中得到悦乐而趋于安定，即“势利之在，而民自美安”。

因此，语境下的“美”，存在与利益、快乐相联系的特征，这也启示我们对美德的理解，必须在这个基本的前提下来进行，而不能视利益为毒素，尤其不能在视美德为对利益放弃的陈旧框架里停滞不前。

4. “道”为美德之本

“美”与“善”的统一，离不开一个关键的环节就是“誩”，即相互之间的争议、争论。争议不可能在孤立的状态中进行，必须在具体的环境里完成，环境的美化同样是不可缺少的，可以说是道德行为审美的必要的外在条件之一。在外在环境装备完善的实践中，值得一提的就是，诸如“镜”“衡”等客观准则的装备完善，此处的客观性正是人们依赖的引力，也是人们信任的磁力，这样的引力、磁力来自公平不偏，正如“天地不仁，以万物为刍狗；圣人不仁，以百姓为刍狗”(《老子》5 章)的“不仁”，就是公正不偏的意思，显然，“天地不仁”是自然的公正不偏，“圣人不仁”当是人类依据自然公正不偏的规律来整治社会的意思。在羊以角触有罪者的方法来定罪的实践里，羊角起的就是“镜”“衡”的作用，从而促成现实生活中公正的真正的落实。

王弼对老子的“万物恃之而生而不辞，功成不名有；衣养万物而不为主，常无欲，可名于小”的解释是：“万物皆由道而生，既生而不知所由，故天下常无欲之时，万物各得其所，若道无施于物，故名于小矣”(《老子》34 章注)；万物存在的依据在“道”；王弼对“上德不德，是以有德”的注释为：“德者，得也。常得而无丧，利而无害，故以德为名焉。何以得德？由乎道也”(《老子》38 章注)；显然，道德是依据“道”而结出的果实。再如管子的“道生天地，德出贤人。道生德，德生正，正生事”(《管子·四时》)，不仅在认识论的角度反映了与老子运思的一致性，而且在方法论的层面揭示了“道”与现实生活的紧密联系。具体而言，这是一幅从“道”到现实生活中的物事相互连接的图画：道德是依据“道”而产生的；道德的客观性是现实生活中公正运行的保证；公正、切实地落实是物事健康、蓬勃演绎发展的保证；物事的健康发展则是社会活力的源泉。

道德不是自身的裁判者和决定者，道德必须由规则来决定，这一思想在中国古代不仅在一般的道德问题上得到了演绎，而且在古人对美德的认识中也同样得到了贯彻：

> 德有六美，何谓六美？有道，有仁，有义，有忠，有信，有密；此六者，德之美也。道者，德之本也；仁者，德之出也；义者，德之理也；忠者，德之厚也；信者，德之固也；密者，德之高也。
>
> 六理、六美，德之所以生阴阳、天地、人与万物也。
>
> …………
>
> 物所道始谓之道，所得以生谓之德。德之有也，以道为本……德生物又养物，则物安利矣。安利物者，仁行也。仁行出于德……德生理，理立则有宜，适之谓义。义者，理也……德生物，又养长之而弗离也，得以安利。德之遇物也忠厚……德之忠厚也，信固而不易，此德之常也……德生于道而有理，守理则合于道，与道理密而弗离也，故能畜物养物。物莫不仰恃德，此德之高……道而勿失，则有道矣；德而守之，则有德矣；行而不休，则行成矣。（《新书·道德说》）①

这里是美德的直接讨论，"道""仁""义""忠""信""密"是"六德"即六种美德。把"道"作为"六德"之一，无疑在中国思想史上存在一定的独特性。当然，准确地说，这独特性与"道"本身持有的特性分不开，由于"道"作为无形的存在，其存在的场域在宇宙万物，其价值的发挥也无法离开宇宙万物，始终是现实经验层面人们获得实际"得"的依据，给人输送着时刻因循规则而行为的信息波，这是持有"德"的前提。

"物所道"的"道"通"導"即"导"，这句话的意思就是引导万物的存在是"道"，它是道德存在的根本，道德又是万物得以产生和获取生命力的源泉。万物一旦产生，必须在现实中生活，表面杂乱无章的生活实际上存在着客观的"理"，这也是法家在择定依法治国的实践中必须依据"理"来行为的关键所在，

① 〔汉〕贾谊撰、阎振益、锺夏校注《新书校注》，北京：中华书局 2000 年 7 月。

"理"才是法家的标志性概念①，"德生于道而有理，守理则合于道，与道理密而弗离也，故能蓄物养物"，给我们展示的就是依据道理而运作的万物得以兴旺的景象，它具有巨大的生命力，相互之间关系密实即亲密无间，按道理生活就是合"道"的生活，"道"与"理"的整合是形成强大实力的条件和基础，这在社会主义现代化建设实践中的运用，就是以自然规律为指针，因循依归客观规律而形成的具体生活的条例而生活，才能实际获得，这是恒久持有道德的最佳方法。

5. 美德的科学界定

在对"美"的讨论中，仍有一个问题没有触及，就是美德之"美"，在古代汉语语境里还有"赞美"的意思，诸如在荀子那里，美德既有作为一个名字使用的例子，即"伯禽将归于鲁，周公谓伯禽之傅曰：汝将行，盍志而子美德乎？对曰：其为人宽，好自用，以慎。此三者，其美德也"(《荀子・尧问》)，也有以"赞美"来释解"美"的，即"彼贵我名声，美我德行，欲为我民……非美我德行也"(《荀子・议兵》)、"诚美其厚也，故为之出死断亡以覆救之，以养其厚也；诚美其德也，故为之雕琢、刻镂、黼黻、文章以藩饰之，以养其德也"(《荀子・富国》)。在这个意义上，美德包含着对道德行为赞美的意思。

美德是能给人带来审美愉悦的德行，这些行为不仅是与基本生活紧密相连的最为普遍的生活准则，而且是人的生命原动力的流淌，受到人们普遍的赞美。美德作为优雅的德性，是静态上的关照；在动态的层面，美德是人的道德行为的审美的结晶；两者的整合，才是完整的美德。优雅的德性虽然主要在个人身上反映出来，但个人优雅德行的整合就是社会整体德行的水准。故无论从哪个方面说，美德都是关系个人和社会的存在。另一方面，美源于生活，源于对万事万物的审美感知，源于人心灵深处的体验和无限创造力。生活无疑也是传统美德的源泉，离开生活就无所谓美德。美德行为可以愉悦人的情感，愉悦美化生活的氛围和环境，这种愉悦感源于对人的本质力量的肯定，表现为对狭隘功利性的超越和对于生命力的追求，获得对生命的尊重、生活的充实，而且可以获得对自身价值的肯定，增强个人生命的原动力，以及对客体世界的认知和把握，增强社会整体和世界和谐的黏合度。美德不仅仅是优良品德。美的环境是美德的一个必要的外在条件。一个道德行为没有美的环境的配合仍无法给人以在整

---

① 参考《绪论・"理"——法家的标志性概念》，载许建良著《先秦法家的道德世界》，北京：人民出版社2012年7月。

体上美的愉悦感受。故外在环境和氛围等的营建就成为社会机制中的必然环节。同时,这也是审美和道德相结合在社会系统共作上所持有的意义。把审美和道德结合的方法,是夯实文化软实力的途径。

在历史的演绎中,传统美德是最为人们所关注的基本道德规则,它们在动态的历史中描绘着鲜活的道德行为图画,在给人们提供审美享受的实践中约束人们日常行为的道德取向,受到人们的普遍赞美。在本篇开篇时就分析过,"美"与羊紧密联系,羊被古人封为"德畜",其德行可以在善群、好仁、死义、知礼四个方面得到归纳。在善群的方面,羊喜欢聚群,在身强力壮的母头羊的带领下一起活动,和平共处;好仁指羊善良,头上有角,但并不好斗,只是在诉讼中用角触有罪者;死义指羊被宰杀时非常安静,不像其他动物嚎叫挣扎,犹如英雄视死如归,于是有春秋齐宣王"以羊易牛"的故事;知礼指羊知恩图报,羊羔吃奶时前腿下跪,象征恭敬。后三者无疑是汉代贾谊"六美"内容的体现①。一个民族的强大,无法离开民族的合群,合群才能合力,合力才能富强。

善于合群的品性也是民族社会稳定的文化基础,这也包含在羊的本性中。《诗经》中最早记载了"君子于役,不知其期,曷至哉?鸡栖于埘,日之夕矣,羊牛下来。君子于役,如之何勿思!君子于役,不日不月,曷其有佸?鸡栖于桀,日之夕矣,羊牛下括。君子于役,苟无饥渴!"(《诗经·王风·君子于役》)"羊牛下来""羊牛下括"说的是牛羊汇集一起回家休息的景象,"括"是汇集的意思。羊有浓厚的家庭观念,体现阖家欢乐、快乐融融、享受生活的特点,这是社会稳定和谐的因子。这种文化特点在南宋文学家朱熹妙趣横生的《读十二辰诗卷掇其余作此聊奉一笑》②和元代刘因的《续十二辰诗》③都有反映,诗文中嵌入十二属相,每一句都是一个寓意生辉的故事,令人称妙。"毁车杀马罢驰逐,烹羊酤酒聊从容"和"马耳秋风去无迹,羊肠蜀道早还家"正是享受生活的形象表述。

总之,美德是一种大众所推崇的社会最为需要的道德行为;传统美德是指

---

① 参考过常宝著《生肖文化》,北京:中国经济出版社 2011 年 5 月,第 51～52 页。

② "夜闻空箪啮饥鼠,晓驾羸牛耕废圃。时才虎圈听豪夸,旧业兔园嗟莽卤。君看蛰龙卧三冬,头角不与蛇争雄。毁车杀马罢驰逐,烹羊酤酒聊从容。手种猴桃垂架绿,养得昆鸡鸣角角。客来犬吠催煮茶,不用东家买猪肉"(《读十二辰诗卷掇其余作此聊奉一笑》,北京大学古文献研究所编《全宋诗》,北京:北京大学出版社 1999 年 12 月,第 27647 页)。

③ "饥鸢吓鼠惊不起,牛背高眠有如此。江山虎踞千里来,才辩荆州兔穴尔。鱼龙入海浩无涯,幻镜等是杯中蛇。马耳秋风去无迹,羊肠蜀道早还家。何必高门沐猴舞,豚穽鸡栖皆乐土。柴门狗吠报邻翁,约买神猪谢春雨"(《十二生肖属相诗》,杨镰编《全元诗》,北京:中华书局,2013 年 6 月,第 50 页)。

久经流传、具有影响、可以继承并得到不断创新发展、有益于后代的优秀道德遗产。宇宙世界会因充满美德而变得更美丽、更和谐、更缤纷。传统美德是传统文化的灵魂;传统美德是中华民族的灵魂,是代代相传、世世发展的民族智慧,是建设富强、民主、文明社会主义中国的伟大精神力量。美德和道德永远是统一的,根本不存在美德高于道德的任何理由;美德之所以美,一是受到人们的赞美,二是社会最为基本的道德规范。正是在这一点上,似乎存在与西方苏格拉底“美德即知识”的相似性,但相似仅仅是表面上的。在实质上,这里强调的美德不是孤立的德性或规范的说理,而是紧贴中国文化而得出的独特的美德的规定,诸如“美”在词语学上具有的诉讼法典职能的方面,就要求我们在强调道德个人修养的同时,推重社会方面对道德行为生存环境的营造,这其实也是把美德的对象定性为道德行为的旨意所在,美德永远不可能是道德品质的研究。在21世纪的今天,我们必须充分体会到,一切研究的场域只能是现实生活,离开生活的所有研究都将失去光环;这得不到不具体落实,中国社会将无法走向现代化。“坚守和承传是相伴而生的,道德坚守和承传对于一种文化是不可或缺的”①,最好地诠释了我们传统美德传扬的意义。这一过程必然促进中华民族复兴伟大中国梦的实现,“中国的人身上,有着许多优秀的道德品质,也有着令人钦佩的性格特征,同时也掺杂着明显的缺憾和不足。哲学的东西随着岁月的流逝而演进,固执和缓慢。然而,不管是谁,当真正解读了中国人的特点之后,就一定会相信:中华民族的未来是光明的,中国在世界发展的历程中,必将发挥举足轻重的作用。”(何天爵《中国人的本色》)

① 〔美〕威廉·贝内特编著、何吉贤等译《美德书》,北京:中央编译出版社2001年9月。

七、传统美德的核心精神论

传统美德无疑是传统文化的重要组成部分，因此，在中华传统文化资源的梳理中来分析整理传统美德，牵涉到如何去粗取精、去伪存真的问题。立足文化强国实践的现实，以社会主义核心价值观为导标，提炼出传统美德的核心精神，这不仅对传统美德德目体系具有引领的作用，而且对凝聚民族精神具有导航的效用。简单而言，“上善若水”“厚德载物”是传统美德的核心精神，它不仅在内容上昭示宽容利益他者的特点，而且在形式上体现道儒佛融合的倾向，这一核心精神形成的实践链无疑是“自强不息”，这是需要注意的。

(一) 提炼核心精神的必要性

1. 提纲挈领把握传统美德的需要

传统美德是中华历史长河中凝聚成的善美文化，体现着中华民族基本道德行为价值的追求，是中华民族生命力的凝聚和结晶，是中国道德文化的坚实基础，它不仅包涵了能给民众带来审美享受的道德行为，而且含括了给人们提供人生启迪的美德行为，这些行为昭示着社会前进最为基本、最为普遍的道德规则，是民众积极向上、努力振奋的动力源。传统美德是中华民族文化中的生力军，其现实的载体无疑是每个中国人，离开每个中华子孙就无法让传统美德文化在世界舞台上进行现实的演绎。道德虽然与人存在紧密的联系，但是，一个不可否认的客观事实是：人与道德并非一体的存在。换言之，道德是外在于人的存在，尽管人性内置着摄取道德信息的密码，但这一密码虽可摄取外在的道德信息，但没有自觉性的保障，在这个意义上，外在的道德无法自觉、自然地走进人性的殿堂。因此，问题的关键是，如何有效启动人性密码中的自觉性的因子？这是必须思考的问题。人的自觉性之所以没有内置在人性内部，是因为人性仅仅具备了这种自觉性的可能因素，可能性变成现实性，需要外在条件的支持，这也就是我们在现实生活中强调道德作用的缘由所在。

2. 促进社会核心价值观的生长

我们迄今在这一问题上仍然存在着一个误区，就是往往把道德的作用或道德事务归结到个人事务的位置上，只要讲道德，就是对个人的要求，社会方面根本没有具体内容的要求，因此，也无法养成社会承担责任的任何意识，这是极大的误区。众所周知，人不是孤立的存在，个人也无法在与外在隔离而孤立的状态下完成自己的生活，尤其是在21世纪高科技、高信息量的时代，人始终处在各种信息的包围之中，如果忽视信息的择取，只能给自己的生活带来纷扰，诸如乘坐飞机，就必须跟踪航班信息。这是个人与外界的联系。信息交流虽然无须面对面地进行，但仍然是与外在他者构成的一种氛围和境遇，是新型的人际关系，无形是其最主要的特点，但相互的联系是客观的，是能让大家具体感受到的。总之，人必须在具体的环境中生活，个人道德素质的高水准虽然可以在一定境遇下影响环境，但这种影响力是非常有限的，环境对人的作用是非常巨大的，不仅影响着人价值的实现，也制约着个人道德水准的提升，这也就是笔者在讨论美德时所坚持的：美德审美享受和人生启迪来自个人的行为，同时也关联着行为施行的具体环境的健康程度。换言之，纯净而健康的环境，对道德行为的施行者存在一种无形的鼓励作用，这是一种价值的肯定，是一种无声的评价，是一种人性力量的无形充电，这恰是被我们忽视之处。这一客观现实无形中就流失了人给自己人性充电的许多机会。反过来，把一切归结到教育上，往往带来的只能是失望，因为教育无力单独承担这样的重任，它没有如此的功能，必须在和外在力量的共作中完成这一任务。

总结传统美德的核心精神，为每个人作为中国人的个人修炼提供最为简洁的价值信息，是形成社会核心价值观的基本需要，也是社会文化导航的课题。

(二)“精神”的基本含义

对聚焦传统美德核心精神必要性的认识，实际上属于宏观方面的审视，虽然在文化整体联系联动的层面，这是不可缺少的环节，但仅属于基础的方面；微观层面对核心精神的分析,才是最为关键的问题。要提炼核心精神,首先必须对"精神"的内涵进行必要的辨析。

1. "精"的含义

"精神"原本是分开的两个字。"精"字从米,青声;本义为挑选过的好米、上等细米,故《说文解字》的解释为"精,择米也"。在与"米"联系的层面,"精"虽然可以表达为精米,诸如"鼓筴播精,足以食十人"(《庄子·人间世》)、"食不厌精,脍不厌细"(《论语·乡党 6》)里的"精"就是这个层面上的用例,但在选择的层面,无疑包含着细密过程的意思,诸如精细就是这个层面的意思。不可否认的是,"精"与"情"具有相通的一面,诸如"孔德之容,惟道是从。道之为物,惟恍惟惚。惚兮恍兮,其中有象;恍兮惚兮,其中有物。窈兮冥兮,其中有精;其精甚真,其中有信"(《老子》21 章),这里的"精"就是"情",与"真""信"具有相同的意思,表示情实、信实、真实,因此,在与"情"相通的层面,"精"的意思就是实情,诸如"瑕适皆见,精也"(《管子·水地》),就是实情的意思。正是在"精"与"情"相同的视角,"情"就自然地与人的性情相连,诸如"体倨固而心执诈,术顺墨而精杂污;横行天下,虽达四方,人莫不贱"(《荀子·修身》)、"心精好恶,于事验,谓之性"(《潜夫论·梦列》)[①]里的"精",指的就是性情,对人而言,性情是客观实际的,属于实物的范畴。另外,在"精"与性情的联系上,似乎也存在着这样考虑的可能性,性情是人的生物和心理方面的存在,与人存在着必然的联系,因为"性"就是由"心"和"生"组成的,"生"自然与生命存在联系,其实,这在中国古代也有非常清晰的运思,这就是"精"与"气"的联系,"精也者,气之精者也"(《管子·内业》)就是代表的运思。人本身就无法与"气"摆脱关联,"人,水也。男女精气合而水流形"(《管子·水地》),男女是由精气合成的,换言之,没有气就没有人,这在庄子的"人之生,气之聚也;聚则为生,散则为死"(《庄子·知北游》第 733 页)的论述里也可得到验证,这也是中国文字"精"与西方 spirit 的不同之处[②]。

综合以上的分析,不难知道:"精"的原义是精细、完美、精华、精气、精神,"乾元者,始而亨者也。利贞者,性情也。乾,始能以美利利天下,不言所利,大矣哉!大哉乾乎!刚健中正,纯粹精也。六爻发挥,旁通情也。时乘六龙,以御天也。云行雨施,天下平也"(《周易·乾》),可谓精妙的总结,这里把"刚健中

① 〔汉〕王符著、〔清〕汪继培笺、彭铎校正《潜夫论笺校正》,北京:中华书局 1985 年 9 月。

② 参考方立天《民族精神的界定与中华民族精神的内涵》,载《哲学研究》1991 年第 5 期,第 33~41 页。

正”概括为“精”，而且等同“精”和“情”。

2. “神”的含义

“神”是会意字，从示、申；“申”表天空闪电的形状，古人以为闪电变化莫测，威力无穷，故称之为“神”，“阳之精气曰神，阴之精气曰灵”（《大戴礼记·曾子天圆》），这实际是对管子运思的发挥：“阴阳之分定，则甘苦之草生也。从其宜，则酸咸和焉，而形色定焉，以为声乐。夫阴阳进退满虚时亡，其散合可以视岁。唯圣人不为岁，能知满虚，夺余满补不足，以通政事，以赡民常。地之变气，应其所出；水之变气，应之以精，受之以豫。天之变气，应之以正。且夫天地精气有五，不必为沮，其亟而反其重陔，动毁之进退即此，数之难得者也。此形之时变也”（《管子·侈靡》）。万物的产生依据阴阳之气的分际而定，依据阴阳的自然规律而行为，就能实现现实各种事物的协调和谐，圣人治理社会的诀窍就在这里，依据天地之气的变化进行适时的应对，“天地精气有五”说明精气有许多种类，这显然不是从一般层面论述精气，而是对精气深层次认识的结果。管子没有明确地把阴阳与精气联系，《大戴礼记》在这方面有了发展。

在古代文献中，“神”也指天神，即天地万物的创造者或主宰者，诸如《说文解字》的“神，天神引出万物者也”，当然，在严格的意义上，这里讲的是天神创造万物的神妙实践，但“神”与天神的联系是明显的。再如“以祀天神”（《周礼·春官宗伯·大司乐》），郑玄注曰：“天神谓五帝及日月星辰也”，显然，这是在神灵的层面来加以解释的，因此，神灵是神的一个主要意思，诸如“谷神不死”（《老子》6 章）、“故礼行于郊而百神受职焉”（《礼记·礼运》）、“山林川谷丘陵能出云，为风雨，见怪物，皆曰神；有天下者祭百神”（《礼记·祭法》），贾公彦疏“百神”为“天之群神”。

“神”作为神灵的解释，实际上与神灵的神妙性存在着必然的联系，这种神妙性是无形的，不易为人所把握，“神也者，妙万物而为言者也”（《周易·说卦》），也正是在这个意义上的运思，“神”之所以能“妙万物而为言”，就在于它虽然是无形的，人的感觉器官无法看到它，却是客观存在的，这与“道”具有的“无为而无不为”的神妙性具有异曲同工之妙。

3. 何谓“精神”

无论是精气的方面，还是神灵的层面，在最早的阶段，精神是分开使用的，

"精"的一个意思就是"精神"。"精神"与万物存在紧密的联系,诸如"神灵者,品物之本也,而礼乐仁义之祖业,而善否治乱所兴作也"(《大戴礼记·曾子天圆》),就是一个例证。"精神"在一定程度上是万物内在品性的一种昭示,因此,"精神"具有内在性的特点,"精神者,物之贵大者也;内圣者,精神之原也"(《鹖冠子·泰录》)、"夫精神者,所受于天也;而形体者,所禀于地也"(《淮南子·精神》),都是例证。

"精神"作为一个概念的使用最早见于"天道运而无所积,故万物成;帝道运而无所积,故天下归;圣道运而无所积,故海内服。明于天,通于圣,六通四辟于帝王之德者,其自为也,昧然无不静者矣。圣人之静也,非曰静也善,故静也;万物无足以铙心者,故静也。水静则明烛须眉,平中准,大匠取法焉。水静犹明,而况精神!圣人之心静乎!天地之鉴也,万物之镜也"(《庄子·天道》)。天道、帝王之道、圣人之道的运行是自然不停的,带来的结果是万物生成、天下归顺、海内宾服。明了天道、精通帝王之道、顺畅于圣人之道,万物就能得到符合各自特性的生长环境,静悄悄地获得生长。圣人不是认为清静好而清静,而是外在万物不足以扰乱其心①,本来就是清净的。一般而言,在有形的层面,诸如水在平静的情况下,没有丝毫波纹,就能明澈照见鬓眉;水面合乎规准,可为匠人所取法。但"精神"是无形层面的一种清静,它可以为天地的明鉴,万物的明镜。毋庸置疑,无形层面的"精神"的清静要高于有形层面的平静。

可以说,"精神"是人在文明实践中获得的对宇宙万物和自身的认知、情感体验的累积以及意志实践的整合。它代表着人的生命力的价值取向,展示着人的心理历程,是人自身价值实现的一种完美的状态。

(三) 核心精神的本质

从"精""神"的单独使用,到"精神"作为一个概念的出现,记载了人在理性探索阶梯上不断攀升的历程,"精神"包含了人自身价值实现的一种精妙、美妙,是人对自身行为不断肯定的结果。"精神"与万物产生关联,人作为万物之一的存在也符合这一规则,但"精神"毕竟是人的专利,所以,无法离开人来谈"精神"。

① 参考"凡物之精,此则为生。下生五谷,上为列星。流于天地之间,谓之鬼神。藏于胸中,谓之圣人"。(《管子·内业》)

1. 人是精气所生

“气”可谓中国古代的一个重要概念，思想家普遍认为万物消长与“气”存在紧密的联系，诸如“春者阳气始上，故万物生。夏者阳气毕上，故万物长。秋者阴气始下，故万物收。冬者阴气毕下，故万物藏”(《管子·形势解》)就是例证；“气”是万物生命的活力源，“道之在天者，日也；其在人者，心也。故曰：有气则生，无气则死，生者以其气”(《管子·枢言》)就是具体说明。在“气”生万物的运思中，“凡人之生也，天出其精，地出其形，合此以为人”(《管子·内业》)，把“精气”作为人生成的专利，从而把人和其他万物进行区分，“古未有天地之时，惟像无形，窈窈冥冥，芒芠漠闵，澒濛鸿洞，莫知其门。有二神混生，经天营地，孔乎莫知其所终极，滔乎莫知其所止息，于是乃别为阴阳，离为八极，刚柔相成，万物乃形，烦气为虫，精气为人。是故精神，天之有也；而骨骸者，地之有也”(《淮南子·精神》)就是具体的说明。

人是“精气”的产物，这实际上不仅把人与其他万物相区别，而且为人持有“精神”做好了基本的铺垫。

2. “精神生于道”

“精神”一旦形成，其威力是不可轻视的，“精神四达并流，无所不极，上际于天，下蟠于地，化育万物，不可为象，其名为同帝”(《庄子·刻意》)。“精神”并非偶然的产物，它与“道”存在紧密的联系，“夫昭昭生于冥冥，有伦生于无形，精神生于道，形本生于精，而万物以形相生……天不得不高，地不得不广，日月不得不行，万物不得不昌，此其道与”(《庄子·知北游》)就是最好的佐证。这里“有伦”的“伦”，其意思是辈、类，“有伦”就是有辈、有类，类的存在无疑是有形的，其实指的就是万物。《庄子》所表达的思想是显明的：存在从冥暗中产生；有形从无形中产生；“精神”产生于“道”；形体从精气中产生；万物正是以不同的形体而得以昭示自己独特生命的；万物的独特性其实是为“道”所决定的；“道”显示的是诸如“天不得不高”等的必然性的特点。

“精神”产生于“道”的运思，告诉我们没有“道”就没有“精神”，不仅如此，而且其从形体和内质两个方面区分了“精气”和“精神”。形体的运动是依归“精气”的规律而进行的，是有形的，“精气”是万物物质性生命的源泉；内质运动依归的是“道”的规则，是无形的，“精神”是万物无形生命价值的源泉。

3. “道”与人对接的桥梁是虚静

“道”虽然是客观存在的，对一切万物都是平等的，但对人而言，“道”毕竟是“道”，人毕竟是人，它是外在于人的存在。这就产生一个问题，就是人如何才能有道？“神聪明正直而壹者也，依人而行”(《春秋左氏传·庄公三十二年》)，杜预对此的注为“唯德是与”，显示了“精神”与道德的一致性，这些品质无疑与人紧密相连。上文在分析庄子的“精神”时，提到人的精神是超越有形水的平静的一种清静状态，圣人就是持有这种状态的代表。换言之，圣人是具有精神的存在。但圣人为何能够“故静”？在中国古代思想史的长河里，我们不难找到答案：

> 凡道无根无茎，无叶无荣。万物以生，万物以成，命之曰道。天主正，地主平，人主安静。春秋冬夏，天之时也。山陵川谷，地之枝也。喜怒取予，人之谋也。是故圣人与时变而不化，从物而不移。能正能静，然后能定。定心在中，耳目聪明，四肢坚固，可以为精舍。精也者，气之精者也。气，道乃生，生乃思，思乃知，知乃止矣。凡心之形，过知失生……形不正，德不来；中不静，心不治。正形摄德，天仁地义，则淫然而自至神明之极，照乎知万物。中义守不忒，不以物乱官，不以官乱心，是谓中得。有神自在身，一往一来，莫之能思。失之必乱，得之必治。敬除其舍，精将自来。精想思之，宁念治之。严容畏敬，精将至定。得之而勿舍，耳目不淫，心无他图。正心在中，万物得度。道满天下，普在民所，民不能知也。(《管子·内业》)

正确把握管子对“道”的理解，是正确理解其完整思想的关键。在宇宙世界，“道”是万物生成的根源，“道”的具体样态是天正、地平、人静，人静之道显然是因循天地之道的结果。如果能够因循天地自然之道，就能正静，趋于安定的境地；如果内心安定，那就能耳目聪明，四肢坚固，这就为精气的驻留提供了最好的条件。所谓“精”，就是气中最精的东西。“气”，通达开来就会使生命充满生机，有生机就有思考，有思考就有认知，但认知要恰到好处，如果欲求过多，势必使生命失去生机。

这里的“气，道乃生”的“道”是动词，表示通达的意思，这基于“道”的本义是道路，它是“无根无茎，无叶无荣”的“道”在宇宙中与万物相处的即物而形的动态层面的表现。在具体的微观层面，就人而言，通达的关键就是内心的虚静，这样可以自然堵塞外物干扰的任何可能，也为“精神”驻留人的世界创设了最好的内在条件。内心虚静的境地，也就是“正心在中”的状态，产生的现实效果则是“万物得度”，即万物都能得到符合自己本性的发展。这一客观现实的获得，对客观的道而言，是即物而得的具体实现，这是“道”对万物具体的“得”的一种推助，“得”的主体永远是万物；对万物而言，这种“得”的情况在具体的物那里并不是普遍一律的，差异是客观存在的，差异的根由在于每个万物与“道”实现对接的程度不同，对接程度高的就能实现最大的“得”，从而获得自己本性生长的最好的环境。对个体而言，如何与“道”实现最好的对接就是每个个体的重要人生责任，这是由“道满天下，普在民所”所决定的。

4. 虚静的桥梁在修道

“道”客观公正地对待一切人，但个人对“道”的择取是千差万别的，因此，精神内涵的丰富性和无限性左右着人对“道”的择取，择取的能力取决于人的认识能力。这种能力来自修炼，即“夫道者，所以充形也，而人不能固……凡道无所，善心安爱。心静气理，道乃可止。彼道不远，民得以产；彼道不离，民因以知……彼道之情，恶音与声，修心静音，道乃可得”(《管子·内业》)。人无法固守“道”，而“道”也没有固定的留驻场所，遇到适宜的环境就驻留下来，这样的环境是“心静气理”，即内心宁静，精气的流动有条不紊。因此，对人而言，“道”离他们并不遥远，只要应对恰当，人们就能据此认识自然和实现生生不息。“道”的性情对“音声”是讨厌的①，所以，对人而言，最好是听任自然的呼声，静心地修炼而拓展自己内在的虚静境遇。

换言之，展示“道”的精神的内在虚静是可以通过修炼而获取的，圣人具有精神的缘由在于他内心的虚静，为精神的留驻创设了最好的空间。当然，圣人的虚静不是天生的，而是后天的结果，“精神入其门，而骨骸反其根，我尚何存？是故圣人法天顺情，不拘于俗，不诱于人，以天为父，以地为母，阴阳为纲，四时为纪。天静以清，地定以宁，万物失之者死，法之者生。夫静漠者，神明之宅也；虚无者，道之所居也”(《淮南子·精神》)、“静则与阴合德，动则与阳同波②。精神澹然无极，不与物散，而天下自服。故心者，形之主也；而神者，心之宝也。

① 这思想的源头当在《老子》，诸如“大音希声”“知者不言，言者不知”“不言而善应”，就是具体的佐证。

② 原为“静则与阴俱闭，动则与阳俱开”，现据王念孙之言而改。

形劳而不休则蹶，精用而不已则竭，是故圣人贵而尊之，不敢越也……以无应有，必究其理；以虚受实，必穷其节；恬愉虚静，以终其命”（《淮南子·精神》）都是例证，人内在的虚静环境是“道”留驻的最好的条件，同时这也成为精神的源泉。所以，对人而言，精神有无的问题在一定程度上就变成了人因循“道”来进行虚静修养的问题。这不仅仅是个人修养的问题，因为牵涉作为修养标准的“道”的问题，这也必须引起我们高度重视，我们习惯把修养说成个人的事务，而忽视修养标准统一性的问题①。

5. “精神”的特征

古代思想中对精神的认知是非常丰富的，但平等性是其最为突出的特质之一：

> 芴漠无形，变化无常，死与生与，天地并与，神明往与！芒乎何之，忽乎何适，万物毕罗，莫足以归，古之道术有在于是者。庄周闻其风而悦之，以谬悠之说，荒唐之言，无端崖之辞，时恣纵而不傥，不奇见之也。以天下为沈浊，不可与庄语，以卮言为曼衍，以重言为真，以寓言为广。独与天地精神往来而不敖倪于万物，不谴是非，以与世俗处。其书虽环玮，而连犿无伤也。其辞虽参差而諔诡可观，彼其充实不可以已，上与造物者游，而下与外死生无终始者为友。其于本也，弘大而辟，深闳而肆；其于宗也，可谓稠适而上遂矣。虽然，其应于化而解于物也，其理不竭，其来不蜕，芒乎昧乎，未之尽者。（《庄子·天下》，第1098～1099页）

这是道家庄子的描述，其中“独与天地精神往来而不敖倪于万物”，显示的正是平等的特色，平等地对待万物，不拘泥于是非，与世俗相处，却又不为世俗之物所羁绊，能够始终按“道”而生活。

---

① 重视修养标准是道家与儒家最大的区别之一，老子的“修之于身，其德乃真；修之于家，其德乃馀；修之于乡，其德乃长；修之于国，其德乃丰；修之于天下，其德乃普”（《老子》54章）里的“之”，指的就是作为修养标准的“道”，这是迄今研究关注不够的地方，一般研究基本上把此等同于儒家“八条目”里的修身问题，混淆了思想的差异性。

(四) 核心精神的实质

就先行研究而言，民族精神的研究曾得到一定的重视①，对传统美德核心精神的总结迄今仍没有得到聚焦，当然，在它与民族精神存在高度一致性上似乎消解了总结审视的必要性，这也是一个事实。

在中国源远流长的文明长河中，文化的丰富性是有目共睹的事实，在这样的背景下总结传统美德的核心精神问题，不会是一件容易的事情，可以有许多选择，换言之，这是一个智者见智、仁者见仁的事务。“上善若水”“厚德载物”就是其中的一种。

1. “上善若水”“厚德载物”作为核心精神的理由

在中国丰富文化史的长河里，如何概括和凝练核心精神，方法上自然存在多种可能，核心精神的样态自然也会纷至沓来。

“精”的原义是精细、完美、精华、精气、精神，在“精”与“情”相同的层面，与“真”“信”具有相同的意思，表示情实、信实、真实；而“情”又与人相连，人、万物都有性情，而且，“精”主要强调的是“气之精”即“精气”，这又在另一角度与人、万物相联系。“神”右边的“申”，表示的是天空闪电的形状。在文明发展的历程中，当人的理性开发处在不发达的阶段，对古人来讲，闪电是变化莫测、威力无穷的，故称之为“神”。“神”是无形的，人无法把握，所以有时以神灵来解释“神”，这实际上与神灵的神妙性存在着必然的联系，这种神妙性是无形的，只能感受它，无法具体把握它，所以，就有了“神也者，妙万物而为言者也”(《周易·说卦》)的精当的概括。韩康伯解释“神”为“神则无物”(《周易·说卦》)，显然也是从无形的视角来审视“神”的，这里的“妙”会意兼形声，从女、从少，少亦声，本义是美、好，用作形容词，如美妙少女。“神也者，妙万物而为言者也”完整意思是“神喜好借助或通过万物来言表自己的存在”，换言之，万物有迹可见，虽然神在其中，但无迹可见，不过，神不离开万物，正是借助万物来演绎自己存在

① 诸如张岱年《文化传统与民族精神》载《学术研究》1986 年第 12 期、方立天《民族精神的界定与中华民族精神的内涵》载《哲学研究》1991 年第 5 期、李宗桂《优秀文化传统与民族凝聚力》载《哲学研究》1992 年第 3 期、钱逊《中国传统道德精神》载《齐鲁学刊》1994 年第 2 期、张岱年《中国文化优秀传统内容的核心》载《北京师范大学学报》1994 年第 4 期、张岱年《中国文化的基本精神》载《齐鲁学刊》2003 年第 5 期等。

的价值，万物鲜活的生命力就是精神的凝聚，《大戴礼记》的“神灵者，品物之本”不失为形象的总结。“精神”与万物的联系，是因为“精神”在一定程度上是万物内在品性的一种昭示，也就是说，外在有形的万物与内在无形的精神的整合，才是万物生命力的保证，而《鹖冠子·泰录》的“精神者，物之贵大者也；内圣者，精神之原也”(第261页)，可谓形象的概括。

人作为万物中的一个存在，也是由精气而生的，万物在生成的过程中，得到精神的化育而长大，这里谈到的神灵或精神之妙，实际上与“道”是紧密联系的。就“妙”而言，老子就把它与“道”紧密联系在一起，这就是“道可道，非常道；名可名，非常名。无名天地之始，有名万物之母。故常无欲，以观其妙；常有欲，以观其徼。此两者同，出而异名，同谓之玄，玄之又玄，众妙之门”(《老子》1章)昭示的信息，这里使用了两个“妙”，“观其妙”的“妙”，就是“道”即物而形实践过程中表现出来的精妙，王弼“妙者，微之极也。万物始于微而后成，始于无而后生。故常无欲空虚，可以观其始物之妙”①的注释，就是具体的佐证，而“众妙之门”显然是对“道”的描述。在古代哲学思想史上，对精神生于“道”有明确的揭示，诸如“精神生于道，形本生于精，而万物以形相生……天不得不高，地不得不广，日月不得不行，万物不得不昌，此其道与”(《庄子·知北游》)就是例证。在道家的思想里，“道”虽是外在于人的存在，但同时存在“有道者”②，因此，人可以通过修道的实践来领悟“道”的真谛，从而腾出空间来让“道”留驻自身，这些功夫的差异就形成了人之间的差别。

从词语学的视野紧贴“精神”来慎思传统美德的核心精神，完全可以说是一个无人问津的视域，这也是中国古代文化资源化最为基本的一个环节。在此的梳理和分析中，我们可以同时注意到“道”和“万物”——古代文化中演绎“精神”时的两个重要概念，用现代的语言来表述的话，就是宇宙社会的秩序和万物。人是万物之一，宇宙秩序体现的是公平性的特征，公平于一切万物，因此，对传统美德核心精神也不能无视中国古代文化的特点来随意加以概括，无论是作为社会还是个人，建立公平的机制或公平的审视外在世界的视角，承担在宇宙社

① 〔魏〕王弼注、楼宇烈校释《老子道德经注校释》，北京：中华书局2008年12月。

② 《老子》有3个用例：“企者不立，跨者不行，自见者不明，自是者不彰，自伐者无功，自矜者不长。其在道也，曰馀食赘行。物或恶之，故有道者不处”(24章)、“夫兵者，不祥之器。物或恶之，故有道者不处”(31章)、“天之道，其犹张弓与！高者抑之，下者举之；有馀者损之，不足者补之。天之道，损有馀而补不足。人之道则不然，损不足以奉有馀。孰能有馀以奉天下？唯有道者。是以圣人为而不恃，功成而不处，其不欲见贤。”(77章)

会中作为一个民族或个人的责任是不能或缺的内容，在这个意义上，“上善若水”“厚德载物”就是承担这一文化角色的较为合理的选择。不仅如此，而且在中国古代文化的视野，这一概括显示着儒道思想融合的特点，这也是传扬传统美德并且在最大限度上激活古代文化资源的需要。

2. “上善若水”

“上善”就是美德，美德好似“水”，“水”具有滋润万物的特点，这种滋润不仅具有公平的特征，而且持有奉献的内涵。其具体的意思，将通过以下两个方面来加以彰明。

(1) 何谓“上善若水”？熟知中国古代文化的人都知道，“上善若水”出于《老子》8 章，意思是“上善”仿佛水。“上善”在老子那里就是“上德”，这是相对于“下德”而言的，因此，要精当地理解“上善若水”，必须在理解“上德”和“水”的特性的基础上来完成。

首先，“上德不德”。道家对文明的认识具有独到的地方，他们把原始文明体现的特点作为文明的最高状态，人类文明的最大任务就在努力接近这一状态。这里要排除一个误会，就是把道家作为回归原始文明的提倡者，而不是把道家作为原始文明特点的忠实推崇者来定位，“失道而后德，失德而后仁，失仁而后义，失义而后礼”(《老子》38 章)、“大道废，安有仁义；慧智出，安有大伪；六亲不和，安有孝慈；国家昏乱，安有忠臣”(《老子》18 章)所描绘的文明进程图，就是代表性的资料。众所周知，人类社会的文明是以道德调节治理为标志的，但由于人的认知局限，作为人理性产物的对宇宙自然规律的认知，永远只能在人类自身认识能力的疆界内找到位置。也就是说，人不可能真正完全掌握宇宙自然社会的规律，只能在获得阶段性的认识中不断接近它们。老子的“道可道，非常道；名可名，非常名”(《老子》1 章)，就是对人类智慧的具体训导。真正的道即规律是无法为人所表述的，为人所表述的规律实际是我们习以为常的规律，与真正存在的规律具有一定的距离，这是需要人类警醒的事实。

在这样的把握和认识下，称为“上德”的存在自然就是与大道同在的存在，其特点是因循“道”而行为，听任自然的呼声，与“道”相协调运作的道德氛围，给万物(包括人)都装备了适合自身本性发展的最好的外在条件和境遇；在人自身的发展实践中，其最大的恒常的课题就是如何使自己与社会保持良性的协调关系，以及人如何为这种协调关系做出应有的努力和贡献。因为社会为每个人营造了适合他们发展的最好的环境，这样的结果只能是社会能力的最大限度的迸发，这就是"上德不德，是以有德；下德不失德，是以无德。上德无为而无以为，下德为之而有以为"（《老子》38章）告诉我们的道理。"上德"没有自己的名称，因为自身的德变成了万物实际功用性的获得；换言之，上德行为的自然无为性的原因就是"无以为"，即不存在采取任何行为的理由，导致的结果就是万物各自实现了符合自身本性特性的最大发展，这就是"道常无为而无不为"（《老子》37章）揭示的奥妙。与此相对的"下德"却有自己的名称即人类社会据此治理社会的仁义道德，但在实际生活中却没有得到预期的功用性的获得，无法实现符合人性特点的最大功用，王弼的注释不失为一个理性的解答，即"下德求而得之，为而成之，则立善以治物，故德名有焉。求而得之必有失焉，为而成之必有败焉，善名生则有不善应焉，故下德为之而有以为也"（《老子》38章注）。

"上德不德"的社会是人与社会实现了最佳契合的状态，由于道德规范基于符合人性特性的轨道，道德行为能在和谐人际关系的层面得到充分的演绎，这体现出在如何实现和谐方法论上的努力。"下德有德"的社会人与社会是水与沙子的关系，由于道德规范单一地出乎社会的需要，社会道德规范与个人道德行为存在二律背反的现象，道德只是在什么是道德的层面得到演绎，而乏于如何才能有德的思考，因此，社会的道德义务实际上成为有权有势家族的集体自私的辩护。"上德"所体现的公平性、奉献性是非常明显的。

其次，水是"万物之本原"。上面分析了"上德"，现在来看"水"，这是彰明"上善若水"的关键。总而言之，"水"具有以下三个方面的特质。

第一，"水"为太一所生。"水"和天地同为太一即"道"所生，"大一生水，水反辅大一，是以成天。天反辅大一，是以成地"①、"天地者，大一之所生也。是故大一藏于水，行于时，周而又〔始，以己为〕万物母；一缺一盈，以己为万物经。此天之所不能杀，地之所不能埋，阴阳之所不能成"），"水"与天地一样，是万物存在的根本。虽然，"水"与天地同为"道"所生成，但两者存在差异："水者，地之血气，如筋脉之通流者也；故曰水具材也"（《管子·水地》，第813页）。"水"则是地的血气，它像人身的筋脉一样，通畅于大地，"水"是具备一

① 李零著《郭店楚简校读记》，北京：中国人民大学出版社2007年8月。

切的存在。可以说,“水”是宇宙万物的基本因子。

第二,“水”是味道的主要成色。众所周知,“水”是人生活的必需品,虽然人们的生活习惯没有把“水”当作调料,但它是调料实现自己价值的基因,“准也者,五量之宗也;素也者,五色之质也;淡也者,五味之中也。是以水者,万物之准也,诸生之淡也,违非得失之质也,是以无不满,无不居也。集于天地,而藏于万物,产于金石,集于诸生”(《管子·水地》)。如果说,“准”是五种量器的根据,“素”是五种颜色的基础,“淡”是五种味道的中干,那么,“水”便是万物的“根据”,一切生命的“中心”,一切是非得失的基础,所以,“水”是没有不可以被它充满的东西,也没有不可以让它停留的地方,它可以聚集在天空和地上,包藏在万物的内部,产生于金石中间,又集合在一切生命中。换言之,“水”本身虽是无色无味的,但却是色味的成因源,或者说成为其他色味的基本因子,这就是“为无为,事无事,味无味”(《老子》63 章)所昭示的“无为”“无事”“无味”才是最高的“为”“事”“味”的意思。

第三,“水”是育养人性情的重要因素。“水”不仅是人生活的基本元素,而且是影响人生命品性的主要因素,以下资料就是说明:

> 具者,水是也,故曰:水者何也?万物之本原也,诸生之宗室也,美恶贤不肖愚俊之所产也。何以知其然也?夫齐之水遒躁而复,故其民贪粗而好勇。楚之水淖弱而清,故其民轻果而贼。越之水浊重而洎,故其民愚疾而垢。秦之水泔最而稽,淤滞而杂,故其民贪戾罔而好事。齐晋之水枯旱而运,淤滞而杂,故其民谄谀葆诈,巧佞而好利。燕之水萃下而弱,沈滞而杂,故其民愚戆而好贞,轻疾而易死。宋之水轻劲而清,故其民闲易而好正。是以圣人之化世也,其解在水。故水一则人心正,水清则民心易。一则欲不污,民心易则行无邪。是以圣人之治于世也,不人告也,不户说也,其枢在水。(《管子·水地》)

“水”是万物的本源,是生命的宝库,是美恶、贤不肖、愚俊产生的根源。这不是一种假设,而是社会实践研究的结果。齐国的水由于具有流急水盛的特性即“遒躁而复”,所以,那里的民众具有贪婪粗陋而好勇的特点即“贪粗而好勇”,“遒”急也。楚国的水,具有柔和清澈的特性即“淖弱而清”,所以,那里的民众具有轻快敏捷而扎实善决断的特点即“轻果而贼”。“淖弱”是柔和的意思;“贼”同

"则",是扎实有决断的意思①。越国的水,具有污浊而浸润的特性即"濁重而洎",所以,那里的民众具有愚陋恶劣而污秽不洁的特点即"愚疾而垢"。秦国的水由于呈现混浊而聚集泥沙、河床杂物混合的特性即"泔冣而稽,淤滞而杂"。"稽"的本义是停留、阻滞,民众则具有贪婪凶猛、虚妄好功的特点即"贪戾,罔而好事"。三晋之国的水,由于具有苦涩而浑、杂物淤积的特性即"枯旱而运,淤滞而杂",根据俞樾的说法,"运"读为"浑",民众则呈现谄媚阿谀而多诈、奸诈机巧和喜爱利益的特点即"谄谀而葆诈,巧佞而好利"。燕国的水,由于具有多支流汇聚而趋下显柔弱、杂物淤积的特性即"萃下而弱,沉滞而杂",民众则呈现素朴刚直、具有正义感而轻死的特点即"愚戆而好贞,轻疾而易死"。宋国的水,由于具有轻快有力而清澈见底的特性即"轻劲而清",民众则呈现简易而具有正义感的特点即"间易而好正"。显然,水的状态与人的品性特征存在紧密的联系,用现在的话说就是环境对人的品性形成影响。因此,社会的治理,"其解在水":如果水纯一不杂的话,人心必趋正直即"水一则人心正";水清纯则势必人心简易平和,即"水清则民心易"。纯一不杂则人的欲望不容易受到污染,人心简易平和则人的行为无邪。水的质量能够得到保证的话,圣人治理社会的施行,就不用走家串巷、安民告示了,所以,一切的关键在水即"其枢在水"②。这些思想大概也与大禹治水的传说存在相互的联系,显示出中国古人在这一方面的智慧,而这些智慧迄今仍然具有非常积极的价值。客观现实告诉我们,水不仅仅是自然的产品,而且是人的产品,当今社会水资源的破坏和缺乏,在一定程度上都与人自身存在必然的联系。水是人健康的保证。

(2)"上善若水"的内在逻辑。"上善"具有如水一样的品德,自身没有德的名称,却是其他万物实现自身价值的基本条件,在平等的视角显示着奉献的风采。上德没有道德的名称,却是真正的有德,下德虽有道德的名称,但却没有任何实际的道德,其原因就是上德持有无为的特性,尊重万物的本性,为他们创设最好的外在条件,让他们各自实现自己最好的发展,从而形成社会的最大合力;下德正好相反,重视臆想的人为,而不注目万物本性的特征以及本性得到最好发展所需要的条件,因此,万物始终在如何才能适应外在道德规则的应对中挣

① 参照黎翔凤撰《管子校注》,第833～834页注。

② 李约瑟在讨论"道家道的概念"时,就讨论到《管子・水地》的这一思想;参考 Joseph Needham (1956):*Science and Civilization in China Volume 2: History of Scientific Thought*. London: The Syndics of The Cambridge University Press: pp44-45.

扎，而无暇考虑如何最大限度地发展自身的内在潜力，从而为社会合力的增强多做贡献。

首先，“不争”。当考虑“上善若水”的内在逻辑时，不得不思考的是：在水的方面，如何实现自己利益万物而不求回报的内在德性？其答案在“水善利万物而不争”（《老子》8章），水具有“不争”的品性，不争是天道自然之举，“天之道，不争而善胜，不言而善应，不召而自来，坦而善谋”（《老子》73章），不与万物争利益、争实现自我的条件，而是自然流淌，成为万物生命的基本元素。

其次，处下。水是往低处流淌的，具有善于处下的品性，“善为士者不武，善战者不怒，善胜敌者不与，善用人者为之下。是谓不争之德，是谓用人，是谓配天，古之极也[①]”（《老子》68章）昭示，真正的士兵表面上不勇武，会打仗的不怒气冲冲，善于战胜敌手者无需对阵较量，擅长用人的谦卑行事，这就是不争的美德，是古来的法则。需要注意的是，这里的“不武”“不怒”“不与”的形式，与上面的“不争”“不言”“不召”的形式，在中国古代哲学中属于独特的语言“不形式”，由此带来的客观结果却是“善胜”“善应”“善战”“自来”等，这说明“不形式”行为的施行，并非行为主体没有相关的能力，而是“以辅万物之自然而不敢为”（《老子》64章）即“不敢为”，对他者持有敬畏心理，谦卑处下就是敬畏心理的行为化表现。

最后，柔弱趋强。柔弱胜刚强的道理虽然不是不知道，但人的行为往往习惯采取以强制胜，现在世界文化的趋势仍然朝着这个方向行进。但是，客观的事实是，以强制胜的实践往往无法达到取胜的目的，其实西方在21世纪初提出的“21世纪将是道家哲学的世纪”的警言，提醒人们必须尝试寻找新的处理世界问题的方法，而不能囿于自己理性的局限性之中。柔弱趋强就是这种新方法的哲理，“天下莫柔弱于水，而攻坚强者莫之能胜，其无以易之。弱之胜强，柔之胜刚，天下莫不知，莫能行”（《老子》78章），滴水穿石是柔弱趋强的例证。

柔弱是不争的表现之一，诸如“不自视故彰，不自见故明，不自伐故有功，弗矜故能长”（《老子》22章）中的“不形式”，也是不争的具体表现。客观的生活道理昭示，柔弱不争的行为，往往能得到天下无敌手的效果，“江海所以为百谷王者，以其能为百谷下，是以能为百谷王。圣人之在民前也，以身后之；其在民上

① 参照高明撰《帛书老子校注》，北京：中华书局1996年5月，第164～168页。

也，以言下之；其在民上也，民弗厚也；其在民前也，民弗害也。天下乐进而不厌，以其不争也，故天下莫能与之争[①]”（《老子》66 章），江海善于处下，所以能够众纳百川，形成其他川流无法与之抗衡的局面；圣人在现实生活中受到民众的推重，也是圣人采取处下谦卑的行为方式的自然结果，结论是“夫唯不争，故莫能与之争”（《老子》22 章）。

3. “厚德载物”

“上善若水”是传统美德核心精神的一部分，“厚德载物”则是核心精神的另一部分。

（1）何谓“厚德载物”？如何正确理解“厚德载物”？其实这也是直接关系中华文化有效积淀的问题。一般而言，可以在词语学的层面对此作名词性和动词性两个维度的审视。顾名思义，在名词的层面，“厚德载物”的意思就是厚实的道德能够承载万物；在动词的层面，“厚德载物”的意思就是厚实道德以承担载物的重任。毋庸置疑，前者是结果论的审视，后者则是方法论上的思考。

首先，“厚德载物”出于《易传·坤卦》，即“象曰：地势坤，君子以厚德载物”。“厚德载物”既是君子的一种德性行为，也是大地品性的显示。毋庸置疑，这里包含着人必须遵循天道自然来进行自身文明水准提高的深刻认识。众所周知，民国时期，梁启超在清华大学任教时，曾给当时的清华学子作了《论君子》的演讲，他在演讲中希望清华学子继承传统美德，并引用“自强不息”“厚德载物”等警语来激励他们，此后，清华人便把这八字写进了清华校规，并逐渐演变成为清华校训。

其次，“厚德载物”是实现幸福的源泉。众所周知，天地是万物得以资生的根源，可以说是万物的营养源，“象曰：至哉坤元，万物资生，乃顺承天；坤厚载物，德和天疆；含弘光大，品物咸亨；牝马地类，行地无疆”。厚德本身就是大地的一种品德，具有自然而不做作的特性。在德福的层面，“厚德载物”也是紧密联系的，“鄢之役，晋伐郑，荆救之。栾武子将上军，衙文子将下军。栾武子欲战，范文子不欲，曰：‘吾闻之，唯厚德者能受多福，无德而服者众，必自伤也……’”（《国语·晋语六·范文子论胜楚必有内忧》），就是具体的说明。用今天的话说，就是人必须在社会上为他人承担具体的责任，要承担人之所以为人

① 据崔仁义著《荆门郭店楚简〈老子〉研究》，北京：科学出版社 1998 年 10 月，第 44 页。

的责任，就必须具备内在的条件，不然，会带来“必自伤”的客观结果。

“厚德”和“载物”体现的作为幸福源泉的运思，强烈地显示了中国人对自己和社会责任兼顾统一的运思特征。众所周知，儒家的“己所不欲，勿施于人”（《论语·颜渊》）、“己欲立而立人，己欲达而达人”（《论语·雍也30》），纯粹是从个人一己到他人的思维方式，这一思想特征在中国历史中的演绎结果，就是英国汉学家葛瑞汉所说的“在法家与儒家学说的冲突中，人们非常清楚地看到，儒家作为由家庭向外递减的道德义务的概念，实际上成为有权有势的家族的集体自私的辩护”（《天人分途》）①，“立人”“达人”实际成了实现个人私利的装饰物，“厚德”和“载物”则回答了个体和整体通过什么样的行为来达到和谐的问题，揭示了实现幸福的途径，这是必须注意的地方。换言之，仅仅个人的“厚德”仍然无法抵达幸福的大门，“厚德”必须与“载物”实现统一，个人社会责任的实际承担是其重点。

(2)“厚德载物”的内在逻辑。在“厚德载物”的语言结构中，“厚德”无疑是“载物”的前提条件，换言之，“载物”是“厚德”的目的和价值追求。在另一意义上，“载物”也是“厚德”生态环境构成的必要条件，没有“载物”的实现和保证，“厚德”就不可能得到实现自己价值的和谐生态环境。那么，一个十分现实的问题就是：如何来实现“厚德”呢？

首先，“自强不息”。一个有道德的人，应当像大地那样宽广厚实，载育万物和生长万物。其实，一个不可否认的事实是，《易大传》并不是孤立地论述“厚德载物”的，在天地统一的维度，在讨论了“天”以后，再来讨论“地”的“厚德载物”，因此，联系对“天”的讨论，将是完整理解“厚德载物”的关键：“彖曰：大哉乾元，万物资始，乃统天。云行雨施，品物流形。大明终始，六位时成，时乘六龙以御天。乾道变化，各正性命”（《易传·乾卦》）、“象曰：天行健，君子以自强不息”（《易传·乾卦》）。天道自然是万物得以获得生命力的源头，有道德的人遵行自然规则，通过“自强不息”来为万物创设符合本身特性而生存条件。

“自强是中华民族精神的核心，自强精神在中华民族精神中处于核心的地位，在维系中华民族的统一和推动中华民族的前进两个方面都起了最巨大、最主要的作用，也可以说，自强精神代表了中华民族的精神。我想，自强精神也可以用‘刚健自强’或‘刚健奋进’来表述，这样的表述也许能更鲜明地表现出这种

① 〔英〕葛瑞汉著、张海晏译《论道者：中国古代哲学论辩》，北京：中国社会科学出版社2003年8月。

精神的内涵,更有力地激励中华民族成员奋发前进”(《中华民族精神的内涵与核心》)①。但是,作为传统美德核心精神的自强,不是孤立的存在,它是与“不息”紧密联系的,这是非常关键的,“滴水穿石”的奥妙也就在于恒久不息,所以,不息在维持自强的状态上非常重要。

自强不息的思想早在中国古代神话中就有充分的表现。诸如盘古氏开天辟地说,这个说法先在苗族中流传,后来又在其他民族和汉族中长期流传,此外如女娲补天造人、后羿射日、精卫填海等神话,塑造的都是劳动创造世界、改造自然的开拓者形象,体现了中华民族刚健有为、自强不息的精神。自强不息的运思我们可以在《中庸》里找到,“博学之,审问之,慎思之,明辨之,笃行之。有弗学,学之弗能,弗措也;有弗问,问之弗知,弗措也;有弗思,思之弗得,弗措也;有弗辨,辨之弗明,弗措也;有弗行,行之弗笃,弗措也。人一能之,己百之;人十能之,己千之;果能此道矣,虽愚必明,虽柔必强”(《礼记·中庸》)就是佐证。人的客观实践告诉我们,在学、问、思、辨、行方面,不仅人与人之间存在差异,而且即使是聪慧的人,也存在通过学、问、思、辨、行的实践过程仍然解决不了的问题,这里的关键就是“弗措”,即不能放弃。即使自己没有他人聪慧,但能做到“人一能之,己百之;人十能之,己千之”的话,就一定能够达到明慧和强大的境地。这也是天地自然之道告诉我们的道理,即“天地之道:博也,厚也,高也,明也,悠也,久也。今夫天,斯昭昭之多,及其无穷也,日月星辰系焉,万物覆焉。今夫地,一撮土之多,及其广厚,载华岳而不重,振河海而不泄,万物载焉。今夫山,一卷石之多,及其广大,草木生之,禽兽居之,宝藏兴焉。今夫水,一勺之多,及其不测,鼋、鼍、蛟龙、鱼鳖生焉,货财殖焉。《诗》云:维天之命,于穆不已。盖曰天之所以为天也,于乎不显;文王之德之纯,盖曰文王之所以为文也,纯亦不已”(《礼记·中庸》)。

自强不息精神的一个突出表现是富有“日新”“革新”的内涵,“汤之盘铭曰:苟日新,日日新,又日新。《康诰》曰:作新民。《诗》曰:周虽旧邦,其命维新”(《礼记·大学》)、“天地革而四时成,汤武革命,顺乎天而应乎人,革之时大矣哉”(《周易·革卦·彖传》)、“革,去故也;鼎,取新也”(《周易·杂卦》),都是例证。

其次,承载包容。审视历史,可以清晰地看到,中国文化具有鲜明的包容

① 方立天《民族精神的界定与中华民族精神的内涵》,载《哲学研究》1991年第5期。

性：佛教东来，被中国人所吸收容纳；明末西学东渐，亦受到中国知识人的青睐；清末顽固派拒绝西学，事实上违背了中国文化固有的兼容并包的基质。在制定和执行民族政策方面也显示出宽容的特色，唐太宗更可谓是一个突出的典范：他赞同魏微的主张，制定了“堰武修文，中国既安，四夷自服”（《资治通鉴》卷一九三《唐纪九》）的方针；唐太宗本人曾总结取得胜利的五个原因，其中一个是“自古皆贵中华，贱夷、狄，朕独爱之如一，故其种落皆依朕如父母”（《资治通鉴》卷一九八《唐纪十四》）①。民族平等政策是中华民族宽容精神的生动体现，也是形成大唐盛世的重要原因。在文化的层面，中华民族还以宽容精神对待域内各种思想文化。

百家共存，仿佛一个乐队，各个乐器都有属于自己的职责和任务，都能发出属于自己的声音，而每个声音又是大合唱中必不可少的音符，这就是“譬如耳目鼻口，皆有所明，不能相通。犹百家众技也，皆有所长，时有所用”（《庄子·天下》）所昭示的道理。在思想史的维度，百家思想是中国实现繁荣的元素，“古之人其备乎！配神明，醇天地，育万物，和天下，泽及百姓，明于本数，系于末度，六通四辟，小大精粗，其运无乎不在。其明而在数度者，旧法、世传之史尚多有之。其在于《诗》《书》《礼》《乐》者，邹鲁之士搢绅先生多能明之。《诗》以道志，《书》以道事，《礼》以道行，《乐》以道和，《易》以道阴阳，《春秋》以道名分。其数散于天下而设于中国者，百家之学时或称而道之”（《庄子·天下》），这也就是“天下同归而殊途，一致而百虑”（《周易·系辞下》）所告诉我们的道理。诸子“其言虽殊，辟犹水火，相灭亦相生也。仁之与义，敬之与和，相反而皆相成也”（《汉书·艺文志》）不失为最好的总结，这一思想在后来的历史进程中得到了发展，“民吾同胞，物吾与也”（《正蒙·乾称篇》）②就是具体的例证。

最后，“和”的准则。“载物”显示的对其他万物的容纳，不是毫无原则的认同，而是在“和”的原则指导下的“和同”，“君子和而不同；小人同而不和”（《论语·子路》）就是具体的反映。“和”与“同”在中国古代思想家那里有严格的区分，以下的资料就是代表：

> 夫和实生物，同则不继。以他平他谓之和，故能丰长而物归之；若以同裨同，尽乃弃矣。故先王以土与金木水火杂，以成百物。是以和

① 〔宋〕司马光编著《资治通鉴》（第十三册），北京：中华书局 2012 年 3 月。

② 章锡琛点校《张载集》，北京：中华书局 1978 年 8 月。

五味以调口，刚四支以卫体，和六律以聪耳，正七体以役心，平八索以成人，建九纪以立纯德，合十数以训百体。出千品，具万方，计亿事，材兆物，收经入，行姟极。故王者居九畡之田，收经入以食兆民，周训而能用之，和乐如一。夫如是，和之至也。于是乎先王聘后于异姓，求财于有方，择臣取谏工而讲以多物，务和同也。声一无听，物一无文，味一无果，物一不讲。(《国语·郑语·史伯维桓公论兴衰》)

非常明显，“和”的特点在于依据客观他者的特征进行具体的协调即“以他平他”，在和合的团体里，仍能看到每个个体的特色，依据他者的特性来协调和合，体现的是一种同中有异、异中持同的特色，用现在的话说就是多元，这样可以避免同一而来的“无听”“无文”“无果”“不讲”的消极后果的产生，实现最大的社会效益。

通过上面的分析，不难知道，“载物”是最大限度上对万物本有特性在保持前提下的一种责任承担，是对万物的一种容纳，而不是消解乃至无视万物本有特性的包容，这为万物符合本性特征的发展设置了前提条件，也为社会最大合理力的累积描绘了可能的蓝图。

4. “上善若水”与“厚德载物”的辩证

基于上面的分析，将不难得知，“上善若水”与“厚德载物”各自具有内在的机制，“上善”与“厚德”“若水”与“载物”相应。在“上善”与“厚德”的关系中，两者不仅基本相同，而且“上善”规定了“厚德”在方法论层面如何的具体内容，这就是自然不争，自强不息。在“若水”与“载物”的关系中，两者既具有相同的价值取向，即为外在他者尽自己的社会责任，这是个人之所以为个人的立足基点。两者又有相异的推进路径：“若水”把滋润宇宙万物作为自己立身的舞台，显示出在他者的发展存在中显示自己价值的特点，完全是一种把自己融入他者之中的奉献；“载物”则在承载、育养他者的实践中履行自己的社会责任，个体是完成“载物”的行为主体，这是必须注意的。换言之，“若水”是配角式的社会的切入，“载物”则是主角式的社会责任担纲。另一值得注意的是，“若水”正是以其特殊的社会切入的行为，同时又在动词的层面为“厚德”昭示了方法论的指导，即自强不息不能逾越万物本性轨道的舞台，必须依顺自然特性而为。在这个意义上，完全有理由说，“上善若水”是“厚德载物”的方法论揭示。

关于以上认识的合理性，似乎也可以在王弼对《老子》38章的注释中得到答案：

> 德者，得也。常得而无丧，利而无害，故以德为名焉。何以得德？由乎道也。何以尽德？以无为用。以无为用则莫不载也，故物无焉，则无物不经，有焉，则不足以免其生。是以天地虽广，以无为心。圣王虽大，以虚为主。故曰，以复而视，则天地之心见。至日而思之，则先王之至睹也。故灭其私而无其身，则四海莫不瞻，远近莫不至。殊其己而有其心，则一体不能自全，肌骨不能兼容，是以上德之人，唯道是用。不德其德，无执无用，故能有德而无不为，不求而得，不为而成，故虽有德而无德名也。下德求而得之，为而成之，则立善以治物，故德名有焉。求而得之必有失焉，为而成之必有败焉，善名生则有不善应焉，故下德为之而有以为也。无以为者，无所偏为也。凡不能无为而为之者，皆下德也。

“上善若水”与“厚德载物”是实现无失、无败的最好行为之方，这是由道而德、以无为用，水就是在消解自己的过程中实现万物之用的，这也是载物的奥妙所在，即“以无为用则莫不载也”。

不得不说的是，“上善若水”与“厚德载物”也可以说是人己、他我关系的形上表达，载物的状态就是自己与他者的完美的结合，是一种互存共作，“诚者，自成也；而道，自道也。诚者，物之终始，不诚无物。是故君子诚之为贵。诚者，非自成己而已也，所以成物也。成己，仁也；成物，知也；性之德也，合内外之道也，故时措之宜也。故至诚无息。不息则久，久则征；征则悠远，悠远则博厚，博厚则高明。博厚，所以载物也；高明，所以覆物也；悠久，所以成物也。博厚配地，高明配天，悠久无疆。如此者，不见而章，不动而变，无为而成。天地之道，可一言而尽也。其为物不贰，则其生物不测”（《礼记·中庸》），此可谓这个层面的最好的总结。

毋庸赘言，传统美德核心精神的“上善若水”“厚德载物”，体现的是正是中国文化融合的特色，既有道家的特征，也有儒家的特点，这也是这里如此概括核心精神的理念的追求之一。

(五) 核心精神的实践链：自强不息

要实现核心精神的效用期望，而不是仅仅停留在口头的说唱，还应充分发挥核心精神实践链——“自强不息”的作用。“自强不息”内含“自”“强”“不息”三层结构，与“上善若水”和“厚德载物”之间有十分密切的关系，在中华文明的发展进程中也有非常重要的实践价值。

1. “自强不息”的内在结构

“自强不息”出自《易传·乾卦》“天行健，君子以自强不息”，这句话的意思是“天”的运行是刚健有为、生生不息的，“君子”应该效法于“天”来行为即“自强不息”。在内涵方面，“天行健，君子以自强不息”所表达出来的意蕴，与本章第一部分所强调的人的自觉性在摄取外在道德信息方面的重要作用是一致的。人本身只是具备了“自觉”的可能，而要将可能变成现实，就必须走向“自”“强”“不息”的道路。

(1) “自”。“自”是指本身或己身，对于“自强不息”的出处而言，就是“君子”要首先有自己，然后做自己、自己做，也就是强调“君子”作为主体的自觉性，但在实际中，并不是每个人都能做到真正的自己的自觉。以青少年的成长为例，受传统观念中“父道尊严”和“师道尊严”的影响，无论是在家庭还是在学校，盛行听话的孩子就是好孩子，而对父母或老师的观点持异议者，往往被认为是对其权威的挑战，而不被容忍。在这样的背景下，孩子们接受的要求是要听话、有秩序，而有自我、个性，与家长、老师平等对话则是次要的，甚至不被允许。在社会中，这些就进一步表现为“官道尊严”，民对官的顺从、听话。这样培养出来的“人”是没有主体精神和自我意识的，也就是没有“自”，因为他自小就失去了个性与平等对话的能力，习惯于听话和服从，何谈效法于“天”而“自强不息”？因此，做到“自强不息”的首要前提必须有“自”，如此才能真正地体会到生命的独特价值。

(2) “强”。老子曰：“胜人者有力，自胜者强”(《老子》33 章)，这句话告诉我们：战胜别人，只能称上有力量，而不能称谓“强”；真正的“强”，在于战胜自己。因此可以说，“强”者就是“自强”。对于生命体而言，“强”表现为无论在逆境还是顺境，都展现出一种积极的、顽强的、昂扬的生命力。这里所讲的生命体，不仅仅指包括人在内的个体生命，还包含由人所组成的社会性群体、组织。从个体生命体的角度来看，“强”是对自己原本生命状况的超越，内在为一种积极向上的精神状态、旺盛的生命力，无论贫穷与宝贵，都是一种高贵的品格。有这种高贵品格的人，从不仰人鼻息，从不满足于自我的现状，从不追求安逸的生活，而是追求不断的自我超越。从社会群体、组织生命体而言，“强”表现为不断优化内部组织结构并进行改革和创新，以适应新环境、新挑战。以民族为例，中华民族近代以来的历史命运充分说明，一个民族只有与时俱进，不断地革故鼎新，才能坚毅地屹立于世界民族之林，才能获得独立、走向富强。墨子言：“强必治，不强必乱；强必宁，不强必危”“强必富，不强必贫；强必饱，不强必饥”（《墨子·非命下》），所以，不管是个体的生命，还是社会性的群体、组织，只有在原有基础上超越自己，革故、创新，才能在激烈的竞争环境中获得一席之地，才是真正的“强”。

(3)“不息”。做到了真正的“自”，并能超越自我而“强”之后，更重要的是将二者持之以恒地贯彻到底，生生“不息”。对于绝大多数人来说，也许能有主体性的自觉，也可以做到“强”，但“不息”却不一定做得到。在人的生命旅程中，有太多的诱惑，每一处都可能让人沉溺其中，或喜或悲、或爱或恨。先秦历史中著名的“五霸之首”齐桓公，早年于内乱中继得君位，励精图治、奋发有为，在贤臣良相的辅佐下，“九合诸侯，一匡天下”，其风范堪称后世楷模，但其晚年却“过而不听于忠臣”，溺于享乐、宠信小人，造成国家内乱，“身死三月不收，虫出于户”，贻笑于天下（参考《韩非子·十过》）。齐桓公的悲惨结局，正是“自强”不能始终如一的典型案例。而与齐桓公并称“齐桓晋文”的晋文公，早年就谦逊好学，素有贤名，于“骊姬之乱”［晋献公二十一年（公元前656年）］后颠沛流离十九年，经历了追杀、饥饿、侮辱、富贵、安乐，但始终“自强不息”，最终超越了王侯公子的浅薄和人性的脆弱，在花甲之年得君位，老当益壮，于耄耋之年奠定晋国百年霸业，并得以善终（参考《史记·晋世家》）。“齐桓晋文”的事例充分说明，“自强”当“不息”，真正的“自强不息”，在坚持真自己、胜自己的同时，还要慎终如始，妥善对待人生中的各种诱惑，永不懈怠。

2. “上善”“厚德”根于“自强不息”

传统美德核心精神的实质“上善若水”“厚德载物”与“自强不息”有着十分密切的关系。“上善”者，即“上德”者，之所以如水一般浸润万物而不与其争胜，乃在于通过“自胜”而实现了自身圆满的德性，不需要施加威力取诸于外。而如此通过“自胜”达至的“自强不息”，才有切实的“厚德载物”。

(1)“上善”者“自强不息”。前面论述传统美德核心精神的实质时，曾就“上善”“上德”与“水”之间的关系与特性进行了阐释。“上善若水”出自《老子》，等同于与“下德”相对应的“上德”。老子认为：“上德不德，是以有德；下德不失德，是以无德”(《老子》38章)，“上德”是与大道同在的存在，因循自然而行为，正如《易传·乾卦》中的“天”。《易传·乾卦》言“天行健，君子以自强不息”，君子施行的“自强不息”，既然是效法于“天”的，也就是效法于“道”的，也必定可效法于“上德”者。这就意味“自强不息”也是“上德”的内在品性之一，而“上德”即“上善”，当然可称“上善”者“自强不息”。

实际上，也只有“自强不息”者，才真正能至于“上善”。“自强不息”者通过不断的自我超越性实践，实现了自我价值，其强大的根源不在于以力攫取利益于他者，而在于自我超越所带来的内在与外在实力的提升，如此才能真正施善于人，否则只能施罪于人，把自己的意志强加于他者之上。施加各种名目的道德于他者，就是老子所说的“下德”。“下德”者有具体的道德要求，认为他者应照此实行，不行者被判为不道德，正如老子所说的“失道而后德，失德而后仁，失仁而后义，失义而后礼”(《老子》38章)。与此相反，“上德”者如水一样，滋润养长万物，又处下不与万物争胜，以柔弱无为的身姿为他者的生存提供可靠的支撑，但表面柔弱、无为、不争的水并不是真的弱，是它不以与他物争胜为实现自我的条件，因此它给人以柔弱不争的形象。当水真正展现出它的力量的时候，又往往让人惊叹，像水滴石穿、海纳百川那样，展现出来的正是“自强不息”的精神，所以，“上善”者“自强不息”。

(2)“自强不息”方能“厚德载物”。“厚德载物”出自《易传·坤卦》：“地势坤，君子以厚德载物”，与出自《易传·乾卦》的“自强不息”有着非常密切的联系。长久以来，我们一直将二者对应起来，认为它们是中华民族精神的重要组成部分。如：1914年梁启超在清华大学以《君子》为主题的演讲中就围绕“自强不息”和“厚德载物”展开，他认为推本二者则“君子之条件庶几近之矣”①。1986年张岱年在“中西文化研讨会”上提出，“‘自强不息’，‘厚德载物’这两点可以看作是中华民族精神的主要表现”②。之所以会有如此现象，根本在于“自强不息”

① 梁启超《君子》，载《清华周刊》1914年11月第20期。

② 张岱年著《张岱年全集》，石家庄：河北人民出版社1996年12月。

催生、或者说是铸造了"厚德",才有了"厚德载物"。

"厚德载物"中的"厚德"有两种解释:一种认为,"厚德"为深厚、厚实的道德,如朱熹认为"至顺极厚而无所不载也"(《周易本义》)①;另一种认为"厚德"为"后德"②,表示谦让不争于先的德行。从第一种解释来理解"厚德载物"就是厚实的道德可以承载万物,而从第二种解释理解"后德载物"即为不与万物争先而包容万物,但不论"厚实"的"厚德"还是"后"的"厚德",都离不开"自强不息"。在本节前文已有论述,对于人而言,德性的修养首先在于人内在的自觉性,没有它就不能使外在的道德进入人性的殿堂,这也与《易传》先言"天行健,君子以自强不息"后言"地势坤,君子以厚德载物"的内在逻辑相一致。人只有首先让内在的德性觉醒,不断地去学习、效仿,让外在的道德变为内在的德性自觉,才能让自身的道德厚实起来,而这样一个过程,就是"自强不息"的过程,同时,这个厚实自身道德的过程,也是不与外物争先、争胜的过程。所以,"厚实"的"厚德"和"后"的"厚德"实际上是从内、外两个层面来描述君子通过"自强不息"让外在的道德内化为自身德性的行为,而这样一个过程就表现为"厚德载物"。

3. "自强不息"实践的历史价值

中华民族绵延五千余年,创造过辉煌,也经受过磨难,但始终屹立于世界民族之林而不倒,主要原因之一就是"自强不息"精神的实践。"自强不息"在中华民族的发展进程中有非常重要的历史价值:

(1) 催生了坚强不屈、锲而不舍的民族性格。"自强不息"展现出来的是无论在任何条件下,都能通过自身的不断努力、奋斗而实现人生价值的一种道德品性。在顺境中,它可能掩饰在各种外在环境之下,并不突显,但在逆境中,特别是当遭遇困厄之际,它彰显出来的就是坚强不屈、锲而不舍的精神品格。中华文化传说中的"女娲补天""夸父逐日""精卫填海""神农尝百草"等故事,无一不反映中华民族面对艰难困境时表现出的坚强不屈、锲而不舍的精神。困难之

① 〔清〕朱熹撰、苏勇校注《周易本义》,北京:北京大学出版社 1992 年 9 月。

② 周山《"自强不息,厚德载物"阐微——关于华夏民族精神的若干思考》一文认为:"由大地体厚引申为道德之厚,厚的内涵仍未明确。因此,我们仍须从《坤》卦的卦辞爻辞中索解。卦辞说:'坤:元、亨、利、牝马之贞。君子攸往,先迷,后得,主利。'后文还有一段例说。首先是'牝马之贞'的例说,坤的属性是牝马那样的柔顺,顺从谁?顺从刚健的天道。然后是'先迷,后得'的例说,行动时不能领先,领先会迷失方向,居后才能有收获。总之,无论前一例说还是后一例说,都指向'后'。甘居后,便是坤的特有属性。地道的'厚德',就是甘居天道后面的柔顺品性。所以,坤道之'厚',也就是君子居后之'后'。在《坤》卦语境中,'厚德'就是'后'德。"(《毛泽东邓小平理论研究》2008 年第 8 期)

所以为困难，首要原因在于人自身原有的能力不能轻松地克服现实的困难，此刻，意志薄弱的人可能就会屈服于困难，而有坚强不屈性格的人，就会努力想各种办法，锲而不舍地消解困难。这个消解困难的过程，就是一个不断战胜自我的过程，一个能力提升的过程。中华民族之所以能发展到今天，屡经磨难而能不断成长，正是靠着"自强不息"精神催生出来的坚强不屈、锲而不舍的民族性格。特别是近代以来，落后的中国被列强强行打开国门之后，中华民族的有识之士引领民族大众不断探寻国家富强、民族振兴之路，并逐步走向独立、强大，也正是"自强不息"精神真正体现。今日，我们理当继续传扬坚强不屈、锲而不舍的民族性格，努力为"实现中华民族伟大复兴"的"中国梦"而"自强不息"。

（2）铸就了民族传统美德。作为民族核心精神"上善若水"和"厚德载物"实践链的"自强不息"，在催生坚强不屈、锲而不舍的民族性格的同时，还铸就了中华民族其他传统美德。以儒家思想中的"仁"为例，孔子曰："克己复礼为仁。一日克己复礼，天下归仁焉！为仁由己，而由人乎哉"（《论语·颜渊1》），此处孔子所言非常明确，"仁"的关键在于"克己"，"克己"即为严于律己、克制私欲，使自己的才能、品行有所提升，这与"自强不息"含有的精神是一致的。此外，勤劳、节俭、务实、诚信、公正、谦下等美德都是"自强不息"精神在社会实践中的具体体现。如诚信之人，面对利益诱惑时，仍能不忘"守诚"之诺而践行，这本身就是战胜自我、克制私欲的过程，是自我超越的一种体现，是只有持有"自强不息"精神的人才具有的一种道德品质。

（3）推动了中国社会革故鼎新。社会的革故鼎新即革除社会中陋规旧弊，创造出新的、适合于社会潮流的新制度、新文化，这是"自强不息"精神实践于社会的具体表现。中华民族作为一个延续五千余年之久的族群，经历很多次的重大社会变革，从不缺"自强不息"的精神。殷商时期，商王朝的建立者汤就将"苟日新，日日新，又日新"（《礼记·大学》）这类富含"自强不息"精神的词句刻于青铜器皿之上，用于警示自己。后来的周王朝也流传着"周虽旧邦，其命维新"（《诗经·大雅·文王》）的诗句，用来彰显周人的革故鼎新之命。而近代以来一百多年的历史，更是中华民族"自强不息"的实践写照，是中国社会革故鼎新的历史。因落后而被迫打开国门的中国，面对现实困境，为革除旧弊、革新图强，先后经历了"师夷之长技以制夷"的洋务改良运动、"戊戌变法"的政治改革、推翻清王朝的"辛亥革命"、提倡民主与科学的"新文化运动"，以及在中国共产党领导下进行的一系列革命和改革，都是在"自强不息"民族精神的影响下，中国人为改变自己的命运而进行的革故鼎新。

（六）核心精神的效用期望

众所周知，精神是思维运动发展的精微内在动力，精当地把握传统美德核心精神，是认识中华民族生生不息和明了中华民族内在活力的基础，由于“在一个民族的精神发展中，总有一些思想观念受到人们的尊崇，成为生活行动的最高指导原则。这种最高指导原则是多数人民所信奉的，能够激励人心，在民族的精神发展中起着主导的作用。这可以称为民族文化的主导思想，亦可简称为民族精神”①，传统美德核心精神无疑是中华民族精神的体现，讨论精神自然存在价值的意义，这在张岱年的“民族精神必须具备两个条件：一是比较广泛的影响，二是激励人们前进，有促进社会发展的作用”②论述中，也可得到印证。

中国古代文化人对精神的作用也是非常重视的，“本在于上，末在于下；要在于主，详在于臣。三军五兵之运，德之末也；赏罚利害，五刑之辟，教之末也；礼法度数，刑名比详，治之末也；钟鼓之音，羽旄之容，乐之末也；哭泣衰絰，隆杀之服，哀之末也。此五末者，须精神之运，心术之动，然后从之者也”（《庄子·天道》），就是一个例证；“德之末”等“五末”，尽管在各自的场域里有存在的必要，但如果不与精神结合就无法收到最佳的效果，“须精神之运，心术之动，然后从之者也”，就是这个道理的揭示。另一方面，精神也不是天生的，而是在后天养成的，“明谕外内，后能定人。一在而不可见，道在而不可专。切譬于渊，其深不测，凌凌乎泳澹波而不竭。彼虽至人，能以练其精神，修其耳目，整饰其身，若合符节”（《鹖冠子·能天》），修养的关键是要内心保持虚静的态势，这就是“夫精神气志者，静而日充以壮，躁而日耗以老。是故圣人将养其神，和弱其气，平夷其形，而与道沈浮俛仰，恬然则纵之，迫则用之”（《淮南子·原道》）所说的道理，是讨论核心精神的现实价值所在，核心精神的价值主要可以在下面两个方面来展现。

---

① 张岱年《文化传统与民族精神》，载《学术月刊》1986年12期。
② 张岱年《文化传统与民族精神》，载《学术月刊》1986年12期。

1. **幸福生活的创造**

随着社会生活水准的提升，人对幸福的期望也越发强烈，与此同时，“最幸福的国家”等统计分析也不断出炉，了解这些前沿的信息，无疑对我们正确认识何谓幸福，从而树立正确幸福感存在积极的意义。一般而言，幸福是人的精神对自我进行觉知时的满意状态，或者说，幸福是一种感觉，一种情感的满足，这与握有财富的多少没有直接的关系。核心精神的提炼，有利于督促人们追求高尚的精神生活，促进个人幸福。人的价值在于在他者存在的实践中起到润滑的作用，人的幸福在于在价值实现中获得的感情愉悦的体验。“厚德”绝不仅限于精神层面的道德追求，而在通过个人自强不息的实践，在创造物质财富的同时，丰满自己的精神世界，这是实现“载物”的条件，没有此条件就绝不会有真正的担当。要改变把“厚德”限于精神层面考察的局限，“厚德”既是个人的实践，也是社会的实践，人的精神不是在真空中存在的，必然要借助于社会物质条件的充盈来完成，因此，“厚德”实践的一条红线就是实效和实功，离开这一点就没有获得，没有获得就称不上德。只有在“厚德”的实践中，在为社会他人创造财富的同时，才能丰富自己的生活世界，体验由内而外的快乐与幸福。

幸福虽然是人的感觉，但人无法孤立地生活，过社会生活正是人之所以为人的本质之一，人要过社会生活，就必须有社会的担当，就要为社会奉献，就要为他人尽义务。“厚德载物”就是对人成己成物的昭示，而成己成物是人合德性生活的起码条件，这也是 21 世纪对人的新的要求。以前我们仅仅强调修养的重要性，把道德概括为个人的事务，这是天大的误会。道德是社会的事务，离开人际关系的道德就没有任何现实的意义，这也就是道家老子“修之于身，其德乃真；修之于家，其德乃馀；修之于乡，其德乃长；修之于国，其德乃丰；修之于天下，其德乃普”（《老子》54 章）中“之”存在的奥妙所在①，我们不能忽略“之”的存在，把“修之于身”等同于修身，这里的“之”就是“道”，是修养的原则，它是普适于一切万物的。“上善若水”“厚德载物”正是在个人与社会两个层面对道德的提炼和总结，它能够培养人的责任心，提升人的社会担当意欲，而不局限于“己所不欲，勿施于人”的自我高雅的层面，在德、得相通的层面强调“厚德”，这种实功意识的实践，将直接营建幸福的物质基础。

---

① 详细参考《修身模式的儒道之维》（一）载[《孔孟月刊》585～586（第 49 卷第九、第十期，2011 年 6 月 10 日）第 4～10 页]。

2. 和谐社会心理的营建

“和谐”是社会主义核心价值观之一，但是，和谐如何成为每个人意识的一部分而内置于人性的基因库之中，这是最为关键的问题。历史的训示告诉我们，重要的不是我们想要什么，而是我们如何才能实现我们的期望，换言之，重建设而失之于如何建设的谋划，最后的结果只能是浪费我们有限的财富，这其实也是对民族的犯罪。基于此，我认为最为重要的问题是如何才能实现和谐，和谐只有成为人们意识的一部分，才能使和谐走进价值的大厦。

传统美德核心精神的“上善若水”“厚德载物”，正是营筑人们和谐心理的最好文化营养。和谐社会是一个各方面利益关系得到有效协调的社会，“上善若水”“厚德载物”在宇宙万物的视野上，强调个人的社会担当，推重个人对他者的奉献和责任的完成，把道德从个人一己的狭隘的习惯认识的藩篱之中，重新置放于社会之中，把个人的“厚德”与社会层面的“载物”相结合，这一结合的推进方法则是“上善若水”，没有偏见，没有条件，公平地对待万物，从而在个人社会责任的切实担当中实现个人的价值，在个人厚德的实践中为社会的厚实、他人利益的满足创造可见的财富。单个人无法实现和谐，要和谐就必须有社会的环境和氛围，这是客观的事实，就必须为社会和谐的实现付出自己的劳动。“上善若水”所体现的方法上的自然无为性，使万物按符合自己本性特性而发展的外在环境有了保障，社会的发展最终是人的发展，人不能离开本性的特点来发展。“厚德载物”所持有的对社会他人的担当精神，正是实现自我与他者完美结合的基础，道德的真谛在目中有人、心中有他，其可以通过“厚德载物”来进行具体演绎，所以，“上善若水”“厚德载物”这一传统美德核心精神的确立，对营造人的和谐宇宙万物关系的心态、实现“既以为人己愈有，既以与人己愈多”(《老子》81章)的价值确认，无疑具有积极的实际意义。

“上善若水”“厚德载物”这一传统美德核心精神，在本质上就是宽容。其实宽容本身就是一种美德，早就受到西方思想家的重视，“我希望我能够期待中国人给我们一些宽容的美德、深沉平和的心灵，以回报我们给他们的科学知识”(罗素《中国问题·中西文明的对比》)，在罗素看来，宽容不是空洞的标签，它有着具体的内涵，“如果就‘自恃’‘支配’这两个罪恶来说，我注意到中国人在实践上肯定超过我们。中国人不像白人那样，喜欢虐待其他人种。中国在国际上的贫弱，大多数人都以为政治腐败是唯一的原因。其实，‘不恃’‘不宰’的美德应该与政治腐败一样负相同的责任。如果在这个世界上有‘骄傲到不屑打仗’的民族，那就是中国。中国人天生宽容而友爱、以礼待人，希望别人也投桃报李。只要中国人愿意，他们可以成为天下最强大的国家。但是，他们所追求的只是自由，而不是支配。中国如果受其他民族逼迫，去为自由而战，这也不是不可能。那样，中国会失去自己的美德，一尝成为帝国的滋味。但现在，中国人虽是两千年帝国的后裔，对帝国的热衷却已极其淡泊了”（罗素《中国问题·中西文明的对比》），这是值得我们骄傲的地方。不仅如此，就真正的中国式人性而言，“你能发现一种温和平静、稳重节制、从容练达的品质，正如你在一块冶炼适度的金属制品中所能看到的那样。尽管真正的中国人在物质和精神上有这样那样的缺陷和不足，但其不足都能受到温良文雅之性的消弭和补救，或者至少被其淡化。真正的中国人或不免于粗（coarse），但粗而不臃、粗而不劣；或不免于丑（ugly），但丑而不恶，不至令人恐怖；或不免于俗（vulgar），但俗而不嚣，不会侵凌他人；或不免于愚（stupid），但愚而不谬，不至荒唐可笑；或不免于滑（cunning），但滑而不奸、滑而不毒。实际上，我想说的是，就其身、心、性格的缺点和瑕疵而言，真正的中国人没有使你感到厌恶的东西。在中国老派人物那里，你很难找到一个完全令你讨厌的人，即使在社会最下层亦然”（《中国人的精神》）[①]。真正的中国人也许是丑陋的，但丑陋中没有丑恶；真正的中国人也许是庸俗的，但庸俗中没有侵犯和喧哗；真正的中国人也许是愚蠢的，但愚蠢中没有荒谬；真正的中国人也许是狡猾的，但狡猾中没有狠毒。我实际上想说的是，真正的中国人即使在身体、心灵和性格上有缺点，也不会让你厌恶。这是对中国人道德的评价，这无疑是我们传扬传统美德的精神力量，核心精神的提炼，无疑是传扬实践的驱动力之一。

① 〔美〕辜鸿铭著，黄兴涛、宋小庆译《中国人的精神》，海口：海南出版社 2006 年 7 月。

八、实功是传统美德传扬实践的价值追求

在道德不为人所生疏的国度里，传扬传统美德的实践，我们需要思考的首要问题是其如何有效化。有效化的实践追求决定着传扬传统美德不能停留在口号式的灌输上，也不能局限在仅仅为美德而美德的表面文章上。总结历史经验发现，我们重视的道德建设里的"道德"始终没有进入一般民众的生活之中，或者说，它仅仅是舞台唱本的唱词，而不是民众生活的必需品，更没有成为民众的基本素质。在 21 世纪多变的地球村舞台上，时代赋予了中华民族伟大的责任，而这一责任的切实履行无法离开道德，因为这是人类文明生活的起码需要。换言之，道德是中华民族在 21 世纪的世界舞台上展现自身崭新形象的必然要素，是中华民族复兴伟大中国梦的主要内容。现代化的民族不能没有文化的现代化，文化的现代化不能没有道德的现代化，传扬传统美德实践就是道德现代化实践中一个必然的重要环节。道德现代化要结出丰硕的果实，无法逾越功用的环节，必须克服单一地就道德而道德建设缺陷，在整个社会的系统联动中设计和追求道德效应，这也是传扬传统美德实践有效性的时代课题。

（一）实功视野的定位

在中国思想史的长河里，实功虽然不是新话题，但无疑是一个被轻视的概念，要使中华民族在世界的舞台上大放异彩，我们必须紧急重新聚焦这个概念，使之早日成为振兴中华民族伟大复兴中国梦的活力源。

1. 现实的回顾

需要强调的是我们不缺乏道德建设的实践，而缺乏科学、负责的道德建设的实践，这是由长期以来我们的道德远离人的生活现实所决定的，同时也是因道德只在自身的范围内得到审视的自然结果，换言之，对道德的量定仅仅是对具体事务的执行，而丝毫没有对执行效果的检验，这是当今社会普遍存在的缺陷和弱点。余秋雨在《何谓文化·中国文化的弊病》中谈到中国文化的三个弱项之一是"疏于实证意识"①，这是很有见地的观点。不重视实证自然不会给民众的生活带来实际福利的效果，其原因在重视实证需要时间、资源的投入，如果没有这些投入，具体的少数人就可以得到更多的利益，反正客观上没有形成这种科学的机制。我们的经济改革从1978年开始至今，尤其是2010年我们成功进入世界第二经济体的行列。但是，作为中华民族子孙，责任感驱使我们不能忘记我国的人均GDP仍相对较低，中国仍是发展中国家。就存在的问题而言，缺乏实功的意识和追求就是其一，这是毁灭中华民族的文化武器，比任何外在的武器都有力量，且没有为我们所充分认识。科学研究必须与民众紧密结合，民生必须是一切科学的中心，离开民生考虑的科学研究就不存在任何现实的意义，这是我们必须牢记的准则，因此，传扬传统美德的实践必须以实功为追求的价值目标。

2. 实功视野的定位

实功视野定位，具体而言即实功是在什么样范围里的实功？可以肯定的是，实功绝对不仅仅是微观层面的局限于人自身的问题，对其的考查绝对不能离开对人借以生活的环境因素的思考，这就是宇宙一体的视野。

审视学界的研究现实，映入眼帘的虽然不乏古代实学思想的研究成果，但对道家实用思想研究的成果却难以发现。当然，这样言说绝不排除在一些研究中仍然关注到了道家老子实用性的一面，而不偏狭地从虚无性的消极方面来理解和定位老子，譬如李泽厚在分析《论语》时就提道：

> 不独儒学，道家亦然。《老子》五千言不能从本体论、存在论去理解(可惜多数学者均如此)。《老子》原与兵家有关。它讲的'道'也是

① 余秋雨著《秋雨合集》(第五卷)，济南：山东教育出版社2014年10月。

> 异常实用的‘如何办’‘如何做’。真是‘应用之妙，存乎一心’；虽有理则，并无常规。所以‘道可道，非常道’，如果能说道出来，也就不是‘道’了。而‘无欲’（无目的性）才可能客观地观看事理行走的微妙；‘有欲’（有目的性）便可以主观地抓住事物的要害（徼），如此等等。都是实用理性的行动辩证法，并非静观的宇宙论或本体论。①

可以说，这是在整体上对老子方法论的肯定，可惜没有得到应有的重视。其实，李泽厚还把道家的“名”，称为“实用政治”②，这些都是值得我们认真思考的课题。

对老子实用思想的关注，其实不仅仅在中国，在西方的汉学研究中，我们也可以领略到这种情况，诸如“《道德经》包含着引导人类从生活的要素中获取最大利益的策略”③，这是在整体上的承认；就是在对具体细节的理解上，也有值得我们参考的地方，诸如“在道家传统中，‘道’，就像‘建筑’‘学习’‘工作’这些术语一样，既体现过程，也带来成果。它始终是‘情境性创造力’得以发生的时空基架”就是证明。我们完全有理由说，在实功的视野上，审视老子的实用思想，绝对不是无意义的事情。

道家老子实功运思是以宇宙为基准的，超越了人类自身狭隘的视野。宇宙的概念在老子那里虽然没有出现，但在一定意义上，可以反衬老子思想的无限开放性，因为宇宙既然有名，就是一种带限制的存在，这不符合老子的宗旨④。老子认为，“故道大，天大，地大，王亦大。域中有四大，而王居其一焉。人法地，地法天，天法道，道法自然”（《老子》25 章），宇宙（域中）存在道、天、地、人。在老

① 李泽厚著《论语今读》，天津：天津社会科学院 2007 年 3 月。

② 参照“语言文字这种原始巨大功能，保存在孔子以及后世高度重视语言的态度上。所以中国古代的名学，并不是逻辑学，它研讨的核心仍然是语言和语词的实际应用和可能出现的现实悖论……如此重‘正名’，即后来法家‘以名责实，循名求实’的政治统治张本，在一定意义上，法家也从孔学发展而来，孔子不说‘君君臣臣父父子子’吗？这就是名实——正名问题。‘名’是社会秩序、规范、礼制的具体法则，谨守不失，即可‘无为’而治。儒、道、法均讲‘无为而治’，均讲‘名’，此‘名’非语言、逻辑，乃实用政治。”（《论语今读·子路 3》，第 221 页）

③ Roger T. Ames and David L. Hall: *Daodejing: “Making This Life Significant”, A Philosophical Translation.* New York: Ballantine Books, 2003.

④ 参照“事实上，道家将‘宇宙’（cosmos）理解为‘万物’（ten thousand things），这意味着，道家哲学家根本就没有‘cosmos’这一概念。只要‘cosmos’这个概念带来统一、单一秩序的世界，它在任何意义上都是封闭和限定了的。就此而言，道家哲学家基本上是‘非宇宙论’思想家。”（Roger Ames）David Hall: *Daodejing “Making This Life Significant”, A Philosophical Translation.* New York: Ballantine Books, 2003: 14）

子的视野里，虽然人是其中的一分子，但由于人是持有理性的存在，在欲望与理性的协奏曲里，人往往容易成为欲望的奴隶而走上贪婪的道路，这一点也为后来的西方学者所注意。在这个层面上，所以老子警告人必须奉行天道，即“天之道，损有馀而补不足；人之道则不然，损不足以奉有馀”(《老子》77 章)，天道与人道现实演绎的图画呈相反的景象，在人的世界，只有圣人切实行进在道的轨道上，即“天之道，利而不害；圣人之道，为而不争”(《老子》81 章)，因此，这四者是存在区别的，但是，宇宙的终结者是自然，所以，道、天、地、人都必须遵从自然而行为，这样才能保证秩序的和谐。我们在这里强调的实功就是一个以宇宙为核心的体系，这要求我们认真地审视人类在宇宙中的位置、价值和作用。在道家哲学那里，自然是终点，自然具有最高的位置，人类的行为必须依归自然的轨道来进发。自然是宇宙的自然，不仅仅是人类社会的自然，宇宙万物对自然共同承担着责任，享受着相同的权利，人类不过是宇宙万物之一分子，作为有理性的存在，其最大的价值和责任就在于维护宇宙自然链的协调共作，在宇宙自然链的牢固维持中实现自身的价值。在这个前提下，人类的一切行为的合理性就只能在与宇宙万物的协调一致性那里找到答案，而这一致性牢固度的维持直接关系到人类自身价值实现的程度，换言之，其牢固度越强就显示着人类自身价值实现的能力越强，反之亦然。在此，没有其他解释和说辞，人类只有充分认识到这一点，才能真正使自身的理性在科学合理的道路上得到演绎，并放出光芒，因此，为了自身利益的满足而不顾宇宙自然链平衡的任何做法，都是对人类理性的亵渎。

中华民族在世界舞台上的崛起，除成功地成为世界第二大经济体以外，我们在文化市场上占有自己份额的实践中，也必须坚持这个理念，不能步发达国家的后尘而浪费我们本来就没有权利去浪费的自然资源，这是我们今天必须向西方世界发出的声音。他们过多地追求自己对地球资源的享受，而较少地正视对其相应责任的承担。我们的道德建设就是要在这样一个前提下推进，从而在三大危机侵袭的严峻条件下找到属于我们发展的有利条件，来壮大中华民族。千万不能为了一时的短期效益而浪费资源，或者为了虚无效益而不惜代价，从而对中华民族的子孙留下不可弥补的损失。

(二) 实功的准星在效益

迄今的道德实践关注的重点集中于道德实践本身，而不在实际效果的检验，即使有对效果的提及，但也没有任何措施的保障。没有功效的事情就是言而无实的空架子，中华民族的子孙绝对不允许我们如此行为。传统美德的传扬关键在功效，不能离开对功效的追求而只做传扬传统美德的理论文章。换言之，离开功效的保证，何来夯实文化软实力？何来富强？这是首先要思考和回答的问题。因此，实功不是作为口号得到定位的，实功的"实"就在于它是以效益的追求为自己的准则，这是实功能够结出"实"的果实的基本条件。

1. "时间就是金钱，效率就是生命"

记得中国改革开放之初的1982年，深圳的蛇口工业区揭开了"时间就是金钱，效率就是生命"的匾牌，从而也搭建了物质利益与人的活力之间沟通的一座桥梁，因为，中国的社会一直是在"君子喻于义，小人喻于利"（《论语·里仁16》）的境遇里行进的，道义与利益不是一致的协调关系，而是互相排斥的关系，利益处在不光彩的位置上。到改革开放前，农民即使在不影响农业本行的前提下，也是不能搞副业的，诸如在自留地种植一些有经济效益的作物到市场出售，都会遭到来自政府的禁止。所以，"时间就是金钱，效率就是生命"的出现，是对原有意识形态的一个突破，人的生活本来无法离开利益的追求，利益与生活的联系无疑是生活返回本真的要求，是不能被轻视的。

效率显示的显然不仅仅是快速，而且是高效，没有效益无法称为效率，但是，在现实生活中，随着时间的推移，不仅"效率就是生命"之弦难以听到被拨动的声音。没有效益无实功可言，确立效益意识是我国现代化建设快速走出瓶颈的关键因子。

2. "计其入多，其出少者，可为也"的古代思想资源

审视中国古代思想史，强调效益的运思是非常丰富的，诸如韩非思想中就有效益思想的强调，他既有作为法家思想的集大成者的一面，也有融合道家思想的一面，他的《解老》《喻老》确立着他是注释《老子》第一人的地位，其思想是值得我们重视的。就效益而言，他认为：

> 人主欲为事，不通其端末，而以明其欲，有为之者，其为不得利，必以害反，知此者，任理去欲。举事有道，计其入多，其出少者，可为也。惑主不然，计其入不计其出，出虽倍其入，不知其害，则是名得而实亡，

如是者功小而害大矣。凡功者，其入多、其出少乃可谓功。今大费无罪而少得为功，则人臣出大费而成小功，小功成而主亦有害。（《韩非子·南面》）

众人之用神也躁，躁则多费，多费之谓侈。圣人之用神也静，静则少费，少费之谓啬。啬之谓术也生于道理。夫能啬也，是从于道而服于理者也。众人离于患，陷于祸，犹未知退，而不服从道理。圣人虽未见祸患之形，虚无服从于道理，以称蚤服。（《韩非子·解老》）

效益就是应该量入为出，而且必须做有盈余的事情，即"计其入多，其出少者，可为也"，这是"功"的表征。显然，这是从效果论的角度来衡量和界定"功"的，是实在的，"大费无罪""少得为功"，都是有害社会的做法，明显折射出价值追求的意向。另一方面，"大费"也就是"多费"，这是奢侈的生活方式，不是俭约之方，俭约之方是"少费"。"大费"行为的形成，关键在于没有因袭"道理"而行为，因此，因袭道理而行为，追求高效益最为关键。高效益没有固定的模式，就在于具体境遇里的"少出多入"，或者说就是"少费"，在投入不多的情况收到好的回报。

3. 效益是时代的选择

值得注意的是，生活中存在的"多出少入"的现象，即大费而少功的现象，这是有害的，不能因为有些小功就忽视对效益的检查和追问。人依赖地球而生活，人生活无时不在消费自然资源，能源枯竭等现实在警示我们必须正视资源的有限性的问题。如何通过人类所开发的技术，以及人类持有的软文化力诸如俭约生活的能力、基于高效益理念所形成的无形文化力而来的行为决策等来延长资源使用的时间长度，并在这一实践中尽可能地提升人类自身的生活优雅度。社会一切行为都要有效益，没有效益的任何社会事务都不可能是有利于社会的事务，不利于社会就对民众没有好处，就没有进行的必要。

21 世纪的今天，道德不能再在"君子喻于义，小人喻于利"的圈子里抒写自己的文章，而必须在追求效益、实功的场域里找到为实现最大利益而张扬的最好手段和方法，并据此进行最大的努力。传扬传统美德的实践也一样，美德不是不食人间烟火的存在，传统美德源于生活，必须在现实生活中找到适合自己生长的新的营养，这是在社会文化链里量定美德的需要，也是传扬传统美德的崭新课题，需要我们来张扬，不然，传统美德就会失去生存的土壤和一切营养的来源。道德产生效果是一个涉及诸多因素的综合过程，其中最为关键的是效益，因为效益的保证不仅是落实社会主义核心价值观之“富强”的需要，是我国迈步小康社会的基础的环节，而且效益本身就是美德的生命之源，借鉴古代“入多而出少”等思想资源，设立“出大费而成小功”的政府行为问责制，在 GDP 统计中增加“效益”这一硬指标，在制度上增加由健康行为而产生正能量的措施，从而营设实惠民众的通途，为美德实践注入真实而真正的营养。对此进行展望，令人高兴的是，2016 年 2 月 17 日印发实施的《关于全面推进政务公开工作的意见》中，就包括“权力清单、责任清单、负面清单”的公开，其中的“负面清单”就和效益存在紧密的联系。在这一举措中，也可以使我们体会到我国的管理文化正在输进新的血液，体现了文化的共同价值区域。

(三) 实功的基础

确立效益为实功的准星，其主要目的自然是打牢实功在传扬传统美德实践中的基础，换言之，没有效益的实功，不是真正意义上的实功。实功的“实”，本身就需要物质性的支持，没有物质性的支持，就无法走向“实”的港湾，这是众所周知的事实，但是，效益本身在文化的系统里，只能在精神性的层面找到自己的位置，本身价值的体现也无法离开物质性的援助，换言之，效益必须贯穿在具体的事务里才能实现价值。

1. 养足

作为发展中国家，在如何确定“实”的基础内容的问题上，古代的一些思想资源可以成为今天参考的因素，其中值得一提的是“养足”的问题。中国有“民以食为天”的古训，说的就是“食”对民众的重要性，历史的经验也表明，“养足”是免于“乱”的制胜武器。我国是世界上人口最多的国家，民众生活所需要的粮食我们无法自给仍需进口，这就意味着在粮食问题上我们受制于外在的因素，意味着受到其他国家的制约。粮食是民众生活的最为基本的需要，如果得不到满足，民众的生活就失去了基本的条件，社会的稳定自然就无从谈起，“古者丈夫不耕，草木之实足食也；妇人不织，禽兽之皮足衣也。不事力而养足，人民少而财有余，故民不争。是以厚赏不行，重罚不用而民自治。今人有五子不为多，子又有五子，大父未死而有二十五孙，是以人民众而货财寡，事力劳而供养薄，故民争，虽倍赏累罚而不免于乱”(《韩非子·五蠹》)，说的就是这个道理。在文明的原初阶段，即使不实行“厚赏”“重罚”，但民众仍然能够实现自治，究其原因，在于那时的人类需求与食物相比，后者多于前者，民众即使不用力劳动仍然可以得到充足的供养。“事力”就是用力，由于“财有余”，所以“民不争”，随着人口的增多，“货财寡”的现实无法满足人的供养，大家即使努力劳作，但仍然因供不应求而争斗不断，即使采用“倍赏累罚”的手段也无济于事。

今天我们虽然没有粮食危机的困扰，但是，粮食进口委实是一个被他者制约的方面，我们应该在现代化建设中，对基本的粮食产业有不松懈的要求，这是实功的基础之一。

2. 重视地利

粮食无法满足 14 亿人口的基本需要，仍需进口是我们解决粮食问题的现实需要；另一方面，无法忽视的是，我们的耕地在逐年减少。依据国土资源部 2013 年 12 月 30 日上午公布的数据，近年来我国人均耕地仍呈下降的趋势，1996 年我国人均耕地为 1.59 亩，到 2009 年下降到1.52 亩，不足世界人均耕地 3.38 亩的一半①。另外，依据 2014 年 4 月 17 日环境保护部、国土资源部《全国土壤污染状况调查公报》公布②：全国土壤污染物总的超标率为 16.0%，其中轻微、轻度、中度和重度污染点位比例分别为 11.2%、2.3%、1.5%和 1.1%；污染类型以无机型为主，有机型次之，复合型污染比重较小，无机污染物超标点位数占全部超标点位的 82.8%③，情况非常严重。我们必须树立土地是养育我们的母亲的强烈意识，实实在在地经营土地，离开土地是无法获取粮食的，即“理国之道，地德为首”(《管子·问》)。具体地说，“凡有地牧民者，务在四时，守在仓廪。国多财，则远者来；地辟举，则民留处；仓廪实而知礼节，衣食足而知荣辱”(《管子·牧民》)、“此其垦田足以食其民，都邑遂路足以处其民，山陵薮泽溪谷足以供其利，薮泽堤防足以畜。故兵出，粮给而财有余；兵休，民作而畜长足。

---

① 参考 http://news.sohu.com/20131230/n392647217.shtml。

② 国务院决定，2005 年 4 月至 2013 年 12 月，我国开展了首次全国土壤污染状况调查，调查范围为中华人民共和国境内的陆地国土，调查点位覆盖全部耕地，部分林地、草地、未利用地和建设用地，实际调查面积约 630 万平方公里。

③ 本次调查将土壤污染程度分为 5 级：污染物含量未超过评价标准的为无污染；在 1 倍至 2 倍(含)之间的，为轻微污染；2 倍至 3 倍(含)之间的，为轻度污染；3 倍至 5 倍(含)之间的，为中度污染；5 倍以上的，为重度污染。

此所谓任地待役之律也”(《商君书・算地》)。“地德”是治理国家社会的重要手段,具体的内容就是辟地垦田、造路、山林池泽河流的保护、池泽堤坝的构筑等“任地待役之律”,显然,辟地垦田解决的是粮食的问题,其他则是“多财”的事务,这是一个国家富强的最为基本的事务,也是“礼节”“荣辱”等道德因子在民众那里生根开花的必要前提。

道德与生活是紧密联系的,生活既是道德获得自身力量的场域,也是实现自身价值的疆场,客观实践证明,生活永远是实在的故事。人要生活就离不开物质资源的满足,这是无法逾越的起码环节,管子“仓廪实而知礼节,衣食足而知荣辱”(《管子・牧民》)的意义就在于它没有片面单一地量定道德,没有夸大道德的作用,而是把道德放在整个社会生存的框架中来衡量。道德花朵的鲜艳,需要营养,这营养就是基本生活资源的富足和充裕,这是实功的最为基本的条件,也是 21 世纪诠释传统美德的必要内容,是美德传扬得以实现的起码条件。

(四) 实功的维持机制

这里分析的实功不是人自身视野里的功效,而是宇宙关系链视域中量定的实功,因为一时对人类有利的事务,在长远的视域里,可能对维持宇宙和谐链存在潜在的破坏作用,比如人类在经济开发的过程中,仅仅依归自身利益的量定而无视宇宙其他万物利益考量,造成对宇宙资源的过分开发利用,以及只顾开发利用而缺乏可持续绿色发展理念而带来能源枯竭、环境污染频发的现实。思考产生这一现实的原因,用古人的运思来说就是“人皆知有用之用,而莫知无用之用也”(《庄子・人间世》)。“有用”“无用”局限于以人类为评判标准,而不是依归宇宙万物链的思考。其实在宇宙的视野里,人类的“无用”对其他物类而言,在很大程度上存在着有用的可能性,而“有用”未必一定就是有用,所以,在宇宙功用的坐标里,“有用”“无用”都是一种“用”,对人而言,必须尽快确立这个价值因子。

“无用之用”的具体演绎领域,一般也涉及两个方面,一是人与自然,二是人类社会自身。

1. 人与自然实功的维持

宇宙是万物的家园,绝对不仅仅属于人类自身。客观的事实告诉我们,人类社会的和谐和幸福无法在人类自身的范围内得到完美的实现和彰显，必须在宇宙万物链的视野中演绎。《庄子》中的一些寓言就是对这一问题的形象的描绘：匠人见大树而"不顾""不辍"，这样的事情对许多人是一个客观存在的问题①，即使找到解决的方法，也不过是以自己的有用与否来处断：

> 惠子谓庄子曰：魏王贻我大瓠之种，我树之成而实五石，以盛水浆，其坚不能自举也。剖之以为瓢，则瓠落无所容。非不呺然大也，吾为其无用而掊之。（《庄子·逍遥游》）
>
> 庄子曰……今子有大树，患其无用，何不树之于无何有之乡，广莫之野，彷徨乎无为其侧，逍遥乎寝卧其下。不夭斤斧，物无害者，无所可用，安所困苦哉！（《庄子·逍遥游》）

惠子因大瓠"坚不能自举"而把它剖开，这一做法显然是以人对自己有用与否而决定的。实际上，在宇宙的视野里，既然存在大瓠，在宇宙生物链上就有其存在的客观价值，庄子的回答就是对人类狭隘视野的反击。

即使以人的有用与否为标准，也不能局限在狭隘的范围里，而应该在人类的视域里来进行，下面的例子就是最好的回答：

> 庄子曰：夫子固拙于用大矣。宋人有善为不龟手之药者，世世以洴澼絖为事。客闻之，请买其方百金。聚族而谋曰："我世世为洴澼絖，不过数金；今一朝而鬻技百金，请与之。"客得之，以说吴王。越有难，吴王使之将，冬与越人水战，大败越人，裂地而封之。能不龟手，一也；或以封，或不免于洴澼絖，则所用之异也。今子有五石之瓠，何不虑以为大樽而浮乎江湖，而忧其瓠落无所容？则夫子犹有蓬之心也夫！（《庄子·逍遥游》）

"不龟手之药"在宋人那里基本没有实现自己的价值，但用到吴国那里，在水战中打败了越人，结果"裂地而封之"。"不龟手之药"是相同的，不同的结果在于

① 参考"匠石之齐，至于曲辕，见栎社树。其大蔽数千牛，絜之百围，其高临山十仞而后有枝，其可以为舟者旁十数。观者如市，匠伯不顾，遂行不辍。弟子厌观之，走及匠石曰：自吾执斧斤以随夫子，未尝见材如此其美也。先生不肯视，行不辍，何邪？"（《庄子·人间世》）

"所用之异",所以,这提醒我们在能源趋于枯竭的当今世界,资源的有用与否也不能简单狭隘地认定,必须有普世性的视野,才能拓宽有用的疆界。

总之,人与自然的实功的维持,必须依归宇宙广域性的原则,在宇宙万物一体协调发展的基轴上行为,切忌以人类自身为衡量的唯一标准。

2. 人类社会自身实功的维持

在地球村各民族不约而同地借助于本民族的文化来消解由各种危机带来的困境时,有一个现实不可回避:人类可供自己使用的资源与人自身的欲望不成比例。在全球范围利用民族文化来消解危机的实践里面,实际上也包含了利用无形的文化资源来支撑有形自然物质资源不足的努力,这是一种新的趋向。在现实生活中,人力资源是为大家所熟悉的概念,许多单位都有"人力资源部",其存在的价值无非在于最大限度地有效调配人力资源,把每个人置于符合他们本性的位置上,给他们创设发挥最大潜力的条件。

人自身实功的实现,无法离开每个人潜力的发挥。人是独特的存在物,尽管"性相近也,习相远也"(《论语·阳货 2》)的运思显示,人与人之间的差异主要产生在人后天所习得的生活实践中,"习相远"主要指的是习性相远。针对人习性相远的现实,我们就必须最大限度地采取多样的方法来审视和评价个人,而不能用一个模式来简单加以衡量。在古代思想中,这就是主张依据"分"来审视、使用人的运思,"昔者庄周梦为胡蝶,栩栩然胡蝶也,自喻适志与!不知周也。俄然觉,则蘧蘧然周也。不知周之梦为胡蝶与,胡蝶之梦为周与?周与胡蝶,则必有分矣"(《庄子·齐物论》),所以,要"定乎内外之分"(《庄子·逍遥游》)。明了自己"分"即性分的特点,就是明了个人的本性的特点,从而找到自己在社会生活中立足的场域和职事,这样就能过适性的健康生活,而面对"鹏之徙于南冥也,水击三千里,抟扶摇而上者九万里,去以六月息者也"(《庄子·逍遥游》)、"且夫水之积也不厚,则其负大舟也无力。覆杯水于坳堂之上,则芥为之舟;置杯焉则胶,水浅而舟大也。风之积也不厚,则其负大翼也无力。故九万里,则风斯在下矣,而后乃今培风;背负青天而莫之夭阏者,而后乃今将图南"(《庄子·逍遥游》)这样的事情,也就不会出现如"蜩与学鸠笑之曰:我决起而飞,抢榆枋,时则不至而控于地而已矣,奚以之九万里而南为"(《庄子·逍遥游》)这样的笑话了。它们是因为不知道万物各自性分不相同的道理,故"小知不及大知,小年不及大年。奚以知其然也?朝菌不知晦朔,蟪蛄不知春秋,此小年也。楚之南有冥灵者，以五百岁为春，五百岁为秋；上古有大椿者，以八千岁为春，八千岁为秋，此大年也。而彭祖乃今以久特闻，众人匹之，不亦悲乎”（《庄子·逍遥游》）。

在人类社会中，虽然每个人处在社会结构的各个不同的位置上，但他们都是社会机制运行之中的必要条件。“习相远”一方面昭示了人后天习性的差异性，另一方面也揭示了伴随着习性实践的同时，人的能力也产生着差异，但他们都是社会建设需要的力量，评价他们的标准仅仅存在于他们自身的本性特征之中，任何外在的评价标准，只能成为他们自身社会化的参考依据，“可乎可，不可乎不可。道行之而成，物谓之而然。恶乎然？然于然。恶乎不然？不然于不然。物固有所然，物固有所可。无物不然，无物不可。故为是举莛与楹，厉与西施，恢诡谲怪，道通为一。其分也，成也；其成也，毁也。凡物无成与毁，复通为一。唯达者知通为一，为是不用而寓诸庸。庸也者，用也；用也者，通也；通也者，得也；适得而几矣。因是已。已而不知其然，谓之道”（《庄子·齐物论》），说的就是这个道理，可与否的标准在万物的性分，但人是社会化的存在，无法离开群体而独居，这就是“道通为一”的重要性。在今天，社会主义核心价值观就是集中的表现，只有认识社会主义核心价值观的实质，才能在社会生活中通达而实现“得”，而“得”的客观实现，不仅为现代化建设做出了实功的贡献，而且营造了道德化生活的氛围。就社会而言，尽管民众的本性特征存在不同，但要把他们用到适合发挥他们特性的位置上去。

3. 用能而赏罚分明

明确社会评价个人的基本标准要依据人本性的特征，这仅仅是人情化的一步。人要过社会化的生活，必须在社会中获取自己的位置，诸如身份证只是一个人的代码，为生存还必须有工作，因此，人的社会化进程顺利与否，在很大程度上与符合自己本性特征的程度相关，符合的程度越高，就表示着个人的满意度越高。在这符合里，既包含着自己的努力，也涵盖社会层面对多样符合个人本性特征运行机制的开设，换言之，这不是个人一己的事务，而是个人和社会互相的实践过程。

“满意度”不过是我们现代人的一个提法，但其所涵盖的内容并不是现在才有的，在古代思想家那里也得到相当的重视，不过他们用的是“宜”。对个人而言，由于自己是社会的存在，各种欲望的满足不能离开社会来考虑，而不在于你有没有具体能力,即使有能力去满足自己的欲望,但也绝对不能侵犯别人的权利,这里就有个"知耳目之所宜"(《庄子·德充符》)的问题,只有这样才能与外在万物保持适宜的关系,即"若然者,其心志,其容寂,其颡頯。凄然似秋,暖然似春,喜怒通四时,与物有宜而莫知其极"(《庄子·大宗师》),"与物有宜"就是宇宙意义上的和谐,因为合理满足欲望,既是对他人权利的尊重,又是对自然资源利益问题的重视。

在社会的层面,同样存在一个"宜"的问题,这是社会和谐的要求,即"夫物者有所宜,材者有所施,各处其宜,故上下无为。使鸡司夜,令狸执鼠,皆用其能,上乃无事。上有所长,事乃不方。矜而好能,下之所欺。辩惠好生,下因其材。上下易用,国故不治"(《韩非子·扬权》)所说的"各处其宜",大家都得到适宜于自己本性的生活,诸如"使鸡司夜,令狸执鼠"就是依据它们的才能来分配具体事务于它们的,"皆使人载其事而各得其宜,然后使谷禄多少厚薄之称,是夫群居和一之道也"(《荀子·荣辱》)。职位的选拔必须依据具体的能力,这样才能最大程度地发挥人的能力,得到最好的治理效果,"圣治乎?官施而不失其宜,拔举而不失其能,毕见其情事而行其所为,行言自为而天下化,手挠顾指,四方之民莫不俱至,此之谓圣治"(《庄子·天地》),说的就是这种情况。能力不仅包含处理事务的方面,而且含有道德的因素,"若夫谪德而定次,量能而授官,使贤不肖皆得其位,能不能皆得其官,万物得其宜,事变得其应,慎、墨不得进其谈,惠施、邓析不敢窜其察,言必当理,事必当务,是然后君子之所长也"(《荀子·儒效》)就是具体的说明。按照能力把人分配到具体的岗位上,这是职位管理的方法,而不是人治的方法,如果一个人的能力和道德素养不符合具体的职位,就无法做好具体的工作,自然也不会带来实功,只能造成混乱,"故能小而事大,辟之是犹力之少而任重也,舍粹折无适也。身不肖而诬贤,是犹伛伸而好升高也,指其顶者愈众。故明主谲德而序位,所以为不乱也;忠臣诚能然后敢受职,所以为不穷也。分不乱于上,能不穷于下,治辩之极也"(《荀子·儒效》)就是具体佐证。另一方面,如果责任人不能秉公办事,或者妒贤嫉能的话,只能给社会带来危害,即"处重擅权,则好专事而妒贤能,抑有功而挤有罪,志骄盈而轻旧怨,以吝啬而不行施道乎上,为重招权于下以妨害人,虽欲无危,得乎哉"(《荀子·仲尼》)。

审视历史可以得知,社会之"宜"的实现,不能仅仅依靠任贤使能的单一方面,还必须辅之以赏罚分明的实践,"是故古之明大道者,先明天而道德次之,道德已明而仁义次之,仁义已明而分守次之,分守已明而形名次之,形名已明而因任次之,因任已明而原省次之,原省已明而是非次之,是非已明而赏罚次之。赏罚已明而愚知处宜,贵贱履位;仁贤不肖袭情,必分其能,必由其名……此之谓大平,治之至也"(《庄子·天道》)。赏罚不能依据责任者的主观喜好,而必须依据具体的功绩,"明主之为官职爵禄也,所以进贤材劝有功也。故曰:贤材者,处厚禄任大官;功大者,有尊爵受重赏。官贤者量其能,赋禄者称其功。是以贤者不诬能以事其主,有功者乐进其业,故事成功立。今则不然,不课贤不肖,论有功劳,用诸侯之重,听左右之谒,父兄大臣上请爵禄于上,而下卖之以收财利及以树私党。故财利多者买官以为贵,有左右之交者请谒以成重。功劳之臣不论,官职之迁失谬。是以吏偷官而外交,弃事而财亲。是以贤者懈怠而不劝,有功者隳而简其业,此亡国之风也"(《韩非子·八奸》),如果不是依据功绩,做到"赋禄者称其功",而没有什么实绩却可以用金钱来买官的话,社会只能走向灭亡,这样的警示至今仍有现实的意义。总之,赏罚一定要严明,不能存有私心,要依据完成所承担职务的实际情况来决定,这样才能激励大家的积极性。

赏罚的具体执行,势必包括考核,没有考核就无法落实赏罚,这是非常清楚的。考核是责任的追究,没有责任的追究就不可能有效益,这是最为关键的,也是实功追求的目标所在。如果我们传统美德的传扬实践没有实功的考量,对我们的文化强国只有害而没有利,也难以实现富民强国的中国梦。

美国思想家史密斯对中国古代思想的评价,应对我们有所启发:

> 有一天,孔子、老子和如来佛三位圣人在极乐世界里相遇,他们一致哀叹,在这个堕落的时代,世风日下,人心不古,他们优秀的教义在"中央帝国"没有什么进展。一番讨论之后,他们一致认为,尽管他们的教义精妙绝伦,令人赞叹,但如果没有一个永恒的榜样,人类就无法实践这些教义。因此,他们决定,分头到人间找一个可以担此重任的人。他们立即行动,四处找了一段时间之后,孔子首先遇见一位德高望重的老人。见孔子来了,老人端坐不动,只是请孔子坐下,和他谈起古代的教义以及今天人们对它的忽视。老人在言谈之中表现出对古代圣言了如指掌,其渊博的学识和敏锐的判断力使孔子极其高兴。他们谈了很长时间,孔子准备告辞,但孔子起身要走的时候,老人却没有起身相送。孔子找到一无所获的老子和如来佛,把自己的经历告诉了

他们,并建议他们也轮流去拜访那位端坐的哲人,看看他对他们两人的教义是否一样精通。老子先去,他极为兴奋地看到,这位老人对道教的熟悉不亚于老子本人,其口才与热情也堪称典范。老子也发现,尽管这位老人态度上极其尊敬,却一直坐在那里不动。同样,如来佛也获得了令人惊喜的成功,老人还是没有起身,但他对佛教内在含义有着深刻的洞察,这是不多见的。(《多元信仰》)①

这里必须注意的是,不是老人对中国儒道佛的精通,而是老人端坐不动的举动,这在一定程度上启示我们,中国古代诸如儒道佛的思想可以绝妙地加以言表,但可惜的是无法在生活中得到实用。话中有话,就是中国古代思想的理想性很强,但缺乏实用性自然只能在一定程度上产生意义。中国古代思想中包含着非常丰富的实功思想,只是一直为大家所重视不够。我们现在需要思考的最大问题,就是如何有效地盘活这些丰富的思想资源。

21世纪的世界舞台已经形成了开放的态势,这对每个国家都是机会,如何因势利导地把握住机会是每个中国人都必须思考的一个现实问题,尤其是知识人,不能让自己的研究一直局限在学理层面自我欣赏而满足,必须积极主动地挑起实现中国梦的责任。余秋雨认为中国文化的三个弱项之一是“疏于实证意识”的问题,这与西方人对中国人的判断是相异的。罗素来过中国,对中国的了解是直接的,当然有发言权,他在讲中国与日本的区别时谈道:“日本与中国不同,是一个信奉宗教的国家。同样一个命题,中国人在未证明真之前就采取怀疑的态度;而日本人则在未证明为假之前深信不疑。我就没有听说有谁提出证据来否认天皇的真神地位”(《中国问题·远东当前的各种势力与发展趋势》)。中国人有怀疑的态度,一般而言,怀疑态度是走向创新的首要条件,没有怀疑,人的思维就不可能有冲动,冲动是创造、创新的原动力之一。日本民族信天皇,天皇在日本人的生活中具有非常高的位置,至今都是这样。对一个民族而言,相信无疑能凝聚人的精力,精力得到聚焦和凝聚,做出成就自然就不是问题;反过来,仅仅有怀疑,结果只能是在将信将疑的生活中消磨掉一部分精力,精力无法得到凝聚和集中,就无法发挥出一个民族的最大合力。如果把罗素这里的结论,与余秋雨的“疏于实证意识”的弱项加以结合来审视中国人,就可以发现一

---

① 〔美〕亚瑟·亨·史密斯著、陈新峰译《中国人的德行》,北京:金城出版社2005年1月。

个少为人所注意的特点：光怀疑而不求证。我认为这是非常贴切的，停留于怀疑的状态或境地，而不去求证，就永远也无法走到创新的一步，结果就导致了为学理而研究的产生。在任何场合都可以大张旗鼓地表达自己的怀疑意识，但就是没有一次去证实自己怀疑的实际事务，说和行相背而行。在这样的意义上，罗素是比较睿智地看到了中国人的特点，但没有顺着这一特点继续分析下去，我们今天的文化研究和建设必须注意对此加以弥补，这也是本研究的理论追求之一。

第二部　实践篇

传扬传统美德的关键在实践，因为，传统美德的理论提炼虽无法完全在学理的层面得到完整的科学合理性，诸如它必须从现实生活切入这一理论的具体演绎本身，就是产生学理价值的前提条件，或者称为学理实现自己生命力的环境条件。但是，基于现实生活的学理，仍然存在一个必须考虑的视角，这就是学理如何在现实生活中实现演绎的问题，这是学理最后价值化完成的必要和必然环节。

创新、协调、绿色、开放、共享已成为中国现代化建设的指针和追求的目标，这是实现中华民族伟大复兴中国梦的关键。自从 1978 年中国开始实行改革开放政策以来，经过 40 多年的实践的体验和思考以及客观的鉴证，改革开放的实践给民众的启示，在最大的意义上，已经不是我们选择改革的价值和意义，而是如何改革我们才能在世界的舞台上逐渐跟上发达国家的节奏，并在节奏的谐音中不断缩短差距。这就是今天全面协调而多元发展理念的价值所在，也就是中华民族伟大复兴中国梦出台的意义所在。中国梦所追求的价值以及理论思路，最大的亮点就是实功、协调发展，而不是单一的经济发展，也不是单一的政治发展，只能是经济建设、政治建设、文化建设、社会建设、生态文明建设的共同发展。

毋庸置疑，传统美德的传扬属于文化建设的一部分，是重新绘制中华民族灵魂蓝图的实践；传统美德的传扬实践自然必须与其他经济、政治、社会、生态文明建设保持协调一致，走综合发展的道路，这一思路大大突破了原有的道德建设狭隘的视野，这些就是传统美德传扬实践所要参考和贯彻的理念。只有这样，才能为传统美德的传扬实践、为富民强国的中华民族伟大复兴中国梦的实践提供可能的润滑助推的资源和动力。在美德建设本身，在实功的频道上，最为重要的课题之一就是如何在日常生活实践中，使人的道德素质在不知不觉的岁月中得到长足不断的积累，使一切实践成为民众素质养成的营养源，远离道德花样文章的藩篱。

一、道德实践意识革命的文化因子是因循

忽视实践的有用性，这是中国的研究普遍存在的一个现实问题，这个问题不解决，中国要成为文化的强国自然是不可能的，这是每个中国人都必须具备的起码自觉。在这个层面，问题的解决就自然落实到了我们的研究必须做到实践有用，这是我们要进行的实践理性革命。

审视现实，为道德而道德的缺陷至今仍然非常明显，道德建设自然属于文化建设的必然内容，而传统美德又是道德建设的文化资源，文化建设不是孤立的存在，重视在学理的层面来研究、演绎道德，实际就是缺乏务实的态度和价值观所致。余秋雨在《何谓文化·中国文化的特性》中谈到中国文化的三个弱项之一是“疏于实证意识”的问题，实际就与缺乏实践意识紧密相连。

审视中国古代文化，重视实践理性可谓一大特色，这是传统美德传扬实践在“文化建设”中切实承担其责任的关键因子。

（一）选择“因循”的文化因子是激活中国文化自身功能的有效手段

对现实进行审视，揭示其存在的现实问题，这自然是负责任的做法，但仅止步于此是远远不够的，这里的“当为”只能是指出有效克服弊端的文化性资源。后者往往为我们所忽视，即使针对现实问题提出现实对策的做法，往往也是与文化本身毫无联系的条条框框，教科书式的，大家习惯了的，因此对任何人都无法起到任何作用，很少有研究能够在文化的维度来考虑利用文化本有的资源来遏制乃至规避大家消解文化力积淀行为的可能，而趋向文化力积淀有效行为的努力。这也是我们传统文化仍然无法在世界文化舞台上占有自身应有份额的原因之一。

1.《辞海》《词源》解释的质疑

“因循”作为中国文化固有的概念,迄今少为人知的事实,不免让人啼笑皆非,但这是中国文化演绎的客观事实。这在整体上与我们缺乏实证的精神是紧密相连的,缺乏实证可以说已经成为中华民族的一个思维的定式,这自然只能在中华民族性格劣根性的序列里找到位置。形成这一现实,在一定程度上就与我们缺乏实证而热衷于臆想解释的行为相联系。毋庸讳言,在我国文化氛围里,“因循”常跟“守旧”相关,带有一定的贬义性,这在《辞源》《辞海》的释义中也可略见一斑。《辞源》“因循”的词条,引用《史记·太史公自序》的“其术以虚无为本,以因循为用”为例,并解释为“守旧法而不加变更”①;《辞海》则引用《汉书·循吏传序》的“光(霍光)因循守职,无所改作”为例,以“沿袭;照旧不改”②为释解。两者都包含“守旧”“照旧”和“不加变更”“不改”两个方面,表面上虽有一定的差异,但实质上是完全相同的。对《史记》引文的解释,可以说,完全扭曲了文本的原意。为了精当把握《汉书》关于“因循”的理解,似有必要作具体的分析。《汉书》的“因循”用例约有11处。

(1)因循守职。《辞海》用例的全文:“孝昭幼冲,霍光秉政,承奢侈师旅之后,海内虚耗,光因循守职,无所改作。至于始元元凤之间,匈奴乡化,百姓益富,举贤良文学,问民所疾苦,于是罢酒榷而议盐铁矣”(《汉书》卷八十九《循吏传》)。显然,由于霍光“因循守职,无所改作”,因此“匈奴乡化,百姓益富”,所以,在这样的文献境遇里,就“无所改作”而言,直接成为“匈奴乡化,百姓益富”的缘由和条件。之所以“无所改作”,在于霍光明白事理、因势利导而存在,因为不存在“改作”的任何理由,所以也就没有“改作”的必要;同时,也昭示了因循规则处理事务的重要性,而不是依据个人的爱好或臆想而任意变动,完全可以说,这也正是重视外在客观实际所致,这就是匈奴归顺、民众愈益富裕的条件和理由所在。

(2)因循的一个重要因子是因时。因循并不是固守历史,还包含着“因时而移”(《汉书》卷九十七下《外戚传·孝成许皇后》)的内容。在汉代,“盖君子为政,贵因循而重改作,然所以有改者,将以救急也”(《汉书》卷二十四上《食货志》上),“贵因循而重改作”是君子之道的一种标志③,而“改作”之所以必要,

① 《辞源》,商务印书馆1979年7月版。

② 《辞海》上海辞书出版社1980年8月版。

③ 参照“君子之道,乐因循而重改作”(《汉书》卷九十七下《外戚传》第六十七下《孝成许皇后》)。

乃是为了“救急”之需要，即应付紧急情况，这也就是“汉因循而不革，明简易，随时宜也”（《汉书》卷十九上《百官公卿表》上）的根据之一。所以，因循显示的不是固守一隅，而是与时俱进，在于时代、时势是否提出了客观的“改作”的需要，这与《史记》对道家的总结在价值方向是一致的。

(3) 因循有抑制欲望的作用。因循还有抑制主观欲念任意驱动的效用，即“会宗为人好大节，矜功名，与谷永相友善。谷永闵其老复远出，予书戒曰……方今汉德隆盛，远人宾服，傅、郑、甘、陈之功没齿不可复见，愿吾子因循旧贯，毋求奇功，终更亟还，亦足以复雁门之踦，万里之外以身为本”（《汉书》卷七十《傅常郑甘陈段传·段会宗》）。“因循旧贯”有出于“毋求奇功”的考虑，这跟我们今天说的不顾客观情况而一味标新立异，是一样的意思，虽然是“旧贯”，只是重在说明是过去形成的规章，但今天并没有过时，其内容有其存在的客观生态条件。可以说，《史记》和《汉书》都是在正面、积极的意义上使用因循这一概念的，而且是在深刻认知因循具有尊重客观实际、与时变化、抑制个人臆想的前提下的立论，根本没有贬“旧”的意思，不仅如此，而且因循具有在有效利用历史文化的轨道上前行的意思，这样的行为累积，无疑就可以盘活古代的文化资源。

2. 因循的出典

在中国哲学的长河里，因循思想的源头可以追溯到《老子》的“袭常”（52章），虽然在留存的《慎子》里存有“因循”篇，但是，《慎子》原本没有分篇目，现在的篇目是唐代人加上的，因此，这无法作为因循的最早出典。审视中国古代思想史，对因循这一现象显示重视并加以总结的，首推司马迁《史记》。这对我们精当把握因循内涵，是非常有意义的文本：

> 道家无为，又曰无不为……其术以虚无为本，以因循为用。无成势，无常形，故能究万物之情。不为物先，不为物后，故能为万物主。有法无法，因时为业；有度无度，因物与合。故曰“圣人不朽，时变是守。虚者道之常也，因者君之纲”也。（《史记·太史公自序》）
>
> 道家使人精神专一，动合无形，赡足万物。其为术也，因阴阳之大顺，采儒墨之善，撮名法之要，与时迁移，应物变化，立俗施事，无所不宜，指约而易操，事少而功多。儒者则不然。（《史记·太史公自序》）

显然,“无为”是“以虚无为本”,“无不为”为“以因循为用”。换言之,“无为”是主观目的上的观照,“无不为”是客观功用上的效应,它由“因循”的操作之方来完成。在具体的操作实践上,因循表现为“因时”和“因物”。“因时”也就是“因阴阳之大顺”,在“有法无法”的取舍上,始终“与时迁移”,显然,“时”“阴阳之大顺”指的都是外在的客观自然规律;“因物”就是“不为物先,不为物后”,在“有度无度”的裁决上,依据“应物变化”的准则,在此强调的是物之所以为该物的内在必然性。完美地因循“时”与“物”的综合,对具体的物来说,则趋向“无所不宜”的境地;对因循行为的施行者来说,则自然地拥抱“指约而易操,事少而功多”的客观效果。这是因循的特征,在因循的实践动态过程中,体现的是“时”“物”为行为决策首要原则的倾向,“时”“物”得到了最大的重视,而它们都有着客观的规定性,从而实现了主体行为的合宜、客体的当有的存在之方和价值,并最大限度地凝聚成社会合力。

这里要注意的一个问题是,对“有法无法”和“有度无度”的理解。这里的“法”和“度”指的并不是外在客观的法度,而是出于人主观的规则,意思是采用什么样的规则来行为。告诫人在决定行为原则时,最为重要的是“时”和外在的万物,而不是人自己的主观臆想:对人而言,消解自己的主观臆想是非常重要的;作为有理性的存在,要完全消解其主观臆想是不可能的,能做的就是尽可能地抑制自己主观臆想,只有这样,才能听到外物的声音。万物是多样的,他们有着不同的本性特征,所以不能采用相同的方式来对待他们,即“无成势,无常形”。这是道家因循的魅力,有别于儒家。

3. 因循思想的完整样态在《庄子》

老子虽然没有明确使用“因循”的概念,但是,“袭常”的“袭”就是因袭、因循的意思,因此,因循思想的源头在老子,这是必须首先明确的前提。日本汉学家金谷治认为,“《庄子》内篇除了有后混入嫌疑的内容外,其中心的哲学思想就是因循”(《关于〈庄子〉内篇》)①,这是比较深刻的总结。审视因循的历史演绎,可以说,因循思想的完整样本则在《庄子》。众所周知,荀子评判“庄子蔽于天而不知人……由天谓之道,尽因矣”(《荀子·解蔽》)的结论,就是用“因”来概括庄子的。《庄子》里不仅有“因其固然”(《养生主》),而且还有动宾结构的“常因自然”

---

① 《金谷治中国思想论集》,东京:平河出版社 1997 年 7 月。

(《德充符》);在内容上,还有与社会生活紧密联系而考虑的"形名已明而因任次之……赏罚已明而愚知处宜,贵贱履位;仁贤不肖袭情,必分其能,必由其名……知谋不用,必归其天,此之谓大平,治之至也"(《天道》)等的论述;在语言形式上,还具备了"因其所然而然之"(《秋水》)那样的双动宾结构。总之,中国因循哲学的完整样态在《庄子》,这是分析其文本而得出的结论。

(二) 世界汉学对因循认识的启发

西方人在20世纪末提出的"21世纪将是中国道家哲学的世纪"的断论,在一定程度上提醒我们需要重新审视道家哲学,同时也说明道家哲学在海外具有很大的影响。

1. 日本物理学家汤川秀树对老庄的酷爱

继续拿日本为例,另一科学家汤川秀树1949年荣获诺贝尔物理学奖,以表彰他在核力的理论基础上预言了"介子"的存在,他的经历是值得我们重视的。他1935年提出"介子论",对质子和中子的结合做了很圆满的解释,他假设质子和质子间、质子和中子间、中子和中子间,都另有一种交互吸引的作用力,在近距离时,远比电荷间的库仑作用力为强,但在稍大距离时即减弱为零,这种新作用称为核子作用或强作用,它是由于交换一种粒子称为介子而生的交互作用。他从小生活在一个汉学世家,哥哥贝冢茂树是东方史学者,弟弟小川环树是中国文学研究者,他本人后来因为入赘,改为妻家的姓汤川,其祖父驹橘汉学修养非常厚实,他5～6岁就跟祖父学中国古籍《四书》《老子》《庄子》等。汤川秀树在自传中说,是道家的"道"直接吸引和推动着他对物理学量子力学世界的追求,他不仅在科普著作中常引用《庄子》的话,而且他的物理学理论研究也有受《庄子》思想的启发之处。他说,我之所以把庄子作为话题,是由于早在2300年前,庄子就已经洞察了现代人类状况的这种不可思议的感觉,特别是由于中国古代哲学思想已经以种种方式渗透在他的心中,并为他"作为科学家树立个性起到了作用"①。

就中国古代思想研究而言,我们过于集中在我们自己的场域,而几乎忽视世界汉学舞台上的研究成果,换言之,我们处在比较封闭的境地,在当代高科技

① 参考汤川秀树著、周林东译《创造力与直觉:一个物理学家对于东西方的考察》,石家庄:河北科学技术出版社2000年9月。

发展的境遇里，产生这种情况又几乎完全是我们自己的因素所至。如果一定要指明这种因素是什么的话，我想可以尝试着以“夜郎自大”来加以概括。也就是说，我们对世界汉学舞台上研究成果的忽视乃至无视，与我们认为中国思想研究的大本营自然在中国本土，最有发言权的自然是我们自己的研究。显然，这一视野是非常狭隘的，理由是：我们并不拥有最好的文献和文本，这些为我们新近进行的《儒藏》编纂等工程所证明，《儒藏》拟要收集文献版本不在本土，而在日本等海外，这是理由之一。第二个理由是相同的文献，在持有不同社会生活背景、不同研究特征的研究者那里，得出的结论自然不会完全相同。这种差异性往往被我们所忽视，这不仅不利于提升古代思想研究的水准，也失去了中国古代文化研究与世界对话的途径和机会，就中国文化走出国门的实践而言是极为不利。

2. 道家的“自然”就是因循

对因循思想的重视，在先秦就存在非常丰富的、较为完备的思想理论，这也正是司马谈在《太史公自序》中将其作为学派特点进行区分总结的一个理由。但是，这一重要的实践哲学思想并没有得到研究的聚焦，迄今虽有张岱年基于“因果”角度指出的《管子》《慎子》《吕氏春秋》里的“因”有强调客观性的一面，诸如“力求客观之义”“依据人情的自然倾向”“依据客观情势而有所作为”①，以及邓小南在史的轨道上分析“祖宗之法”与宋代政治基调时，得出的“创新与因循”相辅相成的结论，对因循在社会更迭中的正面作用给予一定的认可分析②，除此之外，相应的研究成果非常少。然而，日本的汉学研究显示对因循这一思想的重视：日本新实证主义研究家武内义雄不仅以因循解释老子的自然，而且直接用因循来概括老子哲学的特色(1927 年)③；金谷治强调道家的无为包含因循治理的深刻道理(1964 年)④；中嶋隆藏则开了从词语角度对因循做被动性功能揭

---

① 张岱年著《中国古典哲学概念范畴要论》，北京：中国社会科学出版社 1989 年 12 月。

② 参考邓小南《创新与因循：从“祖宗之法”看宋代政治基调》，载《新华文摘》2009 年第 2 期。

③ 参考武内义雄《老子的研究》，《武内义雄全集》第五卷，东京：角川书店 1978 年 3 月。

④ 金谷治不仅认为《庄子》内篇以因循为主，而且认为“庄子追求的处世之术，用因循二字就可以完全表达。《史记》在《太史公自序》里讨论‘六家要旨’时，用‘以虚无为本，以因循为用’来概括道家，‘因’这个概念是庄子的……《庄子・养生主》里有‘因其固然’、《德充符》有‘常因自然’、《人间世》有‘知其不可奈何而安之若命’‘托不得已以养中’等的解释。主要是根据道理来行动……因循自然的道理为最高……不是如我们能看到的老子为追求实效而设置的‘无为’”。(《关于〈庄子〉内篇》，载《金谷治中国思想论集》，东京：平河出版社 1997 年 7 月)

示的先河(1985年)①,为全面认知中国哲学的真谛找到了一个新的切入口。这些虽然具有借鉴意义,但仍显不足。

缺乏对中国古代思想固有的因循概念的重视以及忽视相关思想的总结,对古代文化的有效积淀而为中国社会建设服务无疑是一个巨大的损失。造成这一现实的原因,虽然可以从多种途径来进行思考,但我认为最为重要的无非是与我们臆想先行的学派思想定位分不开,而完全忘记了先秦诸子百家所持有的融合共作的特点,因而导致这一思想资源长期被打入冷宫。日本汉学研究就是依据文献本身来描绘中国文化的具体图画的,进而追问其思想的价值,没有任何外在先行的主观框架,因而为所有文化因子铺设了得到客观展现它们姿态的公平机会。只有这样,民族文化的有效积淀才能得到保证。

(三) 因循的创新本质

审视客观的历史,我们无视因循的存在和价值,一方面与我们"因循守旧"的思维紧密相连,另一方面则与因循行为所持有的消极被动性密切相关。其实,形成这种思考的本身就是臆想先行所致,而不是依据文献分析得出的客观结果。在传统美德传扬实践中,选择因循为一个革命因子的本身就是因为它含有的创新本质。

1. 客体第一

在因循行为里,因循的对象始终存在于因循行为主体之外,而不在行为主体自身,诸如万物的本性、规则等就是具体的对象。在这个意义上,因循行为的成立最为重要的是对外在他者的尊重,必须确立他者是第一位的存在、行为者自己不过是第二位存在的认识前提,如何没有这个前提,因循行为就无法成立。就因循本身而言,虽然是一种被动的行为,必须以外在他者为准绳,"顺物自然而无容私"(《庄子·应帝王》)就是具体的说明。行为者个人在施行因循行为前并没有个人臆想的加入,只是一种"不造不施,因物之性,不以形制物也"(《老子》27章注)的"因物自然"(《老子》41章注)的行为,这样可以给予万物展示自己本性能力的最大空间,这一行为可以"圣人达自然之(性),畅万物之情,故因

① 参考中嶋隆藏《郭象的无为的思想》,〔日〕中嶋隆藏著《六朝思想の研究——士大夫と佛教思想》,东京:平乐寺书店1985年2月,第623~626页。

而不为，顺而不施；除其所以迷，去其所以惑，故心不乱而物性自得之也”（《老子》29 章注）。换言之，是一种行为的主客体双赢的局面，即“因物而用，功自彼成”（《老子》2 章注），从而达到“各因其用，则善不失也”（《老子》49 章注），形成最大的文化、道德资本的积累。众所周知，人在现实中生活，无法离开行动，没有具体的行动可以说就没有人的一切，人的文明是人行动的累积，所以，对人而言，因循最为重要，王弼注《老子》“取天下常以无事”为“动常因也”（《老子》48 章注），注“圣人无常心，以百姓心为心”也为“动常因也”（《老子》49 章注），可见，因循是行动的守则。

2. 客观规则的无限性

在形下的层面，万物虽然是五彩缤纷的，但在道的坐标里，万物的本质是平等的，“贵贱”等的评价都是个人依据无关乎个人的统一的陈式而做出的主观评价，所以，依据“道”即规则来行为决策是因循行为成为可能的前提条件，“以道观之，物无贵贱；以物观之，自贵而相贱；以俗观之，贵贱不在己”（《庄子·秋水》），说的就是这个道理。在老子“袭常”的视野里，“道”指的就是“常”，主要包括自然之常、社会之常（包括各项法律制度、道德规范等）和人性之常（个人本性的自然特征）。值得注意的是，自然、社会、人性之常，指的是它们的真正的法则、规律，这是客观存在于宇宙之中的，人可以对此加以认识，但人对此的认识成果不过是“习以为常”，不是对真正法则、规律的完全把握。人对自然、社会、人性之常的认识，仅仅是对真正法则的阶段性认识，真正的法则永远是人理性认识的对象。换言之，人的理性只能不断地靠近真正法则、规律的大门而无法敲开其大门，人对“常”的认识只能获取阶段性的成果，无法穷尽真正的常则，所以，“在伽利略和牛顿于 17 世纪发现物理学的新‘道’之前，亚里士多德物理学就是公认的概念。当牛顿力学建立起来并被认为是正确的‘道’的时候，牛顿力学就又成为唯一得到公认的概念了。20 世纪物理学是从超越‘惯常的道’并发现新的‘道’开始的”（汤川秀树《创造力与直觉：一个物理学家对于东西方的考察·关于思维方式·老子》），这一解释无疑是非常形象而精彩的。人类在对自然等法则的探索和求问中，不断更新着“惯常”“公认”的内容，这是人类理性的价值所在，这一更新无疑是对原有的“惯常”“公认”的打破和超越实践过程中逐步完成的，它是一种破旧立新，正是在这种破旧立新的探索人类文明的实践中，人类谱写着“袭常”之常的常新不旧的赞歌，这是人类理性的价值所在，是人之所以为人的本质所在。总之,真正的常是宇宙的法则、人类理性之常,习以为常只是对宇宙法则的阶段性的认识和把握,人类理性无法把握真正的宇宙法则,因此无法抵达宇宙法则的港湾,只能无限接近。在时间的维度上,自然、社会、人性之常对人而言永远处在动态的翻新中,永远是告别昨天的陈旧而迎接明天的崭新过程。这需要引起我们特别的重视,是人类能否战胜自己的关键。

3. 因循是被动前提下的主动

虽然因循行为必须以外在他者为运思的第一考虑,但个人不是完全被动的,而是在尊重他者的前提下发挥着自己的主观能动性,"以差观之,因其所大而大之,则万物莫不大;因其所小而小之,则万物莫不小……以功观之,因其所有而有之,则万物莫不有;因其所无而无之,则万物莫不无……以趣观之,因其所然而然之,则万物莫不然;因其所非而非之,则万物莫不非"(《庄子·秋水》)、"随物而成,不为一象……,随物而与,无所爱矜……随物而直,直不在一"(《老子》45 章注),都是具体的例证。值得注意的是,这里的"因其所大而大之""因其所小而小之""因其所有而有之""因其所无而无之""因其所然而然之""因其所非而非之"的语言形式,"大之"等的依据在"所大"等的规定中,之所以能得出"大之"的结论,就在于"因"这座桥梁,物本身的"所大"是因循的对象,"大之"的"大"只是行为主体做出的判断,自然包含着主体的积极性。换言之,"因其所大而大之"等语言形式,是一个双动宾的二维结构,第一动词是"因",第二动词是"大"等,行为主体的积极性正是在因循外物的客观特征的前提下而得出的,即"大"等的结论。而"随物而成""随物而与""随物而直"的行为则是避免"一"(消除万物多样化结果的产生),或依归"无所爱矜"这一公正无偏行为而做出的行为抉择,而且在语言形式上,它们也是一个双动宾的二维结构,第一动词是"随"即因循,第二动词是"成""与""直",第二动词都是行为主体在因循万物而为的前提下对万物所做的积极举措,自然包含着主观的运思。在价值的平台上,这就是"大巧因自然以成器,不造为异端"(《老子》45 章注)。正是这一特征,让因循行为远离了单一被动的境遇,而进入被动前提下包含主动的多维域场,从而远离"旧",在新的域场落地开花而结出丰硕的果实。

(四)因循的现实意义

就道德而言,我们需要的不是对道德等的规定,而更多的应是对这些道德如何在生活中成为可能的独到思考。关于因循的创新本质在上面的分析中已经得到澄清，因循的创新本质，显然不是依据自身而得出的结论，而是在万物关系中衡量后的自然结果。上面提到金谷治把《庄子》内篇概括为“因循”，虽然在金谷治的视野里，庄子的因循完全是自然而为，具有宿命主义的倾向，但他同时指出，“相对于《庄子》内篇以因循为主，《老子》没有‘因’的概念，仅有‘孔德之容，惟道是从’(21 章)、‘圣人无常心，以百姓之心为心’(49 章)等可以往因循方面考虑的语言，内篇正好相反，言说谦下的语言没有，无为也只有《逍遥游》最后的一句。无为和因循虽然是类似的概念，似乎没有分别对待的必要，但是，支持它们的意识似乎是互相不同的”(《金谷治中国思想论集·关于〈庄子〉内篇》)。这里的“支持它们的意识似乎是互相不同的”的运思，姑且搁置对其的评价，但起码可以得到确认的是，与庄子因循相异的老子的自然无为具有“主动意识的支持”这一点，“首先来看与形而上学的道的关系，老子‘道常无为，而无不为，侯王若能守之，万物将自化’(37 章)，显示无为是作为生成根源道的作用来定位的，因此，从实践无为的立场而言，这为无为是绝对的道的作用的意识所强烈支持。但是，‘因此’的因循，仅仅是命运观或认识论的立场出发，了解‘不可奈何’，这是以身视物的忘我的心境。无为是为无为，‘非以其无私邪？故能成其私’(7 章)，最终是为了不为的方便”(《金谷治中国思想论集·关于〈庄子〉内篇》)就是具体的理由分析。基于这样的认识，金谷治认为老子的谦下、贵柔、“物壮则老”“揣而梲之，不可长保”“圣人后其身而身先，外其身而身存”，是积极的追求实效的功利主义。内篇的因循与此相反，这也正是因循创新本质所致。

1. 因循规则

可以说，因循的创新本质是其产生积极价值意义的动力源，在现实的层面，其价值意义首先表现在因循规则的重要性上。按照自然、社会、人性的规则进行具体的社会治理，始终让人类文明的列车行进在符合宇宙一体的轨道上，对最大限度地发挥人自身的积极性和潜力，以及最大功效的追求，都是最为可行的方法，而不是仅仅听从人自己的内在的声音。审视现在能源枯竭、生态环境污染、人际关系疏离三大危机，前两者就是人类自身没有因循宇宙自然规则而仅仅听从人类自己欲望的结果，后者的原因之一则是缺乏尊重因循个人人性独特性而对待人的行为所致，外在的规则和人性内在之常，我们虽然达到一定的认识，但无法证明宇宙、社会、人性规则的真谛是人类理性的现实。因此，在这样的情势下，人类不能轻易地相信自己的认识，而忘却这些存在于自然、社会、人性之中的真正规则的权威性，从而轻易走上仅仅听从人类自身内在呼声而决定一切人类事务的路径，而必须始终保持对自然、社会、人性真正规则的敬畏之心，更不能因为我们怀疑自然、社会、人性的真正规则与我们现在获得认知的规则是否一定存有差异，或者即使有差异，但不知能给人类带来多大的负面效应，而无视这些规则存在。1949年日本第一位物理学诺贝尔奖获得者汤川秀树从道家经典中领悟的心得，是值得我们认真体味和重视的。

由于人类的规则都是人类理性的产品，是一种习以为常，不是真正的规则，即使这样，因循规则处理一切事务，要比无视规则而仅仅听从个人自己内在声音而行为的举措要理性科学得多，这是人类必须有的起码的自觉。我国现实生活中存在的比较严重的规则意识淡薄的情况，就是我们长期没有盘活"因循"这个文化因子带来的直接的负面效应。换言之，因循规则处理事务是我们的弱项。生活中，人们办事最为普遍的方式就是先找部门里的熟人，而不是直接到部门办理事务。当然，这也与我们的社会事务部门缺乏公信力存在必然的联系，而这又自然联系到规则意识薄弱这一点。余秋雨在《何谓文化·中国文化的弊病》中谈到中国文化的三个弱项之一是"疏于法制观念"。其实，"疏于法制观念"仅仅是一种表面的现象，并不是文化的本质性特点，其本质原因在于缺乏规范意识，而造成这一现象的根本原因就是对中国古代文化固有因子"因循"的无视。现实生活中不遵守交通规则、随地吐痰等现象，都是不具备"因循"意识所致。要改变这一现实，在中国古代文化的背景里，最好的途径就是激活"因循"这个文化因子，让它及时成为中华民族伟大复兴中国梦实践的文化润滑因子。在传统美德文化中，具有丰富的美德规范体系，这些美德规范都是传统美德之常，在这一意义上，"因循"直接变成了中国传统美德规范的现实驱动器，这是改变就传统美德谈美德的有力举措，是对传统美德讨论的具体总结和落实，本身也是依归实功理念的自然归宿。在社会里生活，因循常则而行为，这是一个社会和谐共存、稳定发展最为需要的能动的实践因子，因循行为的积淀可以自然养成个人遵守规则的心理认同和行为习惯，对社会主义核心价值观"法治"的落实无疑具有文化功能上的支持。

2. 滚雪球式的文化积淀

现代化不仅是经济的现代化，更应是文化的现代化，换言之，经济的现代化最终需要文化的现代化来推动和凝聚。在这个意义上，现代化如果不及时进入文化现代化的环节，带来的结果只能是：失去在地球村舞台上适时装备现代化能力的机会，失去在世界事务中的综合能力。我们提出富强即富民强国的蓝图，无疑是文化强国的图画，世界各民族利用民族文化支持本民族应对经济危机的事实就是最好的说明，我们当然也不例外。

文化本身不是一蹴而就的存在，需要长期的积淀。长期积淀显然不是自然的行为，而必须紧密结合时代的背景，来连接民族文化与世界文化的通途，找到文化生发效用的切入口最为重要，而不能仅仅依据某种主观的臆想。在文化的视野里，"袭常"作为传统美德之一，本身就传递着一个强烈的信息：一个民族的文化要强大，必须在不断的积累中完成，在文化的系统里，因循是积淀文化最好的机制。道德文化也一样，"袭常"是阻止为道德而道德的最好武器，因为道德同样存在一个因循规则而为的问题，王弼说："凡物之所以生，功之所以成，皆有所由，有所由焉，则莫不由乎道也"(《老子》51 章注)、"德者，得也。常得而无丧，利而无害，故以德为名焉。何以得德？由乎道也"(《老子》38 章注)，这里的"由"就是因循的意思；王弼的运思显然是对老子以及《管子・四时》的"道生德"和《黄帝四经・经法・道法》的"道生法"①思想的进一步的发展，为我们指明了道德必须因循法则来谋划的方向，这本身就是因循所具有的又一创新因子。不仅如此，在超越道德领域的更为宽广的文化领域，因循文化的积淀来演绎完美的现实文化，而不能被现实所左右而放弃古代文化，这样的教训我们必须吸取。

韩国"江陵端午祭"成功申遗就是一个传扬传统文化的典型的成功例子，"江陵端午祭"于巴黎时间 2005 年 11 月 24 日被联合国教科文组织正式确定为"人类传说及无形遗产著作"。端午节源于中国，已经有2 500多年的历史了，目前也传到了周边各个国家和地区，韩国就是其中的一个，已有1 000多年的传统。作为和中国共享的一种文化现象，却由韩国申报成功，在无形文化遗产方面如何进行传扬方面，给我们提出了现实的启示。端午节是中国的传统说法，只是在农历五月初五这一天，举行龙舟赛和吃粽子等简单的活动。韩国江陵端午祭的内容比较广泛，把端午节伸展开来，用一个多月的时间来庆祝，完全变成了江陵地区的一个地方庆典。首先是广泛的祭祀活动，对当地的英雄人物、值得纪念的人物进行祭祀，从 4 月 5 号到 5 月 7 号之间活动不断。其次是各种游戏，以

① 陈鼓应注译《黄帝四经今注今译——马王堆汉墓出土帛书》，北京：商务印书馆 2007 年 6 月。

舞蹈为主的戴假面具跳舞和各种歌唱比赛,有传统的歌谣比赛,也有青年人参加的现代歌曲比赛,这也是他们申遗成功的主要内容之一。最后是端午节的前后两天广泛举行各种活动,包括游戏和摔跤、荡秋千等体育运动,这些活动引来周边和附近民众的广泛参加,也迎来了世界各地的游客。

在语言哲学的维度,因循本身就是继承的表现,因循行为的不断积累就是文化的不断积淀,这是盘活和有效整合文化的最为有效的文化因子之一,也是传统美德实践切实有效展开的最为基本的因子。

二、传扬实践的新视野

传扬传统美德作为夯实文化软实力的一个重要工程，直接关系到我国文化强国梦的战略实现，除不能无视西方美德文化以外，也不能忽视海外对中国古代思想文化的研究成果。在世界文明史的长河里，中国思想对海外的影响是有目共睹的，所以，中国古代思想不仅是中国文明的财富，同时也必然是世界文明宝库中的明珠。中国古代思想的研究就是世界文明史研究的组成部分。每个民族具有自己独特的中国思想的研究，在这样的思维层面，就要求每个民族的中国古代思想研究必须依归世界文明史研究这个舞台来加以审视和衡量，这是针对同一研究主题而进行具体而深化研究的必由之路。在这一点上，中国同样没有例外。也就是说，中国知识人在对中国古代思想进行研究时，必须及时了解世界汉学研究的现状，从而进行反思，这样才利于推进古代思想研究本身的深入。

必须承认，日本的汉学研究就非常值得我们重视，尤其是它的实证研究，就是西方也无法与之媲美。

(一) 对立"义""利"的局限性

儒家对义、利的看法，在历史上一直占有绝对支配的位置。说起儒家的义利观，最先使人想到的就是孔子的"君子喻于义，小人喻于利"(《论语·里仁16》)。对孔子所说的君子和小人，虽然存在从人格上还是从社会地位上进行理解的分歧，但我认为恐怕也不能仅仅从道德上来理解它们，而当从社会的分层上来加以理解。换言之，孔子所说的君子和小人代表的是两个社会阶层的人，它们具有不同的社会地位。君子拥有高的社会地位，它们可以用"义"来进行表述;小人居于较低的社会地位,对它们只能用“利”来加以概括。在这个表述中,孔子的立场无疑站在君子这边,他推重的是“义”,这符合他的整体思想。在《论语》里,记载孔子谈利益的论述非常少,他认为“放于利而行,多怨”(《论语·里仁 12》),顺从利益的欲望而行为的话,必然招徕怨恨,所以,孔子不仅把“见利思义”作为“成人”①的条件之一,而且把“见得思义”作为君子“九思”②的因子之一。成人、君子显然不是一般阶层的人,他们在利益、获得面前,共同的行为选择是“思义”,这里的“利”和“得”所表达的意思无疑是相同的,利益在一定的意义上也是一种获得。

1. 儒家“义”“利”内涵的矛盾

以上是孔子关于利益的整体运思,不得不说的是,孔子无疑对立了义、利即道德与利益的关系,把道德专属于君子即统治阶级,而把利益专属于小人即劳动阶级。其实,小人并不是利益的享受者,而是利益的生产者;统治者才是利益真正的享受者,他们绝对不是不食人间烟火的神。所以,在形式上,君子是道德的代表;实质上,他们也是利益的获取者和享受者。小人在形式上是利益的创造者,实质上却成为利益的被剥夺者,这一现象的产生在于儒家思想的本质是“官本位”的学说,并非平民的学说。对此,西方学者的表述非常经典,即“在法家与儒家学说的冲突中,人们非常清楚地看到,儒家作为由家庭向外递减的道德义务的概念,实际上成为有权有势的家族的集体自私的辩护”(〔英〕葛瑞汉著《论道者:中国古代哲学论辩》),换言之,儒家的仁义是真正实现利益的工具,具有对人的迷惑性。实际上,孔子迷惑人的表述,到孟子的时候,得以真正的揭示,这就是“然则治天下独可耕且为与?有大人之事,有小人之事。且一人之身而百工之所为备,如必自为而后用之,是率天下而路也。故曰或劳心,或劳力。劳心者治人,劳力者治于人;治于人者食人,治人者食于人:天下之通义也”(《孟子·滕文公上 4》)。

其实,儒家思想义利对立的本质在孔子那里就有明显的线索,关键是我们没有本着文献去做客观的思考,而是臆想先行地来为儒家思想辩护。儒家思想

① “今之成人者何必然?见利思义,见危授命,久要不忘平生之言,亦可以为成人矣。”(《论语·宪问 12》)

② “君子有九思:视思明,听思聪,色思温,貌思恭,言思忠,事思敬,疑思问,忿思难,见得思义。”(《论语·季氏 10》)

的形式和实质上存在的矛盾，使其脱离生活而无法成为人们实用的指南。

由于形式的表达与实际相背离，从强调道德开始结果却是道德的缺乏，而统治者仅是民众创造的利益的占有者和享受者，而不是国家利益的代表者，最后缺乏国家利益和意识的真正积淀。可见，儒家"官本位"的思想仅仅是给统治者贴标签，而不是告诉统治者如何统治的道理。这里揭示的情况实际具有普遍的意义，即儒学的发展到后来直接分成"言"和"行"两极，所谓的儒家思想家实际是只负责言说而自己根本不践行，因为践行是民众的事务，这样的学说对践行者而言，无法成为他们行为的指导，因为思想本身不是依据生活的现实需要而得出的，而是依据统治者的臆想而安排的。在这个意义上，儒家虽然强调道德，但其道德脱离生活，因此道德无法成为民众生活的指导，道德本身也自然无法成为社会治理的真正因子，其最终结果无非是由于道德与人立于两极，无法成为一根准绳而驱动和提高社会文明的水准。

2. 日本基于生活的道德

日本在吸收儒家思想的过程中，就避免了这种脱离社会生活而营设道德的做法。美国学者鲁思·本尼迪克特的总结可以参考：

> 在日本人的哲学中，肉体不是罪恶。享受可能的肉体快乐不是犯罪。精神与肉体不是宇宙中对立的两大势力，这种信条逻辑上得出一个结论，即世界并非善与恶的战场……事实上，日本人始终拒绝把恶的问题看作人生观。他们相信人有两种灵魂，但却不是善的冲动与恶的冲动之间的斗争，而是"温和的"灵魂和"粗暴的"灵魂（即"和魂"与"荒魂"），每个人、每个民族的生涯中都既有"温和"的时候，也有必须"粗暴"的时候。并没有注定一个灵魂要进地狱，另一个则要上天堂。这两个灵魂都是必须的，并且在不同场合都是善的。（《菊与刀》）

紧贴生活，把人看成真正现实的存在体，没有把人看成神，因此在不对立善恶的前提下，丰富人的生活的疆界和域场。

（二）"仁"在日本定位的启示

其实"仁""义"是相互关联的，这里把它们分开来例证，只是为了强调它们在儒家思想中的重要性，并没有要细分“仁”“义”概念的意思。

1. 儒家“仁”“义”与生命的矛盾

“仁”的概念虽然不是孔子首创，但仁学的建立无疑是孔子的功劳。“仁”的内容是爱人，其要务是孝悌，“君子务本，本立而道生。孝弟也者，其为仁之本与”(《论语·学而 8》)、“弟子，人则孝，出则弟，谨而信，泛爱众，而亲仁”(《论语·学而》)，都是具体的佐证。孝悌是基于血缘层面的规范要求，可见儒家仁学的本质所在。而“仁”实现的途径，在孔子那里是通过君子的楷模行为来带动民众，从而使整个社会充满仁德，即“君子笃于亲，则民兴于仁”(《论语·泰伯 2》)。对此的可能性问题，一般的研究很少花时间来进行质疑，而是把它作为君子的一个品行来加以肯定性的量定。在孔子看来，对有志向而具备仁德的人而言，为了成就仁德，牺牲自己的生命在所不辞，“志士仁人，无求生以害仁，有杀身以成仁”(《论语·卫灵公 9》)，就是最好的说明。孔子的这一运思为后来的孟子所坚持，这就是为人所熟知的“鱼，我所欲也。熊掌，亦我所俗也。二者不可得兼，舍鱼而取熊掌者也。生，亦我所欲也。义，亦我所欲也。二者不可得兼，舍生而取义者也。生亦我所欲，所欲有甚于生者，故不为苟得也。死亦我所恶，所恶有甚于死者，故患有所不辟也。如使人之所欲莫甚于生，则凡可以得生者，何不用也！使人之所恶莫甚于死者，则凡可以辟患者，何不为也！”(《孟子·告子上 10》)，孟子的继承，使“仁”“义”与人的生命对立的思想得到了理想化的升华。

2. 日本重“孝”而不重“仁”

日本的文化和文字都是从中国引进的，但是，他们没有照搬中国的思维模式。美国思想家鲁思·本尼迪克特的研究值得重视：

> 七世纪以来，日本一再从中国引进伦理体系，“忠”“孝”原来都是汉文。但是，中国人并没有把这些道德看成是无条件的。在中国，忠孝是有条件的，忠孝之上还有更高的道德，那就是“仁”……中国的伦理学把“仁”作为检验一切人际关系的试金石。中国伦理学的这一前提，日本从未接受。伟大的日本学者朝河贯一在论及中世纪两国的这种差异时写道：“在日本，这些观点显然与天皇制不相容，所以，即使作为学术理论，也从未全盘接受过。”事实上，“仁”在日本是被排斥在伦

> 理体系之外的德目，丧失了它在中国伦理体系中所具有的崇高地位。在日本，“仁”被读成“jin”（仍用中文的汉字）。“行仁”或“行仁义”，即使身居高位也不是必须具备的道德。由于“仁”被彻底排斥在日本人伦理体系之外，致使“仁”形成具有“法律范围以外之事”的含意。比如提倡为慈善事业捐款、对犯人施以赦免等等。但它显然是分外的事，不是必须如此。（《菊与刀》）

在日本人的视野里，“仁”是不切合实际的，诸如涩泽荣一认为：“在中国的学问中，尤其是一千年左右以前时，宋代的学者也经历了像现在这样的情形。但由于他们倡导仁义道德的时候，没有考虑按照这种顺序去发展，完全陷入了空论，认为利欲之心是可以去掉的。可是发展到顶点，就使个人消沉，国家也因而衰弱。结果到宋末年受到元的进攻，祸乱不断，最终被元所取代，这是宋的悲剧。由此可知，仅仅空理空论的仁义，也挫伤了国家元气，减弱了物质生产力，最后走向了亡国。因此，必须认识到，仁义道德搞不好也会导致亡国”（《论语与算盘——人生·道德·财富》）。

也就是说，日本人认为中国人把一切道德归于出自仁爱之心的做法完全是不切合实际的。因此，“日本人……先确立义务准则，最后才要求人们全心全意，为履行义务而倾注全部心灵和精力”（《菊与刀》）。这正是仁的爱人的不明确性，或者说模糊性，模糊性就无法使仁对人的行为产生有效的实际触动，故日本选择“孝”作为人际关系的纽带，“孝道在日本就成了必须履行的义务，甚至包括宽宥父母的恶行或无德。只有在与天皇的义务冲突时可以废除孝道，此外，无论父母是否值得尊敬，是否破坏自己的幸福，都不能不奉行孝道”（《菊与刀》）；孝不像仁那样具有虚无性、模糊性，它有明确的规定，“日本的‘孝道’只是局限在直接接触的家庭内部，充其量只包括父亲、祖父，以及伯父、伯祖父及其后裔，其含意就是在这个集团中，每个人应当确定与自己的辈分、性别、年龄相适应的地位”（《菊与刀》），这种“相适应的地位”的事务的训练和培育，养成了厚实的角色意识，这是支撑日本等级社会的各种职分得到完美履行的基础。

（三）中国古代文化对日本的影响

在当今的文化强国实践中，我们结合海外受过中国古代文化思想影响地区的现状，来衡量和评价中国古代思想的具体价值，没有这个视野，再多的中国古代文化（包括传统美德文化）思想研究也是闭门造车式的研究，中国的现代化建设无法从这样的研究中及时吸收到古代文化的营养。

1. 日本综合整体研究的客观性

在世界汉学研究的舞台上，日本的汉学界在20世纪20年代左右出现了一批研究专家，以重视实证而著名，诸如武内义雄。作为新实证主义研究的代表，他的中国思想研究开创了在比较的平台上从文献概念出发来推定其真伪并进行价值量定的研究方法，在日本中国研究界产生了深远的影响。他的研究不仅有方法上的创新，而且在使用资料上也有新理念。他大量利用一手资料，先后来中国10数次，进行古代文化古迹的实地考察和走访调查，收集掌握了丰富的一手资料。而一些有价值的绝好古本，甚至我们自己也没有，如大阪大学的怀德堂里保存的古本。今天《儒藏》中的《论语》专集，其中日本正平版（1364年）何晏《论语集解》是传世《论语》中最早、最完整的单集解本，是汉魏古注的集成之作，就是采用怀德堂里的古本。

在唐代，日本经朝鲜半岛从中国引进文字和古代文献，他们并不限于儒家思想，也有《庄子》等道家的。他们对中国思想的了解和研究是从学习中国文字开始的。现代日语里，直接使用的汉字有近3 000个，他们赋予其假名。他们在听到日语假名时，最先进入脑海的是相应的汉字；假名是按日语规则在文字中起作用的，这是日语的规则，是他们的逻辑思维。相应的，他们学习中国古代思想也是这么进行的，因此，学风非常扎实。这种学风在日本的京都大学、东北大学保持至今，训练学生仍采用。因此，从一开始，他们对中国思想的接受没有任何的偏见和偏爱，他们虽然清楚相应的思想学派的相关评价，但从来没有照搬到日本。可以说，他们是综合性思想研究，吸收他们认为对日本有用的东西，诸如上面分析的他们抛弃“仁”而选择“孝”为最为重要的原则就是最好的说明。可以说，日本采用中国的文字和引进中国古代文献，是出于对中国文化的爱好以及在地理位置上便利的优势，是日本情感选择的自然结果。

2. 日本近代对“西方文明精神”的选择

日本现在成为世界经济强国是否与中国儒家思想存在必然的联系，这是需要仔细分析的问题。日本文化与中国文化的联系是必然的，但我们无法说儒家对日本人有什么特别的意义。日本近代的飞速发展，可以说是日本理性选择的结果，在日本近代化的过程中，日本思想巨擘福泽谕吉是举足轻重的人物。他所在的时代，外国列强已在日本口岸通商，日本出现雇佣外国人的现象，当时，"日本往何处去"是一些知识人始终思考的一个问题，福泽也不例外，他的答案是："日本人当前的唯一义务就是保卫国体。保卫国体就是不丧失国家的政权。要不丧失政权，就不得不提高人民的智力，其具体的方法固然很多，但是，在智力发生的道路上，首先在于摆脱古习的迷惑，吸取西洋的文明精神。"(《文明论之概略》，第48页)他这里的"古习"，实际上就是儒家人伦道德在时代发展中表现出来的软弱无力①，因为，他认为道德的最大作用在个人德性的提高，其影响通过耳濡目染，无论是影响的范围还是力度都是非常有限的，所以，要在世界舞台上立住脚，日本就得学习西方文明精神。值得注意的是，这里不是简单的"文明"，而是"文明精神"，也就是内在的文明，他认为"半开化的国家在汲取外国文明时，当然要取舍适宜，但文明有见之于外的事物和存之于内的精神的两个区别。外在的文明易取，内在的文明难求。谋求一国的文明，应该先难后易……所谓见之于外的文明的事物，是指衣服、饮食、器械、居室以至于政令、法律等耳所能闻见的事物……那么，究竟文明的精神是什么呢？这就是人民的气质……现在虽暂且把它称作国民的气质，但就时而言，又可称作时势；就人而言，则可称作人心；就国家而言，可称作国俗或国论，这就是所谓文明的精神。使欧亚两洲的趋向相差悬殊的就是这个文明的精神。因此，文明的精神，也可以称为一国的人心风俗……现在我们所主张的以欧洲文明为目的，意思也是为了涵育这种文明的精神"(《文明论之概略》)。

在福泽的心目中，"国体"是一个国家的生命，所以，建设国体就是育成一个国家的生命，但国体营养的源泉是"西方文明精神"，他认为这是使欧亚两洲相

---

① 参考福泽谕吉的总结："说起来，我的教育主张是着重于自然原则，而以数、理两方面为其根本，人间万事凡是具体的经营都拟从这数、理二字推断之……自古以来东方和西方彼此相对，而察其进步之先后快慢，两者的确有很大的差别。不论东方或是西方，都有道德方面的教育，也有经济方面的议论，文化武备各有短长。但从国事总体来看，说到富国强兵、绝大多数人享有最大幸福的情况，则东方国家必居于西方国家之下。国势如何果真取决于国民教育，则东西两方的教育法必然有所差别。因此拿东方的儒教主义和西方的文明主义相比，那么东方所缺少的有两点：即有形的数理学和无形的独立心……往近处说，只要有今天所谓的立国；往远处想，只要有人类，那么可以说人间万事绝不能离开数理，也不能撇开独立。然而，这种极其重要的道理在我们日本国内却遭到轻视。这样下去，当然不会使我国做到真正开放而与西方列强并驾齐驱。我深信这完全是汉学教育之过。"(〔日〕福泽谕吉著、马斌译《福泽谕吉自传》，北京：商务印书馆1980年7月，第179～180页)

差悬殊的根源。无疑,他抛弃了中国古代文化在近代化道路上的积极作用,而适时地引进了西方文明,可以说这是文化的转型。导致日本这样选择自然不是毫无依据的,因为他们认为中国儒家的思想过于强调个人的修养,为学问而学问,学问与实际脱节,对此,日本学者涩泽荣一的总结非常精当,他说:"修养必须达到什么程度,这是没有界限的,但必须注意的是切勿陷入空理空论。修养不是理论,应在实际中去做,所以必须同实际保持密切的联系……理论与实际、学问与事业如果不同时发展,国家就不能真正兴盛。不管一方如何发达,而另一方如果不与之相结合,这个国家就不能进入世界强国之林。不能只满足于事实,也不能唯理论是从,必须是两者能结合,密切联系,在这种情况下,作为国家即是文明富强,作为人则成为完全的人格者。上述情形的例证很多,就汉学来说,孔孟的儒教在中国最受尊重,称之为经学或者实学,这和诗人墨客用以游戏人间的文学,则完全是另外一件事。对儒学研究最深,而且使之发展的是中国宋末的朱子。当然,朱子非常博学,而且热心讲学。不过他所处的时代,即宋朝末期,政治颓废,兵力微弱,丝毫没有实学的效力。也就是说,学问尽管非常发达,但政务极为混乱。换言之,即学问与实际完全隔绝了……经学到了宋代尽管有了大大的振兴,但并没有把它运用到实际中"(《论语与算盘——人生·道德·财富》)。日本的成功就在于克服了这一弊端,"然而在日本却利用了被弄成空理空文死学的宋朝的儒教,而发挥了实学的效验。最善于利用的是德川家康。元龟、天正之际,日本号称二十八天下,国事乱如麻,诸侯都只热心军备。可是家康却十分明智,了解到只靠武备是不能作为治国平天下之策的。他大力灌注于文事方面,采用了在中国作为死学空文的朱子儒学。首先聘请了藤原惺窝[1],继之又任用了林罗山[2],完全把学问运用到实际中,也就是说,使理论同实际相配合、相接近"(《论语与算盘——人生·道德·财富》)。正是在这个点上,我们必须思考,在儒家文化一统的中国,我们在研究古代思想时,不得不与世界舞台上同受中国古代文化影响的海外国家和地区的现实情况相联系,学问不能离开客观的实际。显然,这是传扬传统美德文化实践的一个无法忽视的新视野。

(四) 西方对中国文化的反应

现在想把注意的视角转向西方,看看西方对中国古代文化的反映和评价。

---

① 〔日〕藤原惺窝(1561~1619),日本安土、桃山至江户前期的儒学家,日本近古朱子学之祖。

② 〔日〕林罗山(1583~1657)日本江户初期的儒学家,致力于朱子学的普及。

1. 重视母语的学习

众所周知，现在是西方价值中心，中国的英语教育、量化的评定机制全部西方化。我们现在一切的行为追求实际上都以西方为标准，包括前几年出现的我们有无哲学的讨论，实际上也是以西方为标准。另一方面，我们的教育也呈现西方化的特色，我们的英语教育从学前就开始了，大学毕业后的硕士、博士生入学考试，英语是必考的科目，入学后自然也是必学的课程。可是对汉语教育的重视程度，远远无法与英语相比。现在汉语课程的开设没有成为全部本科院校的必修要求，更不要说研究生阶段了。不学习汉语就无法保证汉语的水准，有的双一流高校的硕士研究生甚至不会书写大写的数字。为什么重视英语而轻视自己国语的学习？在美国，英语考试是一切入学考试(不分专业，就是医学院的考试，写作也是必考的内容)的必然内容，包括研究生的入学考试。这说明什么，难道不值得我们思考吗？西方人重视我们道家的思想，但为什么这一点没有引起我们足够的重视，而始终行进在儒家思想一统的轨道上呢？

2. 对道家哲学的重视

20 世纪 80 年代末联合国教科文组织公布，老子《道德经》的外文译本已达 250 多种，仅次于《圣经》而居第二位，显然，道家思想在西方世界的影响要远远超过儒家思想，因此，有学者称此现象为“墙内开花墙外香”。在 20 世纪末、21 世纪初，西方人就提出了“21 世纪将是道家哲学的世纪”的警世性的断论，完全可以说，西方人重视道家的程度远远超过我们自己。英国汉学家J. J. Clarke在最新的《西方之道：道家思想的西方转型》中认为，“有迹象显示，在西方，我们最终已开始从那些带有偏见的空想中苏醒过来。一个明显的态度变化已在最近数十年占有了位置，它不仅影响对道家的态度，而且影响对整个中国的态度，以及影响对亚洲其他伟大文明和信念体系的态度。在广义上，在过去的世纪，我们已经见证了一个转型，它是从欧洲中心的态度和价值享有世界统治地位的一个帝国时代、向对西方强力和理念存有深远挑战之一的转型”①。道家思想对西方人的影响不是局部的、微观的，而是广域的，包括宇宙学、政治学、炼金术、伦理学、教育学等方面，他们认为道教是世界性的宗教，这种影响不仅仅限制在学术的层面，而且渗透到人们日常的生活之中，诸如瑜伽、风水等，受到他们的极

---

① J. J. Clarke：*The Tao of the West: Western Transformations of Taoist Thought*. London：Routledge 11，2000.

大重视。“在不同的视点上，在跨越大众和学术关心的聚焦的中心，我们也能确认一个跨越学术和知识的全范围的兴趣，这已经在奇妙的途径上严肃地思考道家，它与早期由对佛教和印度教热情而来的许多尊敬相媲美，在此得到驱动的不是太多的历史学的要求，而是东方理念作为面对和说明某个关键当代问题方法的开发”，这里直接把道家、道教的影响与佛教、印度教相提并论。

西方人对道家思想的浓厚兴趣不是历史，而是道家思想与现实世界问题的紧密联系，诸如能源枯竭、环境污染、人际关系疏离三大危机都能在道家思想中找到消解乃至解决的答案。换言之，道家思想本身具有的内在魅力，吸引了西方人。再看我们儒家思想一统的现实，一切研究都偏于儒家，近年来虽然对道家思想研究显示相当的重视，但仍显不够，这一趋势造成的结果，一方面是道家思想本有的问题没有得到重视，其相应的思想资源也没有得到总结，诸如曾为司马谈在《论六家之要指》中总结的“道家无为，又曰无不为……其术以虚无为本，以因循为用”的“因循”的思想，这是在实践哲学视野里道家之所以为道家的标志性概念之一，可是，这一概念至今仍未得到应有的重视①。这些都是在当今的文化强国、传扬传统美德而实现中华民族伟大复兴中国梦的实践中不得不思考的大问题。

① 参照许建良《为“因循”翻案》，载《新世纪的哲学与中国——中国哲学大会(2004)文集》，第575～585页(北京：中国社会科学出版社2005年5月)。

三、道德的科学设定是传扬实践的关键

众所周知，在博大精深的中华优秀传统文化中，传统美德是其精髓，是其魂，蕴含着丰富的思想资源，基于此，传扬传统美德就是夯实文化软实力的重要环节。夯实是创造性地利用中华民族创造的一切精神财富，借鉴以文化人、以文育人的途径来实现加速中华民族经济持续发展列车的关键，离开“实”，中华民族伟大复兴的中国梦就无法实现，夯实的关键首先在道德本身的科学设定上。

（一）何谓道德

毋庸置疑，中国是一个文明古国，道德源远流长。就道德这个概念而言，我们最早可以在荀子那里找到，即“全道德，致隆高，綦文理，一天下，振毫末，使天下莫不顺比从服，天王之事也”（《荀子·王制》）。文明的轨迹显示，道德没有永恒的主题，道德是时代的产物，不同的时代有不同的道德，这是为人生活在具体时代的客观现实所决定的，道德是人的产品。对道德的认识和界定，既可看到人类理性进步的水准，也可明了人类文明的内涵。

道德到底是什么？迄今的实践都让人无法停止对其的思考和追问，原因之一就是我们对道德的期望和投入与道德的实际收益往往不成比例。下面就是2个对道德界定的实例：

> 伦理学的研究对象。一种社会意识形态，指以善恶评价的方式调整人与人、个人与社会之间相互关系的标准、原则和规范的总和，也指

那些与此相应的行为、活动(李奇)。①

社会意识形态之一,依靠社会舆论、人们的内心信念和传统习惯调整个人与个人、个人与社会集体、社会集体与社会集体之间关系的行为原则和规范的总和。(徐少锦、温克勤主编《伦理百科辞典》)

这里有3点值得注意,即伦理学研究的对象、社会意识形态、原则和规范的总和,这是学界对道德的共同认识。

在此,我们不得不引起思考的是:道德作为人类文明的一种标志性文化因子,自然离不开人这个主体,因此,我们讨论道德的主要目的自然也离不开对人的考虑。但是,具体考虑什么道德才真正贴近人?以此为切入点,就上面对道德的界定而言,我们能从中得到什么呢?扪心自问,似乎对人而言,除了知道道德是规范的总和以外,无法获取其他任何有用的信息。实际上,上面所揭示的对道德的界定,虽然是国内权威的解释,但不得不承认的是,这些界定最多也只是学理的规定,而不是生活的训示。人生活在具体实际的社会,道德只有对他们的日常生活产生作用时才能对他们产生实际的意义,此外,最大的价值和意义也都只能止步于镜中之花、水中之月的效果。现在我们社会的道德建设,虽然波澜此伏彼起,但一个不得不承认的事实是,这些道德建设仅仅是为改善道德状况而进行道德建设,而不是基于道德低迷化实质性原因追问的结果,这样的道德建设的一个主要特征就是缺乏针对性,自然也无法对民众的生活实践产生丝毫的影响。

关于道德无法深入生活的原因,辜鸿铭的运思值得我们参考。他说:

因此,虽然信奉上帝不是人们服从道德准则的必要条件,但是信奉上帝对于使人们认识到服从道德准则,却是绝对必不可少的。正是这种对宇宙秩序的认识,使得那些富于智慧的人们服从并遵守了道德准则。孔子说:"不知命,无以为君子也。"(一个没有天命知识的人,即不懂得神圣的宇宙秩序的人,是无法成为君子的)而那些不具备如此智慧的大众们,因为无法领会神圣的宇宙秩序,也就不懂得必须遵守道德准则。正如马修·阿诺德所言:"道德准则,总是先作为观念被理

① 《中国大百科全书·哲学》,北京:中国大百科全书出版社1987年10月。

解，然后才被当作法则去奉行，这只有在圣贤那里才能做到。而大众既无理解道德准则的智力，亦无遵守道德准则的能力。”由于这个原因，柏拉图、亚里士多德以及赫伯特·斯宾塞所宣传的哲学和道德学说，才只对学者具有意义和价值。（辜鸿铭《中国人的精神·中国人的精神》）

不得不承认的事实是，我们偏于学理层面的规定，把道德囿于纸上谈兵的对象，而忽视了道德的真实对象和提倡道德的原本目的，这是非常悲凉的事实。道德的主体既然是人，那一切有关道德的建设都不能无视与人这个主体的对接性和有用性，道德真正能成为民众生活的引导者的时候，道德所预期的价值和意义才会获取实现的机会和条件，而离开这个主要因素考虑的一切道德实践都只能是画饼充饥的游戏，而无法成为民众生活的动力。道德离不开生活，生活呼唤道德，这是我们今天传扬传统美德实践首先要确立的一个前提。

（二）生活是道德生命的源泉

道德离不开人，生活是人生命的演练场地，在这个意义上，道德就无法离开生活。生活是具体而实际的，学理式的道德的界定，对生活的道德而言，无疑是空虚而无力的，收到的实际效果也只能是画饼充饥而已。另一方面，客观的事实是，生活是关系编织成的网络，一切关系都可以在他我的模式中得到定位，人类与他物、个人与他人就是他我的全部内容。

1. 人性的弊端

文明史的事实是，人不仅容易以自己为宇宙的中心，诸如何天爵在《中国人的本色·前言》所描述的那样：“一位生活悠闲的老妇人住在格林山脉的深处。附近没有邻居，但她自得其乐。在一个炎炎的夏日，一位过路人来到她的门前讨水喝。当她得知那位过路人住在波士顿的时候，她大叫起来：‘天哪，您住在那么遥远的地方该是多么的孤独啊！’在她心里，波士顿应该是一个偏僻荒凉的地方，只有她那间经历风吹雨打的小木屋，才是宇宙的中心。”而且，“和那位老妇人一样，人们总是习惯用自己建立起来的一套标准衡量别人。至于别人是否正确与明智，都要看他们是否与我们的标准相符合，而全然不顾我们理想中的评判模式是何等地武断和狭隘”。换言之,自己成为价值判断的标准,这也正如庄子分析中国文化时所说的“故有儒墨之是非,以是其所非而非其所是”(《庄子·齐物论》)。

2. 万物差异的标准在自身

在庄子道家看来,宇宙社会中没有绝对的是非观,是非是相对的,“物无非彼,物无非是。自彼则不见,自知则知之。故曰彼出于是,是亦因彼。彼是方生之说也,虽然,方生方死,方死方生;方可方不可,方不可方可;因是因非,因非因是。是以圣人不由,而照之于天,亦因是也。是亦彼也,彼亦是也。彼亦一是非,此亦一是非……以指喻指之非指,不若以非指喻指之非指也;以马喻马之非马,不若以非马喻马之非马也。天地一指也,万物一马也”(《庄子·齐物论》)告诉我们的就是这个道理,圣人不走是非对立的道路,而观照物事之本然特性,即因循自然。从相同的观点来看,天地万物都存在他们的共同点,即“自其同者视之,万物皆一也”(《庄子·德充符》);从相异的观点而言,万物之间差异也是客观的,即“自其异者视之,肝胆楚越也”。

万物的差异虽然是客观存在的,但衡量差异没有统一的标准,也就是说,衡量的标准是因物而异的,换言之,万物差异的标准在万物本身,“道行之而成,物谓之而然。有自也而可,有自也而不可。有自也而然,有自也而不然。恶乎然?然于然。恶乎不然?不然于不然。恶乎可?可于可。恶乎不可?不可于不可。物固有所然,物固有所可。无物不然,无物不可。故为是举莛与楹,厉与西施,恢诡谲怪,道通为一。其分也,成也;其成也,毁也。凡物无成与毁,复通为一。唯达者知通为一,为是不用而寓诸庸;因是已。已而不知其然,谓之道……是以圣人和之以是非而休乎天钧,是之谓两行”(《庄子·齐物论》)昭示的就是这个道理。“无物不然,无物不可”,是因为“然”和“可”的标准不在万物的外部,而存在于万物自身之中,即“物固有所然,物固有所可”所包含的道理。由于一物为该物的道理存在于该物之中,我们没有必要去究明其所以然,只要正视该物即可,这就是“已而不知其然,谓之道”所包含的哲理。因此,圣人不执着是非的差异而听任自然的声音,使物我在具体的关系中各得其宜,这里的“两行”,指的就是物我两行的意思。

在两行的关系里,物我无疑都能实现各自的“得”,这是良性的生活关系。生活关系良性化实现的最终效应无疑是使每个组成生活关系的人都能在这一关系中感受到自己的存在，感受到自己对他者的有用性。在这个意义上，个人就能在这种关系中获得享受和满足，这种享受和满足无疑又反过来为个人发挥自己善的能力创造最好的氛围和条件，这种氛围和条件构成美德生长的最佳外在营养，滋润每个人的心田。在这个意义上，客观的生活关系无疑成了每个人实现自身需要和价值的最佳途径，换言之，就是每个人实现"得"的条件，因此，道德的氛围无疑就是实实在在能使每个人有所获得的境遇。

(三)"德"的关键在"得"

在具体的生活关系里，万物都能实现各自的获得的话，无疑是一幅道德的图画，这是因为"美德即善，在观念和事实上都是如此。没有只需要认识或实施就足够了的绝对的善、自在的善。善不是供冥思苦想的，而是要实施的。美德是这样的：这是为了使自己举止得体而做出的努力，是这种努力中表达出来的善"(安德烈·孔特-斯蓬维尔《小爱大德——美德浅论·前言》)。努力、实施是与"冥思苦想"相对应的：在生活的层面，善不是生活的休止符和终结点，善本身就是一个开放的体系，而不是固定不变的僵死的样态；就人的理性而言，人无法抵达善的疆界，只能不断接近，这里的"努力"就是接近的实践。万物各自获得自然不是一劳永逸的事务，而是需要不断接力延续的实践。

在世界文明史的维度，"西方人亦言性，而不言德。德则为中国人独有之观念，而为其他民族所少见"①，钱穆的总结，可以说基本上把握到了中国的文化特征。其实，"德"在文化维度的独特性主要集中在"德""得"相通的层面，就"德""得"相通而言，迄今的研究主要集中在两个层面。

1. 德性层面的"德""得"相通

这一视野主要聚焦在"德"与"道"关系的方面对"德"进行审视，下面是《中国大百科全书》里两个具有代表性的运思：

> "道"原意为人行的道路，用作哲学范畴，通常指事物运动变化必须遵循的普遍规律，亦指世界万物的本原或本体；"德"与"得"相通，意

① 钱穆著《现代中国学术论衡》，北京：生活·读书·新知三联书店2001年6月。

为具体事物得之于“道”的特殊性质。

就人事而言，德泛称道德，即指人们的行为应遵循的原则……中国古代一些哲学家认为，万事万物的特性是从世界本原分得或获得的，因而采用德字来表示。《庄子·天地》说：“泰初有无，无有无名；一之所起，有一而未形。物得以生，谓之德。”所谓“物得以生”，指万物之所以为万物的特性。《管子·心术上》更进一步说：“德者道之舍，物得以生生，知得以职道之精。故德者得也；得也者，谓得其所以然也。”这里的道指世界本原，德指本原居于物中。事物因得道方始成其为事物；言其所得，便叫德。

这里虽然紧贴中国古代文化解释了“德”，但主要视“德”为“道”在万物处的凝聚，即“德”为“道”之用；把万物的得道视为德，而且主要聚焦在静态域的形上层面，也是学理式的界定，没有紧贴生活。

2. 获得层面的“德”“得”相通

“道德一词在汉文中最早是分开使用的。中国商朝的甲骨文中已有‘德’字，但含义广泛。西周初年的大盂鼎铭文的‘德’字，是按礼法行事有所得的意思”(《中国大百科全书·哲学》)。西周以“德”著名，西周的“德”即道德可以说已经实现了对中国道德界定的定格化，道德就是按照礼法行事而有所获得。显然，这是从形下世俗获得的角度来界定道德的，与学理的界定是相异的，我们可以把这种界定称为生活的道德。

在我国文化实践中，得到重视的是学理界定的方面，基本完全忽视了道德于获得方面进行界定的必要性和重要性，而视道德为不食人间烟火的神，忽视了道德本身需要动力驱动的硬道理，这也是现实生活充斥道德危机的主要原因之一。显然，同样以“得”来解释道德，但具体的意思是迥异的，而长期以来我们在道德问题上所奉行的是模糊战术，带来的客观效应就是误把德性当道德的全部内容，而道德的价值和意义在人的生活这一最为重要频道里始终被掩埋，这也是道德无法在生活中承担起自己责任的原因之一。起点上的模糊性带来的是结果上的无效果性。

3. 道德在获得运思的思想资源

其实，审视历史，重视形下层面的获得来界定道德的思想资源也非常丰富，以下就是具体的佐证：

> 善者吾善之，不善者吾亦善之，德善；信者吾信之，不信者吾亦信之，德信。(《老子》49 章)
>
> 凡其为此物也，无不加用而为者，是故用财不费，民德不劳，其兴利多矣。(《墨子·节用上》)

这里的"德善""德信""民德不劳"里的"德"，实际就是"得"，这正是在"德""得"相通的层面来运用的。"德""得"相通自然不仅仅是谐音的原因，而主要是在内在的内容上存在的一致性，"物得以生，谓之德"(《庄子·天地》)、"礼乐皆得，谓之有德。德者，得也"(《礼记·乐记》)就是具体的证明。万物的"生"即生命、生活以及礼乐都是具体可感的，因此，"得"也是具体的。礼乐之所以是"得"，这自然与"凡音者，生于人心者也；乐者，通伦理者也。是故知声而不知音者，禽兽是也；知音而不知乐者，众庶是也；唯君子为能知乐。是故审声以知音，审音以知乐，审乐以知政，而治道备矣"(《礼记·乐记》)的运思存在必然联系，这也告诉我们，伦理本身也是"得"。

从获得的层面来界定道德，把道德拉进生活，这是中国人的智慧表现之一，获得就意味着成功和持有，"道者，理也；通者，导也；德者，得也，成也，不丧也。言理者，谓理实"(《道教义枢·道德义》)[①]就是具体的说明，获得就是一种"实"即实在，道德其实功的倾向是非常明显的。

(四)"德""得"相通在实功

从上面的分析可以清晰地看到，古代文化对"德""得"相通的界定并没有囿于学理德性的层面，演绎的主要是生活的版本。换言之，道德没有离开生活，正是把道德的动力和价值实现置于现实生活，这是值得我们重视的方面。不过，以上虽然梳理了道德是获得者具体运思的历史样态，但仍然没有涉及如何实现获得的内容，这也是道德的科学界定无法逾越的问题之一。

① 《道藏》，上海：上海书店出版社 1988 年 3 月。

1. “外得于人，内得于己”在实用

审视古代道德思想史，其实，古代知识人是从内外两个方面来对“得”进行思辨并进行实际演绎的，东汉许慎的《说文解字》对此的具体总结是：“悳，外得于人，内得于己也；从直心。”清代段玉裁解释说：“此当依小徐通论作‘内得于己，外得于人’。‘内得于己’谓身心所自得也；‘外得于人’谓惠泽使人得之也。”“内得于己”指的个人身心的自得，“外得于人”是个人行为的施行而让他人有所获得。那么，如何理解“得”呢？其实，许慎对此也有明确的规定：“得，行有所取也。”段注：“行而有所取，是曰得也。《左传》曰：凡获器用曰得。”换言之，“得”是在具体的行为上得以落实的，对人具有“器用”的意义，“器用”就是实用。

2. 内积为“德”

显然，德、得相通的认识不是许慎的发明，他不过是对先前思想进行了睿智的总结，因为相关的思想我们不难在韩非那里找到，即“德者，内也。得者，外也”(《韩非子·解老》)。显然，称道德时，是从个人而言的；讲获得时，是从外在他者立论的。① 但是，不得不注意的是，即使是对他者产生实际的效用，其效用的源仍然是个人的道德行为。就道德行为而言，韩非关注的是自然无为，“凡德者，以无为集，以无欲成，以不思安，以不用固。为之欲之，则德无舍；德无舍，则不全。用之思之，则不固；不固则无功，无功则生于德。德则无德，不德则在有德”(《韩非子·解老》)就是证明，这是韩非对《老子》38 章“上德不德，是以有德”的具体解释。

道德在生活层面的获得是具体的，是有形可见的，“身以积精为德，家以资财为德，乡国天下皆以民为德”(《韩非子·解老》)就是证明。就个人而言，保持身体健康最为重要，健康以“积精”为要，故“积精”就成为个人之德；资财则为家之德，民众则为乡、国、天下之德。“积精”、资财、民众是德在不同领域里的具体化，但它们都是实际的，资财成为家庭的基础，民众则为乡、国、天下的基础。在不同的视域，乡、国、天下的道德就聚焦为民众利益和生活的保证。

3. 外行为“得”

由于道德在最终的意义上，需要通过人的行为来担当和落实，所以，它是个

---

① 韩非也有“明主之所道制其臣者，二柄而已矣。二柄者，刑德也。何谓刑、德？曰：杀戮之谓刑，庆赏之谓德”(《韩非子·二柄》)的讨论。

人立身的根本，“树木有曼根，有直根。直根者，书之所谓‘柢’也。柢也者，木之所以建生也。曼根者，木之所以持生也。德也者，人之所以建生也。禄也者，人之所以持生也”(《韩非子·解老》)是最好的解释，“建生”“持生”都是人生不可或缺的。也正是在这个层面上，个人对道德存在特殊的责任和担当，管子曾说过：“君之在国都也，若心之在身体也。道德定于上，则百姓化于下矣。戒心形于内，则容貌动于外矣，正也者，所以明其德。知得诸己，知得诸民，从其理也。知失诸民，退而修诸己，反其本也。所求于己者多，故德行立。所求于人者少，故民轻给之。故君人者上注，臣人者下注。上注者，纪天时，务民力。下注者，发地利，足财用也(《管子·君臣下》)。”一个国家运用道德作为社会治理的武器，其功能的发挥离不开统治者个人的修炼，知道怎样适合自己，就知道怎样适合于臣民，这是顺从道理来考虑问题的结果。如果发现有不适合臣民的地方，就回过头来修正自己，这是返本的方法。对自己要求多，德行就可以树立；对人民要求少，人民就易于满足。社会的治理既要因循天时来盘活民力，又要开发地利而丰足财用。这里既有对道德运行所需基本经济物质条件的思考，又有对多求诸己、少求诸人的利益关系上的认识，这些都是个人修炼的内容。

就具体的个人的修炼而言，最为重要的是保持精神的稳定：

> 圣人在上则民少欲；民少欲则血气治，血气治而举动理，举动理则少祸害……民不敢犯法，则上内不用刑罚，而外不事利其产业。上内不用刑罚，而外不事利其产业，则民蕃息。民蕃息而畜积盛，民蕃息而畜积盛之谓有德。凡所谓祟者，魂魄去而精神乱，精神乱则无德。(《韩非子·解老》)
>
> 今治身而外物不能乱其精神……治家者，无用之物不能动其计，则资有馀……治乡者行此节，则家之有馀者益众……治邦者行此节，则乡之有德者益众……莅天下者行此节，则民之生莫不受其泽……修身者以此别君子小人，治乡治邦莅天下者各以此科适观息耗，则万不失一。(《韩非子·解老》)

就个人而言，有德与否的关键在两个方面：一是“畜积盛”即很好的累积，民众不敢犯法，君主对内就不用刑罚，对外不贪占民众的财物。君主对内不用刑罚，对外不贪占民众的财物，民众就生息兴旺，这样积蓄就会丰富，积蓄丰富，也就叫作有德。二是保持自身精神的稳定，对个人而言，不能为外物所左右，保持自身精神不乱最为重要。

必须注意的是，无论是民众不犯法也好，还是精神不乱也好，关键在“少欲”，这样，人内在的阴阳之气就能和谐运作，这是人的行为举止符合理则的基本前提条件。道德不是孤军奋战的战士，而是社会治理力量中的一员，“内不用刑罚，而外不事利其产业”就是这个意思。显然，这是通过保证基本欲望满足的方法来实现“少欲”。另外，家、乡、国家、天下的治理，实功是最为基本的原则，“无用之物不能动其计”指的就是这个意思。

道德建设虽然不能缺少学理的功能，但在文化强国的层面，道德建设的关键只能在人的生活世界中找到位置并最终得到价值的验证，这是中华伟大民族复兴中国梦实践需要首先确立的认知。迄今的道德建设在对道德问题认识上呈现的模糊性，一方面彰显了我们理性认识上虚无性的病症，另一方面也导致了长期以来我们的道德建设缺乏效益的客观现实。在上面的分析中，可以清晰地看到，“德”“得”相通的特点，充分彰显了道德与财物、利益的相通性，周代的“皇天无亲，惟德是辅；民心无常，惟惠之怀。为善不同，同归于治；为恶不同，同归于乱”（《尚书・周书・蔡仲之命》）的运思，已经显示了在利益的平台上考量国家治理的倾向，“惟惠之怀”显示的也是以实际利益惠爱民众的取向，而且这是“为善”的内容，可以说，这是道德在国家治理上的“得”。道家思想家老子更是从“既以为人，己愈有；既以与人，己愈多”（《老子》81章）这一利他的角度来审视道德，“道生之，德畜之，物形之，势成之，是以万物莫不尊道而贵德……德畜之，长之育之，亭之毒之，养之覆之，生而不有，为而不恃，长而不宰，是谓玄德”（《老子》51章）即是说明。后来的庄子道家“物得以生谓之德”（《庄子・天地》）是在“道”与万物的关系层面来立论的①，无疑，这是讨论“道”如何“德”的问题。基于此，完全可以说，“道”的价值就在使万物有所“得”，使万物获取实际的利益。对此，管子就总结得更清晰：“德者，道之舍，物得以生生，知得以职道之精。故德者，得也。得也者，其谓所得以然也。以无为之谓道，舍之之谓德。故道之与德无间，故言之者不别也（《管子・心术上》）。”“道”与“德”之间虽然在本质上没有什么区别，即“无间”，但毕竟“得也者，其谓

① 参照“泰初有无，无有无名；一之所起，有一而未形。物得以生，谓之德；未形者有分，且然无闲，谓之命；留动而生物，物成生理，谓之形；形体保神，各有仪则，谓之性。性修反德，德至同于初。同乃虚，虚乃大。合喙鸣；喙鸣合，与天地为合。其合缗缗，若愚若昏，是谓玄德，同乎大顺”（《庄子・天地》）。

所得以然也”，昭示了道德实践自身的价值。换言之，“道”是万物实现实际利益的缘由，这充分说明现实社会按照规则处理事务的重要性。

在古代文化资源中，“德”“得”相通在获取财利、利益他者上的倾向非常明显。就内外的关系而言，道德行为的惠及、利益外在他者即“外得于人”的根本原因在“内得于己”，道德行为最初是由个人发出的，个人的有德在于自身精神的稳定。显然，在人际关系中，要做到精神的稳定，最为重要的是不为外物所左右，在五彩缤纷的世界中始终持有自己。也就是说，在自己与他者的关系中，利益他者是基本的追求，利益他者的资本是持有自己，这也是庄子“唯至人乃能游于世而不僻，顺人而不失己”（《庄子·外物》）的真谛所在。一个人如果没有了自己，就无法实现利益他者的责任，正是在这个意义上，“内得于己”首先显示的是“德”“得”的内在统一性；至于“外得于人”的具体社会演绎，利益他者是得人心、得人力、得人助的前提，换言之，利他是道德的前提和基础。个人对国家也是这样，首先必须考虑如何利益国家的问题，不能把国家作为私利自己的工具，这样才能最终实现内心的正直与外在的获利之间的和谐统一。这是个人必须具备的明智，因为“没有明智的道德，是没有意义的或危险的道德。‘当心’，斯宾诺莎说过，‘别相信自己’这是明智之格言。在道德忽略其界限或其不确定性时，也不要相信道德。好心不能成为保障，善意也不能成为借口。简而言之，道德不足以成为美德，美德中还必须有睿智和清醒。这是幽默让人想起的东西，也是明智要求的东西。全凭道德行事是不明智的，而不明智是不道德的”（安德烈·孔特-斯蓬维尔《小爱大德——美德浅论·明智》）。

生活不能没有美，因为美是一种力量，一种感召，一种呼唤，一种心灵的向往，一种人格的对话。生活的道德不能离开生活的美德，这是人的理性的呼唤和要求，弘扬传统美德不是做道德文章，而是要美好人的生活。要承担这个重任，最为关键的工作就是科学确立道德观，这是道德建设的现实对我们最为紧迫的要求，而道德的科学性必须在古代“德”“得”相通的丰富思想资源中获取充足的营养，利益、财富必须成为道德生长的重要基本因素，改变割裂道德与利益关系的错误认识，只有这样才能使道德逐渐走向美德。日本实业家涩泽荣一的运思不失为一个很好的启发：

> 我认为真正的谋利而不以仁义道德为基础的话，那么就绝不会持续久远。这样说，搞不好也许会陷入轻利、不顾人情、超然世外的观念

中。坚持这种观念，看待社会中的利益虽然未尝不可，但是人间一般都是根据自身的利益而工作的，这样就会忽视仁义道德。而缺乏仁义道德，社会就会不断衰落下去。说到学者们痛心的事，在中国的学问中，尤其是一千年左右以前时，宋代的学者也经历了像现在这样的情形。但由于他们倡导仁义道德的时候，没有考虑按照这种顺序去发展，完全陷入了空论，认为利欲之心是可以去掉的。可是发展到顶点，就使个人消沉，国家也因而衰弱。结果到宋末年受到元的进攻，祸乱不断，最终被元所取代，这是宋的悲剧。由此可知，仅仅空理空论的仁义，也挫伤了国家元气，减弱物质生产力，最后走向了亡国。因此，必须认识到，仁义道德搞不好也会导致亡国。(《论语与算盘——人生·道德·财富·仁义与富贵》)

这里讲了中国古代为何一方面讲仁义道德、一方面现实社会缺乏仁义道德的情况，值得我们思考。德、得相通的视野正是打破原有研究的屏障、紧贴中国古代文化资源来重新审视道德的最佳切入口，道德是利益的一部分，在利益链中具有独特的位置，这是我们必须尽快确立的认识。

四、传扬实践的人性出发点

中国传统美德传扬实践的场域虽然是整个地球村，但主阵地无疑是在中国本土，在明确传统美德生长的文化土壤在中国这个意义上，依托中国文化这个园圃来具体谋划传扬的实践，是最为可行的方法。在这个前提条件下，再适时地吸取世界其他民族的文化营养，而且必须依据其他民族文化和中国本土文化宝库之间的对接因子，如果没有对接的因子，那就不可能产生真正意义上的吸收。换言之，传统美德传扬实践是在以中国本土文化为主导的基础上融进其他民族文化的实践，传承传统文化是主，吸收其他民族的文化是次。

就传扬实践而言，我们已经讨论了中国古代文化本有的因子“因循”在传扬实践中盘活文化因子、涵养民众规范意识等方面存在的重要性。在总体上，传扬实践涉及外、内两个方面。“外”说的是社会具体施行的传扬实践，“内”指的是社会准备施行的传扬实践方案的依据。显然，后者具有更为重要的地位。对此，中国人自然会联想到人性的问题，我也同意这样的选择。因为外在社会施行的传扬传统美德的实践，并不是社会本身就能够完成的，它必须依赖全体民众，也就是说，民众是传统美德传扬实践的主体。可以说，就传扬实践必须依托的文化背景而言，我们无法无视中国古代思想史上呈现的五彩缤纷的人性思想。但是，历史就是历史，它叙说的是过去的故事，我们生活在当下，要说的是当下的实践，所以，就必须做出我们的选择，谱写 21 世纪人性思想的新篇章。

（一）中国人性善恶思想的回顾

众所周知，中国思想史上关于人性的旗帜，首先是由孔子举起的，这就是他提出的著名的“性相近也，习相远也”(《论语·阳货》)的论断，它强调人与人之间在本性方面的差异是非常小的，但经过后天的教育、环境的熏陶影响等，人所形成的习性的不同是非常大的，毋庸置疑，孔子旨在告诫人要注重后天的实践征程来谋划自己的人生。当然，不能无视的是，孔子在讲完人的本性的运思以后，紧接着又说了“唯上知与下愚不移”(《论语·阳货2》)，“上知”和“下愚”这两种人是不会变化的即“不移”。完全可以推测，在孔子那里，这两种人完全排除在“性相近也，习相远也”之外，这在今天看来，无疑是值得质疑的，因为它缺乏科学性。

1. 性善

在中国思想史上的人性运思，最为大家熟悉的就是性善论，“孟子道性善，言必称尧舜”(《孟子·滕文公上1》)，孟子把尧舜作为性善的代表。但是，一个不可忽视的事实是，对中国人而言，尧舜虽然被作为圣人的代表，但其是否是真实人物？这本身就一直存在着争论。可以说，尧舜仍然存在假设性人物的可能性，通过具体的人物假设，孟子的本意非常明显，即意在增加自身学说的可信度。通过具体人物的假设的性善，虽然是通过圣人来表述的，但性善对人而言存在必然性，“水信无分于东西，无分于上下乎？人性之善也，犹水之就下也。人无有不善，水无有不下。今夫水，搏而跃之，可使过颡；激而行之，可使在山：是岂水之性哉？其势则然也”(《孟子·告子上2》)，换言之，人性善是必然的，人人都是一样的。

为了设定与人的对接点，孟子没有停留于简单地通过人人性善的简单规定而止步，倒是由此进一步对性善的具体内涵进行了具体的规定，这就是“恻隐之心，人皆有之。羞恶之心，人皆有之。恭敬之心，人皆有之。是非之心，人皆有之。恻隐之心，仁也。羞恶之心，义也。恭敬之心，礼也。是非之心，智也。仁义礼智，非由外铄我也，我固有之也，弗思耳矣”(《孟子·告子上3》)告诉我们的道理。仁、义、礼、智是人作为人的要素，它们是先天的即“非由外铄我也，我固有之也”，对具体的人而言，自己是否性善的问题是不需要去思考的，是生来就有的。不仅如此，他还通过人皆有恻隐之心来进一步证明人性善的命题，他说：

> 人皆有不忍人之心。先王有不忍人之心，斯有不忍人之政矣；以不忍人之心，行不忍人之政，治天下可运之掌上。所以谓人皆有不忍人之心者，今人乍见孺子将入于井，皆有怵惕恻隐之心，非所以内交于

孺子之父母也，非所以要誉于乡党朋友也，非恶其声而然也。由是观之：无恻隐之心，非人也；无羞恶之心，非人也；无辞让之心，非人也；无是非之心，非人也。恻隐之心，仁之端也。羞恶之心，义之端也。辞让之心，礼之端也。是非之心，智之端也。人之有是四端也，犹其有四体也；有是四端而自谓不能者，自贼者也。谓其君不能者，贼其君者也。凡有四端于我者，知皆扩而充之矣，若火之始然，泉之始达。苟能充之，足以保四海；苟不充之，不足以事父母。(《孟子·公孙丑上 6》)

孟子的“恻隐之心”等的“心”，指的当是心绪、心情，人性虽然善，但这善不是完整成熟的状态，而是一种萌芽，即“端”，仁、义、礼、智就是“四端”。所以，对个人而言，虽然天生性善，但这仅仅是一种素质，并非完整的状态，仍然需要后天的“扩而充之”，不然，无法承担个人的社会责任。显然，这一规定是与孟子自身强调的仁政、王道的推行紧密联系的，换言之，性具有善端和需要扩充的运思，为社会教化的必要性和可能性设置了理由和实践的最好域场。在孟子的系统里，通过善端、扩充的规定，为个人的修养设置了必要性的条件。我们不得不说的是，孟子对修养、教化如何有效的问题基本没有任何考虑，尤其是在社会这个层面，这一现实就无法避免思想本身的空洞性。

对性善论的认识，我们历来缺乏科学理性，性善虽然给人设定了成为道德人的绝对的前提，但是，把人的德性能力立足于性善的保证上，这与亚里士多德的德性在我们身上产生不是出于本性也不是违反本性的认识具有相似性，但是，我们在本性上能接受它们，并通过我们的习惯而达到完善①。性善的设定，把道德行为与道德动机机械地捆绑在一起。换言之，一个道德的行为必须是在道德上被推动的，只有通过正确的行动，道德才能得以发展，有道德的人才会被

① 参考“亚里士多德和孟子有最后一点不同：孟子没有严肃地注意青年的道德教育，而充分重视真正道德的成年人自己对道德发展(和道德坚持)的责任。在此背后可能有深层次的文化因素：也许在中国的周朝时期，不像在古希腊，并没有少儿教育(虽然在后来的朝代中，中国有大量的道德教育文献)。然而，我们前面的讨论显示一些哲学考虑，它们可能导致亚里士多德关心少儿教育，而孟子却不关心。亚里士多德认为，我们在道德上中性的本性是由于习惯而形成的。到开始成为成人之时，习惯形成几乎就完结了。因此，使儿童接受合适的教育‘非常重要，十分重要’。相比之下，孟子认为，我们道德上之善性为任何的人提供了道德成长的资源。由于统治者和他们的大臣有最直接的机会去实施‘仁政’(并由于他们是成年人)，孟子把他的注意力集中在我们所说的‘成年教育’上。”(《孟子的动机和道德行动》，第 145 页；〔美〕倪德卫著、〔美〕万百安编、周炽成译《儒家之道：中国哲学之探讨》，南京：江苏人民出版社 2006 年 11 月)

推动去发展或强化在他身上的道德；如果没有这些先天的倾向，让人们变得道德将会是不可能的。这就是“德这个原始概念的结构结果产生了一种悖论：为了取得‘德’，人必须已经有了它。更坏的是，追求德就是追求一种优势（好处），而这种优势是非德的”（倪德卫《儒家之道：中国哲学之探讨·德可以自学吗?》），这是值得我们关注的方面，因为它是我们所忽视的问题。其实，生活的实践告诉我们，有些对他人有利的行为即道德行为并没有明确的道德动机的驱动，而是自然的行为，这种自然行为是出于习惯的，所以，培养习惯对人过道德生活具有非常重要的价值，对这一点迄今我们仍然缺乏足够的认识和重视。如果说人是有理性的动物，必须过理性的生活，这是人与其他动物的根本差别所在，那么，最为重要的就是必须确立人不是出生时就具备完整的道德素质的，人是具备接受道德训练的倾向，把人性的这一倾向加以发展并使道德倾向成为人整个人生的固定取向，从而过真正的美德生活。在发展心理学的层面，固定这种倾向的最好方法显然不是说教，而是习惯的培养，在这个意义上，如何谋划习惯培养的实践方案，才是人的理性价值得以发挥的最好域场。

2. 性恶

显然，性善的运思来自一种假设，这种假设虽然包含着人后天仍要将之“扩而充之”的设计，但是，它不仅把后天的扩充局限在个人修养上，而且把人的先天的“端”局限为仁、义、礼、智这些道德的因素都具有狭隘的思维特性。基于对人性缺乏科学合理基本认识，在人的社会化实践中难以结出现实而合理的果实也属自然，这是我们今天在借鉴这一思想时必须具备的自觉。当然，仅仅局限于此也显然是不够的，因为，与性善同时在思想史上产生重要影响的还有性恶的思想，这也是在思考传扬传统美德实践时必须正视的人性问题之一。

（1）“欲为善”的原因在性恶。相异于孟子把道德倾向看成人性的基本倾向，荀子则把人具有“欲为善”的原因定为性恶。换言之，由于性恶，故人想做善的事情，“凡人之欲为善者，为性恶也。夫薄愿厚，恶愿美，狭愿广，贫愿富，贱愿贵，苟无之中者，必求于外；故富而不愿财，贵而不愿埶，苟有之中者，必不及于外。用此观之，人之欲为善者，为性恶也。今人之性，固无礼义，故强学而求有之也；性不知礼义，故思虑而求知之也。然则生而已，则人无礼义，不知礼义。人无礼义则乱，不知礼义则悖。然则性而已，则悖乱在己。用此观之，人之性恶明矣，其善者伪也”（《荀子·性恶》）就是明了的说明。但是，既然人想做善事，为什么一定是性恶而不是别的原因呢？这是需要思考的问题。

但是，就性而言，本身是“不知礼义”，因此本性“固无礼义”，它需要“思虑而求知之”“强学而求有之”，在此，“求知之”“求有之”是一个整体，就人性而言，它们是缺一不可的，这一整体的过程也就是“伪”，即“人之性恶，其善者伪也”（《荀子·性恶》）。

(2) 圣人治理社会的现实就在于性恶。此与上面的理由相联系，在荀子看来，人类社会发展到需要圣人来治理社会这一现实，本身就在于人的性恶，他认为孟子的性善“无辨合符验，坐而言之，起而不可设，张而不可施行，岂不过甚矣哉”（《荀子·性恶》）。如果依照孟子的性善理论来思考的话，人类社会的发展就不存在圣人的价值，即“故性善则去圣王，息礼义矣；性恶则与圣王，贵礼义矣。故檃栝之生，为枸木也；绳墨之起，为不直也；立君上，明礼义，为性恶也。用此观之，然则人之性恶明矣，其善者伪也”（同上）、“直木不待檃栝而直者，其性直也；枸木必将待檃栝、烝、矫然后直者，以其性不直也。今人之性恶，必将待圣王之治，礼义之化，然后皆出于治，合于善也。用此观之，然则人之性恶明矣，其善者伪也”（同上），檃栝、绳墨的价值所在，就在于万物的本性不能自正，需要外在的辅助才能在社会化的实践中发挥功效并实现自身的价值，人类社会的圣人之治、礼义之化正是在人性恶的情况下才登上社会舞台的。

在一定程度上，完全可以说，圣人利用礼义来进行社会的治理实际就是人类“欲为善”的表现，这也同样证明善是后天所为。

(3) 圣人与其他人的人性相同。虽然人性是恶的，圣人利用礼义来治理社会本身也是出于人性恶的考虑。众所周知，在孟子性善论的框架里，在性善这一点上，一切人都是相同的，孟子对曹交“人皆可以为尧舜，有诸”的回答是“然”（《孟子·告子下2》），即“尧舜与人同耳”（《孟子·离娄下32》），而在持性恶论的荀子这里，其实对这个问题的回答是相同的。

首先，荀子认为人性是相同的。荀子说：“凡人之性者，尧、舜之与桀、跖，其性一也；君子之与小人，其性一也”（《荀子·性恶》），尧舜与桀跖、君子与小人的本性是一样的。

其次，人与人之间素质的差异主要在于后天积累。针对孟子把仁、义、礼、智作为人的本性，荀子做了形象的比喻说明：“夫陶人埏埴而生瓦，然则瓦埴岂陶人之性也哉？工人斲木而生器，然则器木岂工人之性也哉？夫圣人之于礼义也，辟则陶埏而生之也，然则礼义积伪者，岂人之本性也哉……今将以礼义积伪为人之性邪？然则有曷贵尧、禹，曷贵君子矣哉？凡所贵尧、禹、君子者，能化性，能起伪，伪起而生礼义。然则圣人之于礼义积伪也，亦犹陶埏而生之也。用此观之，然则礼义积伪者，岂人之性也哉”（《荀子·性恶》）。瓦虽然是经过陶人之手做成的，然而能做瓦这一点并非陶人的本性；圣人具有礼义道德的情况也一样，这不是他们天生就有的，而是在后天的生活实践中积累的，由“积伪”而形成的素质不属于人性的范围；尧、禹等圣人的尊贵就在于他们能够“积伪”化性，而不是他们的本性具有先天的优越性，“圣人之所以同于众，其不异于众者，性也；所以异而过众者，伪也”（《荀子·性恶》）是最为清晰的表述。

再次，人之所以能够成为君子的理由在人具有基本的道德素质，荀子认为：

> 凡禹之所以为禹者，以其为仁义法正也。然则仁义法正有可知可能之理，然而涂之人也，皆有可以知仁义法正之质，皆有可以能仁义法正之具，然则其可以为禹明矣。今以仁义法正为固无可知可能之理邪？然则唯禹不知仁义法正，不能仁义法正也。将使涂之人固无可以知仁义法正之质，而固无可以能仁义法正之具邪？然则涂之人也，且内不可以知父子之义，外不可以知君臣之正。不然。今涂之人者，皆内可以知父子之义，外可以知君臣之正，然则其可以知之质，可以能之具，其在涂之人明矣。今使涂之人者以其可以知之质，可以能之具，本夫仁义之可知之理，可能之具，然则其可以为禹明矣。今使涂之人伏术为学，专心一志，思索孰察，加日悬久，积善而不息，则通于神明，参于天地矣。故圣人者，人之所积而致矣。（《荀子·性恶》）

人的基本素质是一样的，只要是人就“皆有可以知仁义法正之质，皆有可以能仁义法正之具”，这里的“知”之质和“能”之具包含两个方面，前者是人人所具有的，但后者只有圣人才能做到，“圣人者，人之所积而致矣”就是说明，所以，这两者不是一个绝对的统一体，是有条件的存在关系。对普通的民众而言，只要能够“积善而不息”，也能“通于神明，参于天地”，登上圣人的舞台。

在此，我们必须注意的是，荀子的性恶论虽然在一定的程度上是针对孟子性善的运思而提出的，但是，这里仍然没有能够避免最终陷入用道德来规定人性的泥潭，这就是荀子的“仁义法正之质”告诉我们的信息，这与孟子用仁、义、礼、智“四端”来定性是殊途同归之举。

最后，能否成善的关键在自身“积伪”的功夫。人虽然存在认识仁义的基本素质，施行仁义的才具，但是，这并不等于他就一定能成为具有仁义道德的人，换言之，素质和才具仅仅是一种可能性，与道德没有等同性，下面的论述就是具体的回答：

> 可以而不可使也。故小人可以为君子而不肯为君子，君子可以为小人而不肯为小人。小人、君子者，未尝不可以相为也，然而不相为者，可以而不可使也。故涂之人可以为禹则然，涂之人能为禹，未必然也。虽不能为禹，无害可以为禹。足可以遍行天下，然而未尝有能遍行天下者也。夫工匠、农、贾，未尝不可以相为事也，然而未尝能相为事也。用此观之，然则可以为，未必能也；虽不能，无害可以为。然则能不能之与可不可，其不同远矣，其不可以相为明矣。（《荀子·性恶》）

君子和小人虽然具有相同的素质，但是他们没有成为同一种人，这说明存在道德可能性与真正有道德之间存在的仅仅是可能性，而没有必然性。不仅大禹和一般人的实际是具体的说明，而且工匠、农、贾的实际情况也同样是有力的说明，可能性可以在各个层面得到发展，“可不可”与“能不能”之间存在巨大的差异，而“能不能”聚焦的正是人后天的努力即“积伪”，这是必须注意的。

从以上的分析中，不难得知，荀子虽然从性恶切入，但仍然没有超越以仁义道德来界定人性这一预设的前提，正是基于这一点，他的性恶就与孟子性善的运思具有异曲同工的妙处。性善和性恶毕竟是完全不同的两个概念，它们在人性论的视域里到底有什么特点，理清这个无疑可以加深对本性善恶思想的认识。关于这个，可以从一个简单的论述中来得到澄清，这就是“所贱于桀、跖、小人者，从其性，顺其情，安恣睢，以出乎贪利争夺。故人之性恶明矣，其善者伪也”（《荀子·性恶》）告诉我们的基本信息。小人等是顺从性情而发展的结果，显然，顺从性情与性情本身所指的内容是两件事。荀子所说的性恶的具体内容显然无法在性情那里找到具体的位置，而只能从性情在现实生活中具体的样态那里得到认定；换言之，荀子的所谓性恶，其实是聚焦人性发展现实的结果，这是在分析荀子性恶思想时必须首先明确的事实。

3. 性善、性恶出发点相同

众所周知，孟子的性善主要集中于人的先天性，强调这种先天性仅仅是一种萌芽，需要后天的扩充实践来加以弥补，使人完备社会化所需要的素质。荀子在以仁义道德界定人性的基本素质上，可以说与孟子完全相同。而不同之处是人性在具体生活实践中的表现。荀子聚焦的是顺从性情发展而来的互相争夺及为实现自己个人利益忽视乃至无视他人利益的丑陋的方面。据此可以得出以下的结论：荀子和孟子在人性问题上的看法是一致的，所不同的是孟子聚焦在人性先天的方面，荀子推重人性后天的表现，其出发点是完全相同的，不同的是侧重点。在人性善恶的层面，两者都没有回答人性是什么的问题，这对人在社会化实践中的指导意义上显然是非常欠缺的。因为，性善的命题出于对人性的假设，性恶的命题基于对人性现实的透视。相同的是两者都回避了何谓人性的思考，这可说是中国以善恶讨论人性问题的最大缺陷。相关思想尽管在历史上曾产生了广泛的影响，但当我们今天重新审视这一问题时，其所包含的缺陷是不能回避的，也必须引起充分重视。

(二) 中国思想上不同的人性视野

以善恶讨论人性的思想在中国历史上形成了巨大的影响，众人对此都有不同程度的认同，甚至还有人认为这是中国古代思想的骄傲。但在上面分析的维度上，可以清楚地看到，这种思想最大的缺陷在于其基于一种假设和一种评定，而忽视对基本问题“何谓”的思考。没有第一层面问题的思考，而在第二层面建立起所谓的思想，这就如没有基础的高楼，不可能坚固；依据人性善恶的理论来运思、谋划、完善人的社会化实践进程，也不可能推动人的社会化实践进程，不可能促进人的社会化。偏执于人性善恶，正是我们过分夸大道德教育、道德修养的内在缘由之一。我们缺乏对如何才能使人在社会化实践中成为一个能够承担责任的人的具体思考。其实，人性善恶不是中国古代人性思想的全部，可以找到超越善恶视野来分析解剖人性的运思。

1. 荀子人性思想二重性中的合理因素

迄今对荀子人性思想的研究，基本都聚焦他的性恶观，因为他专门有《性恶》篇来讨论这一问题，但全面客观地审视荀子关于人性的运思，不得不注意的是，他在以性恶论性的同时，也有对何谓人性问题的关注。

(1)“不事而自然，谓之性。”在荀子关于本性的论述中，除以性恶论性以外，其实他还关注了何谓性的问题，“生之所以然者，谓之性。性之和所生，精合感应，不事而自然，谓之性”(《荀子·正名》)，就是例证之一，在此值得注意的是“生之所以然者”和“不事而自然”的方面。“生之所以然者”相异于告子的“生之谓性”；对万物而言，“所以然”是一物为该物的必然规定性，这是物的类的本性，不同的类，有着不同的“所以然”，这在中国哲学史上具有深远的意义。“不事而自然”，这里的“事”是人事的意思，表示的是人为使然，其反面就是自然，非常明显，“性之和所生”“精合感应”都是动态的，在万物存在的境遇，包含着阴阳和合、精合感应的动态过程。在这一动态过程中，人性的本有特征就是“不事而自然”。换言之，作为生命载体的人，在存在性的意义上，对自己之所以为自己的规定性，是不能人为介入的，所以，人的“所以然”是“不事而自然”①。

(2)性是“本始材朴”。本性指的是本来的状态，是天生的，“凡性者，天之就也，不可学，不可事……不可学，不可事，而在人者，谓之性……今人之性，目可以见，耳可以听；夫可以见之明不离目，可以听之聪不离耳。目明而耳聪，不可学，明矣”(《荀子·性恶》)就是具体说明。“学”“事”指的是人为即“伪”，是后天的，它是区别于原本的本性素质的，但不可忽视的是，先天的“本始材朴”和后天的人为不是截然分开的，而是紧密联系的两个方面，“性者，本始材朴也；伪者，文理隆盛也。无性则伪之无所加，无伪则性不能自美……天地合而万物生，阴阳接而变化起，性伪合而天下治。天能生物，不能辨物也，地能载人，不能治人也”(《荀子·礼论》)就是具体的解释。人为是人区别于其他物的显著标志之一，是人完善自身的力量所在。在荀子看来，“本始材朴”的人性对人的社会化而言，是不够的，需要后天的努力来加以弥补和发展，这就是“无伪则性不能自美”告诉我们的道理，而完美人性是社会实现治理的重要内容。人性恶的现实表现，正是人偏离“本始材朴”轨道的结果，“今人之性，生而离其朴，离其资，必失而丧之。用此观之，然则人之性恶明矣。所谓性善者，不离其朴而美之，不离其资而利之也。使夫资朴之于美，心意之于善，若夫可以见之明不离目，可以听

① 王先谦认为“性之和所生，当作生之和所生，此生字与上生之同，亦谓人生也。两谓之性相俪，生之所以然者谓之性，生之不事而自然者谓之性，文义甚明，若云性之不事而自然者谓之性，则不词矣。此传写者缘下文性之而误注人之性。性当为生，亦后人以意改之”(《荀子·正名》)，这显然是一种误读。

之聪不离耳,故曰目明而耳聪也”(《荀子·性恶》)就是最好的说明,毋庸置疑,这与孟子性善的运思没有什么两样。

不得不思考的是,“本始材朴”的本性是什么?这也是认识荀子对何谓本性问题的一个必然内容。简而言之,性情即“饥而欲饱,寒而欲暖,劳而欲休,此人之情性也”(《荀子·性恶》),饥饿了想吃饱,寒冷了想穿暖,疲劳了想休息,就是人的情性,可以说,这是人的基本需要。另一方面,“情”是本性的展开,“性之好、恶、喜、怒、哀、乐谓之情”(《荀子·正名》),换言之,本性是静态观照中的产物,“情”则是动态视域中的存在,

(3) 本性的特性是“好利”,基本需要是人的性情。在性情的关系里,“情”是“性”的具体展开,换言之,“性”是静态的聚焦,“情”是动态的展开样态。荀子对人性的认识,其实没有止步于此,他还进一步对性的特性、特点进行了思考,他认为,“今人之性,生而有好利焉,顺是,故争夺生而辞让亡焉;生而有疾恶焉,顺是,故残贼生而忠信亡焉;生而有耳目之欲,好声色焉,顺是,故淫乱生而礼义文理亡焉”(《荀子·性恶》),也就是说,人性具有“好利”“疾恶”的特性,即我们常说的趋利避恶(害)的特点。具体而言,“若夫目好色,耳好声,口好味,心好利,骨体肤理好愉佚,是皆生于人之情性者也,感而自然,不待事而后生之者也。夫感而不能然,必且待事而后然者,谓之生于伪。是性、伪之所生,其不同之征也”(《荀子·性恶》)就是好利的具体表现,它们“感而自然”而产生。也就是说,“好利”“疾恶”不是局限在人性层面的单一的概念,它们是具体环境里的话题,在这个环境里,人与他物组成一个关系,离开他物,就不可能产生“好利”“疾恶”,这与《郭店楚墓竹简》里的运思较为一致:

> 凡人虽有性,心无定志,待物而后作,待悦而后行,待习而后定。喜怒哀悲之气,性也。及其见于外,则物取之也。性自命出,命自天降。道始于情,情生于性。始者近情,终者近义。知情〔者能〕出之,知义者能入之。好恶,性也。所好所恶,物也。善不〔善,性也〕。所善所不善,势也。
>
> 凡性为主,物取之也。金石之有声,(弗扣不)(鸣。人之)虽有性心,弗取不出。

“好利”“疾恶”作为人性的特点,是在与外物组成的境遇中产生的,没有外物的

参与，仅性本身是无法产生这些特性的，就是“待物而后作”。“好恶，性也。所好所恶，物也”就是对这种关系的具体说明。金石与声音关系的例子，则是更为形象的说明。人性没有外物的参与，即“物取之”的介入，就不可能呈现“好利”“疾恶”的特点，换言之，“好利”“疾恶”人性因子的活性化，需要外物介入这一条件的驱动。

荀子一再告诫人们“化性而起伪”的重要性，因为“伪起而生礼义，礼义生而制法度”（《荀子·性恶》），他虽然把礼义作为法度的基础，但视礼义、法度皆为社会实现治理的基本条件，这一点无疑是非常精到的洞察。由于人性始终处在具体环境里，故好利等产生的可能性随时都存在，因此他提醒大家，“夫好利而欲得者，此人之情性也”（同上），换言之，追求获取利益是人性的特性之一，这也是荀子“顺情性则弟兄争矣，化礼义则让乎国人矣”（《荀子·性恶》）的理由所在，由于人性“好利而欲得”，故顺从人性而行为的话，必然出现争夺，故必须以礼义来化性。

以上就是荀子围绕何谓人性问题的独特思考，这些运思往往在以性恶概括其人性思想特点的行为中烟消云散，这需要我们重新思考和重视。

2. 法家欲利恶害的思想

在中国思想史上，对人性何谓问题的思考，除上面提到的告子、荀子以外，在法家思想家里面，也可以找到相同的思维轨迹。这主要表现在以下几个方面。

(1) 满足需要的欲望就是人性。人具有基本的生活需要，诸如“民之性，饥而求食，劳而求佚，苦则索乐，辱则求荣，此民之情也”（《商君书·算地》）。具体而言，这也是一种好恶的情感，即“民之有欲有恶也”（《商君书·说民》）、“人情者，有好恶”（《韩非子·八经》），都是人性的表现。

(2) 人性的倾向是“欲利而恶害”。人的自然需要乃人之常情，人在实现自己自然需要的实践中，体现出的是对利益的追求和危害的厌恶，即“民之情莫不欲生而恶死，莫不欲利而恶害……”（《管子·形势解》）、“好利恶害，夫人之所有也……喜利畏罪，人莫不然”（《韩非子·难二》），对利益的追求和对危害的畏惧厌恶，是人人都具有的常情。

(3) 人性的价值特征是就利避害。人性“欲利而恶害”的特点是一般的倾向，在价值的层面上，它还具有就利避害的特征，“夫凡人之情，见利莫能勿就，见害莫能勿避。其商人通贾，倍道兼行，夜以续日，千里而不远者，利在前也。渔人之入海，海深万仞，就彼逆流，乘危百里，宿夜不出者，利在水也。故利之所在，虽千仞之山，无所不上；深源之下，无所不入焉”（《管子·禁藏》）、“夫安利者就之，危害者去之，此人之情也”（《韩非子·奸劫弑臣》）都是具体的说明。

对利益的热衷和追求，可以说是人性的特点之一，人人都一样，换言之，人对利益是无法无动于衷的，“民之从利也，如水之走下，于四方无择也”（《管子·形势解》）。

（三）21世纪对人性理性选择的必要性

1. 超越善恶论性的空洞性

儒家荀子以及法家对人性具有欲利恶害、就利避害倾向的认定，并认为这一倾向对人具有不可抗拒性，无疑在何谓人性的问题上有着深刻思考，也是对简单从价值层面的善恶视野来断然框定人性运思的一种超越。善恶毕竟是一种价值评判，没有回答人性是什么的根本问题，对人认识自己的本性没有丝毫的补益。在学理的层面，善恶本身就是一个对应的范畴，换言之，善恶不能离开对方而存在，因为善是基于恶而来的一种判断，反之亦然。反观我们迄今对善恶的认识：对善的至上颂扬，对恶的绝对贬抑，这在不经意中流失了来自恶的审美价值的实现以及在现实生活中的效用发挥，这也正是传扬传统美德实践必须注意的关节点之一。

传扬传统美德的实践主体是民众，离开民众就不可能有传扬，因此，精当而客观地把握人性的特点，是传扬实践能否找到现实生活连接点的前提条件。上面所揭示的人性就利避害、欲利恶害的运思，无疑是对人性的客观剖析，具有可认识性。对人的社会化实践，我们不需要把重点放在对人性的价值评价上，这对人性本身的改善并没有益处，因为它无法给人带来任何的启迪。只有对人性本身内涵的揭示，才能对人本身如何保证自己行进在与社会化实践相一致的行为方向上产生积极的启发。西方思想中存在原罪说，人生来就具有一种原罪，因此，人的生活历程就要通过不断的努力来救赎自身即赎罪，赎罪的实践实际就是使人避免犯罪，或做有益的事情来造福人类，从而为自己能在人类社会立足找到合理的理由和条件。人要在社会里生活，赎罪也必须在社会生活里完成，不是个人的事务，所以，社会作为一个居民的集合体，同样承担着如何为个人救赎行为的切实落实创造最好的社会机制和环境的责任，换言之，这就是社会制度完善的问题。良好社会环境是个人实现自身价值、贡献社会他人的基本要素和催化剂，这是我们迄今重视不够的地方。

2. 立足利益需要

古代思想资源中，"人〔生〕而有好恶，故民可治也。人君不可以不审好恶；好恶者，赏罚之本也。夫人情好爵禄而恶刑罚，人君设二者以御民之志，而立所欲焉。夫民力尽而爵随之，功立而赏随之，人君能使其民信于此如明日月，则兵无敌矣"（《商君书·错法》）、"民之生，度而取长，称而取重，权而索利。明君慎观三者，则国治可立，而民能可得"（《商君书·算地》）非常明确地告诉我们，依据人的好恶、对利益的追求倾向来具体提升人的社会化水准，是一个切实可触的问题。

如果回避人对利益、欲望等追求的倾向，仅从所谓缺乏具体内容揭示的善恶标准来评价现实生活中的人，或者据此来营造构建社会运行机制的话，往往有不着边际的感觉。显然，由这类机制衍生的一切教化的方案，都无法切中人的特点而生发客观的效用，这是我们必须吸取的教训。传扬传统美德实践的社会性展开，无疑需要确立这一基本的认识以及依据这一认识建立的对人社会化进程客观有效的机制和保障，不然单一地提倡发扬传统美德，是不会有切实效果的。换言之，传统美德传扬的实践，必须在承认人的基本欲望、基本需要得到满足的情况下来谋划，构建遏制由人性就利特点而来的对利益的片面追求的有效机制，而不能空洞地以善恶来评价人。

五、传扬实践的个体性展开

审视中国古代道德思想史，则将不难得知，古人对道德教化和修养的问题都是非常重视的①。不过，必须注意的是，与对道德教化重视的程度相比，古代思想家更多地着力于对道德修养的强调，最为典型的概括性样态就是“八条目”（格物、致知、诚意、正心、修身、齐家、治国、平天下）。与此同时，相关的研究也同样强调道德修养，甚至把个人社会化实践的主要内容设定为个人修养，显然，这是缺乏科学性的行为举措。但是，审视中国道德实践的进程，这一情况其实并非最为值得关注，与此相比，更为关键的是对修养的思考。强调修养固然重要，但仅仅强调并不能给人提供切实有用的帮助，最为重要的问题是如何修养，这是解决如何充实人生的最为切实的问题。

(一)“八条目”的主旨

《礼记·大学》明确指出：“自天子以至于庶人，壹是皆以修身为本。其本乱而末治者否矣，其所厚者薄，而其所薄者厚，未之有也。此谓知本，此谓知之至也”，修身是一切之本，离开修身，人文的进步和发展就将无所附丽。这一运思主要包括以下三方面内容：

1. 身到天下的模式确立

在修身与治国关系问题上儒家认为：

① 许建良著《魏晋玄学伦理思想研究》（北京：人民出版社 2003 年 11 月）、《先秦道家的道德世界》（北京：中国社会科学出版社 2006 年 12 月）、《先秦儒家的道德世界》（北京：中国社会科学出版社 2008 年 8 月）和《先秦法家的道德世界》（北京：人民出版社 2012 年 7 月）有详尽的讨论和分析，可以参考。

> 天下之达道五，所以行之者三。曰：君臣也，父子也，夫妇也，昆弟也，朋友之交也，五者天下之达道也。知，仁，勇，三者天下之达德也，所以行之者一也。或生而知之，或学而知之，或困而知之，及其知之，一也。或安而行之，或利而行之，或勉强而行之，及其成功，一也。子曰：好学近乎知，力行近乎仁，知耻近乎勇。知斯三者，则知所以修身；知所以修身，则知所以治人；知所以治人，则知所以治天下国家矣。（《礼记·中庸》）

修身是治人、治国、治天下的基础和前提，显示的也是从己身到天下的价值推进模式，与道家毫无二致（在下面讨论），显然，在一定意义上，这可以说是古代中国思想家的共同选择和思想追求。值得注意的是，修身的具体内容在此被具体规定为“好学”“力行”“知耻”，对一个人来说，如果能够在实际生活里切实地践行这三者，也就抵达了知、仁、勇这三“达德”的境界。

2. 修身链的确立

在上面的分析中不难得知，从己身到天下的推进模式，是中国古人的普遍情怀和寄托。在修身问题上，儒家之所以为儒家的枢机，那在于儒家对修身链的确立，这可以说是他们对中国文化的一大贡献。下面的资料是大家都熟悉的：

> 古之欲明明德于天下者，先治其国；欲治其国者，先齐其家；欲齐其家者，先修其身；欲修其身者，先正其心；欲正其心者，先诚其意；欲诚其意者，先致其知，致知在格物。物格而后知至，知至而后意诚，意诚而后心正，心正而后身修，身修而后家齐，家齐而后国治，国治而后天下平。（《礼记·大学》）

格物、致知、诚意、正心、修身、齐家、治国、平天下组成中国修养经的“八条目”，在“八条目”里，格物、致知、诚意、正心、修身组成一个系统，前四者都是修身的具体环节问题。

对儒家而言，之所以要重视修身，是因为人的情感容易走向一端而入歧途，即“所谓齐其家在修其身者，人之其所亲爱而辟焉，之其所贱恶而辟焉，之其所敬畏而辟焉，之其所哀矜而辟焉，之其所敖惰而辟焉，故好而知其恶，恶而知其美者，天下鲜矣”(《礼记·大学》)。客观事实是，因为好恶容易先入为主的人性，难以真正认识客观他物的善恶，所以，修身在“八条目”里占有绝对重要的地位。就推进的模式而言，儒道兼融的倾向是非常明显的。在儒家的模式里，我们无法找到“修之于身”的踪影，而只有“修身”的语言形式，所以，“之”的效用在儒家这里没有得到重视和强调。在思想融合的过程里，儒家重点发展了修身方面的格物、致知、诚意、正心的内容，但也毫无疑问地被赋予主观随意性的特点，缺乏在人际关系里认识问题的客观性。实际上，强调道德修养本身并没有什么错，而无视客观方面一味在主观的疆场上奔跑，无疑葬送了修养的真实生命力。

3. “修身以道，修道以仁”

在形式上，虽然“八条目”忽视了对修身实践外在标准的规定，把在社会里生活的人的修养完全变成了个人的事务，但这并不能说明儒家在修身问题上毫无标准，我们仍然可以认为，儒家的修身实践就是修仁的实践。审视儒家的经典文本，实际上，儒家在修身问题上同样重视“道”，孔子在回答哀公问政时说道：

> 文武之政，布在方策。其人存，则其政举；其人亡，则其政息。人道敏政，地道敏树。夫政也者，蒲卢也。故为政在人，取人以身，修身以道，修道以仁。仁者人也，亲亲为大；义者宜也，尊贤为大。亲亲之杀，尊贤之等，礼所生也。在下位不获乎上，民不可得而治矣！故君子不可以不修身；思修身，不可以不事亲；思事亲，不可以不知人；思知人，不可以不知天。(《礼记·中庸》)

注意这里的“道”，不仅不是行为链中的最后环节，后面还有“仁”，而且在内容上也与道家的“道”是相异的。“修道以仁”则明确地规定了儒家作为修身实践标准之“道”的具体内容是“仁”，“仁”作为人世社会的理想①，其实质在“亲亲为大”。所

① 参照“儒家认为宇宙(天)以道德为经纬。他们所谓“道”，主要的意思是指人世社会里理想的境界……他们固然没有将个人与社会的人分开，也未曾将社会的人从整个的自然界分开，可是他们素来的主张是研究人类的唯一正当对象是人的本身”(〔英〕李约瑟著、陈立夫等译《中国古代科学思想史》，南昌：江西人民出版社1990年6月，第11～12页)。

以，修身的关键就是“事亲”，而不同的人具有不同的“亲”，这样的话，“事亲”的实践就完全因人而异。那么，相异的家庭血缘的实践，如何才能走向“国”及“天下”，就成为一个必须直面的现实问题。修养必须在具体的社会环境里进行，修炼个人如何在社会中生活的能力，这不仅是个人价值实现的基本条件，而且也是个人实现幸福、社会实现和谐安定的必要条件。

因人而异实践的自然发展，结果就是血缘中心、个人中心，这也完全相异于道家的万物中心。血缘中心、个人中心的修养，无论如何强调和发展，对社会凝聚力的增进，对社会规范的建设以及规范意识的积淀，都丝毫不会产生益处。正是在这个方面，道家持有完全相反的观点，诸如“故圣人之用兵也，亡国而不失人心；利泽施乎万世，不为爱人。故乐通物，非圣人也。有亲，非仁也；天时，非贤也；利害不通，非君子也；行名失己，非士也；亡身不真，非役人也。若狐不偕、务光、伯夷、叔齐、箕子、胥余、纪他、申徒狄，是役人之役，适人之适，而不自适其适者也”（《庄子·大宗师》）就是最好的回答。

总之，完全有理由认为，儒家提出的“修身以道，修道以仁”里的“道”，并不是外在于人的客观存在，而是修身之道，这在具体的内容上是非常明显的。换言之，修身之道就是要以“仁”为依归和标准，这是由儒家在本质上仅重视人性内在方面而忽视外在客观因素的倾向所决定的，也是我们以前在研究分析儒家的修养思想时缺乏有力透视的方面，而恰恰是今天的传扬传统美德实践需要着力重视的方面。

（二）“修之于身”语言形式释放的信息

把修、齐、治、平概括成系统的“八条目”，自然是儒家的功绩，但是，同任何大河磅礴浩大之势都是众多溪谷涓涓细流积聚而成一样，任何思想体系化的出现，也必然都是历史积淀的自然结果，无源当然不能成本，这是不言自明的道理。在中国思想史上，儒家修身模式的系统提出，自然也是思想历史积淀的必然结果。应该注意的是，这种积淀，绝对不限于儒家思想的本阵营，而主要是对整个中国思想阵营研究成果的吸收，其中起到最大作用的当是道家的修养思想，这却迄今仍未被许多研究者所重视。

1. 道家的出发点是现实

道家的“道”由于具有在形下世界里为一般的感觉器官所无法把握的特性，

诸如看不见、摸不着等,因此"道"本身,似乎也与经验世界的事务具有距离感,根据这个而把道家当成虚无主义来排斥的做法,也是历来的一种情况乃至定式。但是,这显然是见表不及里的做法,在本质的意义上,道家仍然是现实的,不过,道家现实化的方法与其他的思想学派是相异的,它不是用肯定的眼光来看待现实,而是用批判的视野来审视现实①。在道家批判的视野里,现实不是别的什么,正是大道的缺场,"大道废,安有仁义;慧智出,安有大伪;六亲不和,安有孝慈"(《老子》18 章)②就是最典型而形象的说明。要改变大道缺场的现实而返归与大道同存的世界,就必须保证大道在场。如何才能真正最终返归大道的世界,显然光有美好的理想是不行的,必须诉诸理论体系的营建,这就是道家自然哲学产生的切入口。

因此,道家自然哲学的切入口是现实的,道家自然哲学的实质是实践性的。道家强调自然无为,自然无为不是"不为",而是依顺万物本性而为,遵循宇宙规则而为,从而实现道德的价值。在这里还想强调的是,道家自然哲学的价值枢机,正是无形的大道本身,无形的大道在自身的范围里,没有丝毫的价值可言,它的价值的实现不能离开万物,这就是"即物而德"的道理,这一点就充分证明了大道与万物世界的不可分离性。所以,在完整的意义上,离开现实,就不可能有道家关于自然理论的产生;没有自然理论的营建,也就无法完成改变大道缺场的现实而达到返归大道世界的目的。在这个意义上,把道家自然哲学说成是解决现实人生等问题的"副产物"的说法显然是欠妥当的③,而且道家的视野绝对不是人类社会的狭隘世界,而是宇宙万物的世界,这是应该注意的。

---

① 参考"荆楚文化特点莫过于《楚辞》《老子》及受《老子》影响的庄周。这一地区的文化更偏重于探讨世界万物的构成、起源,人与自然界的关系,人在自然界中的地位。这些问题涉及的范围恰恰是中原文化所不甚重视的。人伦日用、政治生活则是老、庄哲学所轻视的,即使有时涉及,也往往以轻蔑的态度看待它。邹鲁文化上承西周,以尧、舜、禹为圣人,以《六经》为经典,以宗法制度为维系社会的力量。荆楚文化则很少受这种传统思想的羁绊,并以它特有的尖锐性,对中原文化开展勇敢的批判,在打破旧传统、解放思想中起了巨大的作用"(任继愈《中国古代哲学发展的地区性》,《中华学术论文集》,北京:中华书局 1981 年 11 月,第 465 页)。

② 文字的改动据崔仁义著《荆门郭店楚简〈老子〉研究》(北京:科学出版社 1998 年 10 月)第 38 页改定。

③ 徐复观先生认为,"老学的动机与目的,并不在于宇宙论的建立,而依然是由人生的要求,逐步向上面推求,推求到作为宇宙根源的处所,以作为人生安顿之地。因此道家的宇宙论,可以说是他的人生哲学的副产物。他不仅是要在宇宙根源的地方来发现人的根源;并且是要在宇宙根源的地方来决定人生与自己根源相应的生活态度,以取得人生的安全立足点。"(徐复观著《中国人性论史》)

2. 道家修养的独特性

熟悉道家道德的人都知道，在道德实践的问题上，道家与其他学派相比，存在许多独特的东西，诸如对虚静、坐忘等道德修养方法的提倡和强调，在中国道德思想史的长河里留下了深深的印痕。诸如以下的论述，就可以形象说明这个问题：

> 南伯子葵问乎女偊曰："子之年长矣，而色若孺子，何也？"曰："吾闻道矣。"南伯子葵曰："道可得学邪？"曰："恶！恶可！子非其人也。夫卜梁倚有圣人之才而无圣人之道，我有圣人之道而无圣人之才。吾欲以教之，庶几其果为圣人乎？不然，以圣人之道告圣人之才，亦易矣。吾犹守而告之，参日而后能外天下；已外天下矣，吾又守之，七日而后能外物；已外物矣，吾又守之，九日而后能外生；已外生矣，而后能朝彻；朝彻而后能见独；见独而后能无古今；无古今而后能入于不死不生。杀生者不死，生生者不生。其为物无不将也，无不迎也，无不毁也，无不成也。其名为撄宁。撄宁也者，撄而后成者也。"(《庄子·大宗师》)

这里揭示了"为道"历程里的"外天下""外物""外生"的"三段论"及修炼阶梯上的"朝彻""见独""无古今""不死不生"的四种境界。从"外天下"到"外物"，再到"外生"的过程，显示了一个从外向内聚焦、凝练的向度，是一个从抽象到具体的过程，它从超越世俗社会、外物的限制，进而到超脱自己的生死，在价值定位上，呈现的是一个逐渐递进的陈式。对人而言，一旦能够"外生"，心灵境界仿佛初升的朝阳，清澈明透、华丽亮堂，仿佛一个登山者登上了绝顶，只见自己独自在此，没有时间的自觉。所以，自然也就没有死生的感受，在精神和形体上实现了与天地万物为一，显然，这时不仅是超脱自己的生死，生死已经是不需要超脱的了，本来就没有了。

显然，这"三段论"和四种境界，需要经过个人的不断修炼，而虚静、坐忘就是修炼的主要方法，这些方法听起来有些玄妙的感觉，但并非完全是因人而异的主观随意性样态。大家知道，修养属于个人的事务，修养的实践如何，完全制约于个人的自律水平，这是无可否认的事实，但是，据此而得出修养完全可以由个人凭着自己的爱好兴趣来设计，外在他者无权也无法对其施加影响，这就大错特错了。因为,修养的主体虽然是具体的个人,但是修养的目的在于自身德性的提高,德性的高低在个人自身的范围里永远说明不了问题,也不可能具有任何意义。个人德性高低的现实价值意义的生成,离不开具体的关系世界,这一关系世界就是个人与他人组成的具体现实世界。换言之,道德在个人的世界里永远也不会有意义,因此个人的修养也就绝对不是纯粹个人的事务了,而只能是社会关系世界里的组成部分。庄子所说的修炼始终在天下、物的关系世界里得到把握和安顿。

3. “道”是修养的客观标准

既然个人修养是社会关系的事务,也就不可能离开如何协调人际关系问题的具体考虑,这里有一个标准选择的问题,在这个问题上,道家选择“道”作为修养的客观标准,从而形成自己修养实践的特色。具体而言,我们可以通过以下的论述来明了。

> 善建者不拔,善抱者不脱,子孙以祭祀不辍。修之于身,其德乃真;修之于家,其德乃余;修之于乡,其德乃长;修之于邦,其德乃丰;修之于天下,其德乃博。故以身观身,以家观家,以乡观乡,以邦观邦,以天下观天下。吾何以知天下然哉?以此。(《老子》,54章)

“善建”和“善抱”讲的都是以“道”立身、以“道”立志的事宜,对人来说,立身、立志都是非常重要的事务,只有把这个做扎实了,家业才能兴旺,即“子孙以祭祀不辍”。“不拔”就是不为外力引而拔之的意思,“不脱”是不为外力解脱的意味,两者都具有稳固的味道。

“修之于身”“修之于家”“修之于乡”“修之于邦”“修之于天下”的句型,在这里显然不是简单的“修身”“修家”“修乡”“修邦”“修天下”,句子本身虽然表示完整的行为,但不是典型的动宾结构,且对宾语的理解,也有待于对“之”的内涵的厘定。显然,“之”在这里不是可有可无的虚词,而是具有实际内容的指示代词。

对“之”代表的具体内容的确定,直接关系到这一修养模式的价值意义的定位。为了完整而理性地实现理解,联系《老子》五十三章来断定,自然是一个智慧的举措。

使我介然有知，行于大道，唯施是畏。大道甚夷，而民好径。朝甚除，田甚芜，仓甚虚。服文彩，带利剑，厌饮食，财货有余，是谓盗夸。非道也哉。(《老子》,53章)

这里讲了两种情况：一是“行于大道，唯施是畏”；一是“大道甚夷，而民好径”。前者是依顺大道而行为，是实际上具有威慑力的情况；后者是舍弃大道（“好径”）的行为，实际成为“非道”而“盗夸”的情况。在老子的系统里，“非道”的境遇，就是大道废弃、现实仁义道德登场，这时大道是缺场的，正如填补缺场而返归大道的世界是道家的最大价值追求一样，运思如何从“非道”到大道也理应是道家的中心课题。紧接着讨论的“善建”“善抱”，显然是对抗于“好径”行为的一种体道实践，施行体道的行为，关键在不为外物所引，本着本性规律而运作，这种行为的累积，不仅有益于自身，而且对子孙也益处无穷①。在这样的前提下，“之”所代表的内容也就不解自明了，即“之”所代表的内容只能是大道②。故在己身到天下的序列里，以“之”为载体的体道的红线贯穿始终。不管这两章是否是原本的章节模样，但两章的意思是互相联系的。

在此基础上再来对上面引文加以理解，就容易多了。如果通过修炼真正体悟大道的真谛，内在德性就能真诚信实；如果一个家庭都能够谨修大道的话，一定道德满园而丰润有余；修道于乡的话，那该乡的道德水平一定会得到长足的发展；修道于国家的话，那国家的道德水平一定会得到提高；修道于整个天下的话，那整个天下的道德水平会从此博大精妙，德满人间。所以，要知道天下道德水平的情况，在最终的意义上，只要通过有关自身或者自己家庭的道德状况就能够略知一二了。换言之，道德不是书面文章，而是可以通过视觉器官来观摩和审察并从而得出结论的存在。“善建”“善抱”都是在道德修养实践历程中的体道的行为，在一切领域里，只要体得大道，让大道流动其中，就能达到秩序的整肃和谐，这是中国从己身到天下的修养模式的最早摹本之一。

所以，在完整的意义上，道家修养的对象不是身、家、乡、邦、天下，它们在语言功能上只能是具体状语，而修养的对象只有一个，就是“道”，在这个意义上，道家的修养也就是修道的实践，这是应该注意的。道家注意到了把修养置于社

---

① 参照王弼的注释，同时参考《韩非子·解老》的解释。

② 河上公正是用“道”来理解和注释的，可以参考王卡点校《老子道德经河上公章句》(北京：中华书局1993年8月)，第207页。

会关系领域进行思考的必要性，当然，这也跟其把万物作为价值坐标的原点的运思是一致的，由于道是万物世界里的个人修养，所以，必须具备客观的规范性，必须以“道”来规范个人的修养。在这个前提下，尽管修养因人而异，但修炼的内容都是一样的，因此，即使在相异个体世界里进行的修养实践，同样存在着共通的内容即道，这为个人力量的凝聚创建了最好的机制。

以上是依据原典而做出的具体分析，但就是这个原典，未引起世人足够的重视，从而也模糊了道家与其他思想学派在道德修养问题上的差异性，诸如“由修身而修家，由修家而修乡，由修乡而修邦，由修邦而修天下，这一进程成为后来儒家‘修身、齐家、治国、平天下’的蓝本”①，把“修之于身”等的语言形式等同于“修身”等形式来加以概括，这实在是先入为主的结论，没有尊重语言的本有形式来冷静分析原典。

就“道”的具体内容而言，在今天就是宇宙之道、社会之道、人性之道，这与老子“袭常”的“常”的内容是一致的。从这个意义上说，就完全把修养与社会生活紧密联系起来了，而修养再也不是纯粹的个人一己的事务了，这是古代文化资源化的当为所在。

(三) 修养实践功效性提高的关键途径在于共同规则的体认

儒家思想的发展还有另外一种情况，就是跟道家重视外在“道”的倾向相一致，它以荀子为代表。

1. 儒家荀子的挑战

荀子认为，修身应该重视的不是内在的心智方面，而是外在礼仪的方面，应该把“礼”作为修身实践的标准。他说：

> 故人莫贵乎生，莫乐乎安；所以养生安乐者，莫大乎礼义。人知贵生乐安而弃礼义，辟之，是犹欲寿而殁颈也，愚莫大焉。(《荀子·强国》)

> 治气养心之术：血气刚强，则柔之以调和；知虑渐深，则一之以易

① 《老子与孔子思想比较研究》，载陈鼓应著《老庄新论》(上海古籍出版社 1992 年 8 月)，第 64 页。

良；勇胆猛戾，则辅之以道顺；齐给便利，则节之以动止；狭隘褊小，则廓之以广大；卑湿重迟贪利，则抗之以高志；庸众驽散，则劫之以师友；怠慢僄弃，则照之以祸灾；愚款端悫，则合之以礼乐，通之以思索。凡治气养心之术，莫径由礼。(《荀子·修身》)

对人来说，最宝贵的是生命，最快乐的莫过于安逸，安逸来于养生。养心等养生实践虽然有许多方法，但在根本上，一定要依据"礼"来行为，即"莫径由礼"(《荀子·修身》)，这是正身的根本。

对荀子来说，"礼者，人道之极也。然而不法礼，不足礼，谓之无方之民；法礼，足礼，谓之有方之士"(《荀子·礼论》)。作为人，应该以"礼"为依归来行为，因为，"礼"是人的智慧的凝聚，是人道的最高表现形式之一，这里的"法礼"是遵循"礼"而行为的意思。其实，在荀子那里，不仅强调"法礼"，而且推重"礼法"。"礼者，所以正身也……无礼何以正身……礼然而然，则是情安礼也……故非礼，是无法也……故学也者，礼法也。"(《荀子·修身》)对"礼"的任何轻视乃至违反的行为，都是无视法度的表现。在这里，"礼"就是"法"，"礼者法之大分，类之纲纪也。故学至乎礼而止矣"(《荀子·劝学》)，所以，"礼法"连用，并以此为"学"的内容和规定，表明了荀子对"礼"的高度重视和极其强调。

"礼法"的直接使用，显示出鲜明的视"礼"为"法"的倾向。荀子认为，"礼法"是圣人之伪，不是天然的产物，荀子"礼法"所关注的事务主要在人际关系。在此，我们不难想起道家老子在人类道德文明上的运思，就是认为仁义等礼制是大道废弃以后的产物，而不是天然的产物。所以，荀子"礼法"是圣人之伪的运思，无疑是对老子思想的继承。我们从荀子使用的概念里可得出这个结论，因为，荀子不仅强调"礼法"，而且推重"道法"。他说：

无土则人不安居，无人则土不守，无道法则人不至，无君子则道不举。故土之与人也，道之与法也者，国家之本作也。君子也者，道法之摠要也，不可少顷旷也。得之则治，失之则乱；得之则安，失之则危；得之则存，失之则亡。(《荀子·致士》)

中国人自古就有"乐土"(《诗经·魏风·硕鼠》)的理想追求，这是人安居乐业的前提条件。但是，仅仅有理想的家园是不够的，还必须有"道法"来加以维护和保障,没有“道法”则无法使人安心。“道法”也就是“道”与“法”,是一个国家的根本,“道法”的整备与否,直接关系一个国家的治乱和存亡。而在现实生活里,君子则是“道法”的统领和代表,是社会实现整治不可或缺的存在。为了保证社会的有序运行,荀子提出“壹于道法”(《荀子·正名》)的设想和主张,因此,礼法、道法在荀子那里具有至高的地位和意义。

但是,一个不容忽视的事实是,在人类思想史的长河里,“道法”并不是荀子的创造,因为,在《老子》那里就有“人法地,地法天,天法道,道法自然”(《老子》,25章)的记载。推重自然的道家,同样也正视“法令”(《老子》,57章),产生这一结果的内在缘由则在自然、法本身内容的客观固定性、规律性。虽然在老子这里,在很大的可能性上,把“道法”标点为一个概念,存在一定可以商榷的余地,但荀子把它作为一个名词性概念加以使用,显然是吸收了老子的思想,强调在礼法制定过程中,必须本着“不为而成,不求而得”(《荀子·天论》)的精神来进行,而“不为而成”显示的正是天道自然的特征,这正与老子大道的特征相符。

这种重视外在道法的方面来进行修身的思想,与孟子重视内在心智的修养倾向正好相反,这自然代表着中国历史上的两个方向,而荀子这种重视外在方面的思想,为后来的韩非法家所继承。“道法”在《韩非子》里的名词性用例就有3个。在韩非看来,从人类社会的历史实践中,可以清楚地看到,先王不仅“以道为常”,而且“以法为本”,这里“道”和“法”基本是同义词,可以说,“法”是“道”的具体体现。在韩非看来,“道法”是万全之策,原因在于“衡”“规”的恒常本质;“道法”是祸福的根由,其具体的内涵就是“因道全法”,不“因道”,就不可能产生真正的“法”,不可能产生健康的“法”,这种为儒家荀子和法家吸收道家思想的现象,值得我们思考和研究。

2. 规则是提高修养功效的关键

在世界文明的长河里,对道德的自我整肃在社会治理实践中效用的重视程度,没有其他民族能够与中华民族相比。完全有理由说,从修身到平天下的路径,是中国知识人的普遍选择,张扬了中国知识人的共同情怀。这一取向的价值彰显,并非在于通过对修身、齐家、治国到平天下顺序过程的系统强调,来推重作为个人对国家、社会的责任,保证国家秩序实现整治的可能性,切实保障了实现国家整治的可能条件,真正面对和尝试解决国家秩序安定如何可能的难题,表现了文化人的社会责任意识,以及在彰显这种社会责任意识中昭示的强烈的人格尊严和独立的思想光芒。

在这里，我之所以称之为对可能性的尝试解决，是因为老子在修身、齐家、治国到平天下的实践过程里，强调必须以“道”为依归的价值导向标。这个“道”在形式上没有任何有形的规定，在内容上也没有恒常因子限制，它是即物为性的，所以，它具有无限成物的能力。换言之，在不同的物那里，它有不同的规定。但是，在精神实质上显示的是平等、公平的特色及他人为本位、对他人的尊重。在一定的意义上，“道”是外在于人和其他万物的，对万物具有同一的价值意义，重视“道”也就是重视外在性。大家知道，规范也是外在的，法家所推重的法，也是外在于人的，在思维的逻辑向度上，法家和道家是相同的，都是对人的一视同仁，显然与情感的因人而异是相悖的。

“八条目”的确立，应该说是儒家的功劳，尤其是格物、致知、诚意、正心、修身的修身链的确立，在一定程度上，更加强了修身在齐家、治国、平天下进程里的地位和作用，同时也注意到了如何落实修身的问题，其积极意义是不能忽视的。但是，由于儒家强调“仁”在“八条目”实践过程里的指导作用，而儒家强调的“仁”，虽然显示的是人际关系中的行为之方，但它不是一般的人际关系，而首先是血缘层面里的人际关系，孟子对“仁”的“亲亲，仁也”(《孟子・告子下 3》)、“仁之实，事亲是也”(《孟子・离娄上 27》)的规定就是最好的解释。“亲亲”①彰显的是血缘的特性，在操作实践上，它的实质就是“事亲”，即侍奉亲族。也就是说，“仁”是围绕人的血缘性关系而具体展开的。在这个意义上，儒家的仁爱限制就非常明显了，因为它是从血缘关系的亲疏向外推进的。不仅如此，而且在血缘的人际关系里，强调的是“克己”的价值取向，强调应该设身处地地站在他人的立场上来考虑具体的事务。但事实正好相反，“己所不欲，勿施于人”(《论语・颜渊 2》)和“施诸己而不愿，亦勿施于人”(《礼记・中庸》)，昭示的都是自己不愿意的事情不要强加给他人，以及依归自己来对待他人的做法。在另一意义上则应该推己及人，“夫仁者，己欲立而立人，己欲达而达人”(《论语・雍也 30》)，自己想建立、成就的事业也应该创造条件让他人实现，“人人亲其亲长其长”(《孟子・离娄上 11》)、“老吾老，以及人之老；幼吾幼，以及人之幼”(《孟子・梁惠王上 7》)也一样，显示的都是一种向外“推”的倾向，在儒家的心目中，古代圣人的过人之处，就是“善推其所为而已”(《孟子・梁惠王上 7》)，取向也是从个人到他人。

---

① 参照“仁为可亲也，义为可尊也，忠为可信也，学为可益也，教为可类也”。(李零著《郭店楚简校读记》，第 181 页)“亲”显示的是人与人之间的亲情，在这个意义上，“仁”也可表达为仁恩。

在此，我们应该注意一个事实，就是在儒家“为政在人，取人以身，修身以道，修道以仁”(《礼记·中庸》)的设定里，人成了社会政治的关键，“仁”成了成就人的最高目标，“道”不过是一个中间过渡环节。但以“仁”为依归的修身实践，在可能获得的心态的自然训练上，首先形成的是血缘关系这一狭隘的视域，因为“亲亲”“事亲”是“仁”的内在实质，使人无法逾越血缘的限制，即使在面对由该狭隘实践所带来的理性怀疑时，这种理性的火花也会因混乱不清而泯灭夭折。其次，自然积淀而成的是血缘关系屏障里的自我中心或自己本位①，因为“仁”的具体内涵，在语言形式上显示的是从“己”到“人”(“己所不欲，勿施于人”“己欲立而立人”“己欲达而达人”“老吾老，以及人之老”)的价值向度。虽然从要求自己开始，在修身实践上有一定的积极性，但是，长期的如此训练，就使个人在首要的位置上完全忽视了对社会他人要求的意欲。在终极的意义里，人不是孤岛上的存在物，而是社会关系中的具体一员，就一个人而言，在社会生活里，有时他人社会方面的因素比个人自己的努力更有价值和意义。所以，儒家的修身模式纯粹成了个人的事务，完全排斥了对外在社会他人因素的考虑、参照和要求，这是失衡的运思。对这一问题，费孝通的解释可谓一语中的:“在以自己作中心的社会关系网络中，最主要的自然是‘克己复礼’，‘壹是皆以修身为本’。”②

在思想兼融实践中形成的儒家“八条目”，重视内在，重点发展了道家模式中没有的修身部分，形成了修身的系统环节，也带上了主观随意性的特点。道家重在外在统一规则的确立，就是“道”，是从他人到自己的向度，这是一个社会稳定所必需的基本前提和条件，这对平等价值观的形成以及人际良性关系的形成创设了良好的前提条件。但是，在中国盛行至今的是儒家的模式，它过分强调乃至夸大个人修养的作用，把社会的成败完全归结于个人，而个人的成败完全在修身的实践，这就是“修身链”登场的动因。由于修身是以个人为一切的实践，不仅完全忽视了社会运行机制中其他因素的营建和养成，而且其客观的结果也使修身形成的礼仪变得虚伪，因为不考虑别人情感③的修身实践是低效益

① 详细参照许建良《“己”本位——儒家道德的枢机》，载《人文杂志》2006 年第 2 期，第 66～71 页。

② 费孝通著《乡土中国》，北京：生活·读书·新知三联书店 1985 年 6 月，第 31 页。

③ 西方学者史密斯的揭示，可以作为参考:“同样的情况也出现在各种宴会中，在这些恐怖的场合(常常是在刚开始的时候)热情的主人会特地在你的碟子里夹满他认为你会喜欢的食物，根本不管你是不是喜欢吃，是不是吃得下去。如果你一点也不想吃，主人似乎会认为那是你的不是了，而他肯定没有失礼，也没有人会说他失礼。如果外国人不懂这个规矩，那不是主人的事，而是外国人自己的事。”(阿瑟·亨·史密斯《中国人的德行·恪守礼节》，第 30 页)

的,是畸形的。在21世纪传统美德传扬实践的个体展开实践中,这是首先要思考的问题。传统美德的传扬,是21世纪中国人实现美好生活的重要部分,传扬实践价值的最终体现必须在每个中国人真正具备道德素质上。道德素质的提升,个人修养虽然是一个重要手段,但素质内涵的科学性是最为关键的问题。迄今的修养实践,我们虽然通过各种途径加以强调,但是对规则修养的问题始终没有重视,或者说缺乏必要的认识。遵循规则来生活,是社会生活最为基本的环节,可以说本身就是美德的基础,所以,这是传扬传统美德实践在个体性展开上首先要实现的内容。

六、“礼貌”是养成美德的基本环节

众所周知，正是道德把人与其他动物区分开来，道德是人之所以为人的根本所在，荀子的“水火有气而无生，草木有生而无知，禽兽有知而无义，人有气、有生、有知，亦且有义，故最为天下贵也”（《荀子·王制》）就是在这个层面的运思。毋庸置疑，不仅过道德的生活是人的必然选择，而且过审美的生活也是人性品味提高的要求。也正是在这个前提下，重视道德是什么的规定就成为社会永恒的主题，这个主题的具体生活演绎，往往在思想家的具体设计、社会宣扬的框架中得到固定化。但是，道德实践的历史轨迹显示，我们历来重视的仅仅是对道德的规定，完全无视在社会文化系统中审视道德本身如何产生的问题。换言之，在社会文化系统中，道德既不孤立存在，也不是孤立产生的。“礼貌”是养成美德的基本环节。

（一）文化相异性视野中选择“礼貌”的紧迫性

众所周知，美德的行为作为道德的行为，在道德的风景画中，是得到人们特别赞美和欣赏的部分，它能给人们带来审美的愉悦和享受。但是，这些赞美和欣赏又无疑存在浓重的时代色彩。要从迄今道德建设实践低效益怪圈中脱离而高水准地投入传扬的文化实践，从对文化类同性的关注转换到对文化相异性甄别的实践，不失为走出道德困境的有益尝试。选择礼貌的频道，自然是文化相异性的视角。

1. “礼貌”与道德的不一致性

要讨论礼貌在美德养成过程中承担的实际功能的问题，自然必须先来界定礼貌是什么。对此问题的审视，使我感到震惊的是，主流的看法往往视礼貌①、礼节为道德。诸如礼貌是人类为维系社会正常生活而要求人们共同遵守的最起码的道德规范，它是人们在长期共同生活和相互交往中逐渐形成，并且以风俗、习惯和传统等方式固定下来的；对一个人来说，礼貌是其思想道德水平、文化修养、交际能力的外在表现等。众所周知，在道德的本质为"目中有人、心中有他"的视角上②，礼貌无疑与道德的价值取向存在一致性，礼貌本身就是"目中有人、心中有他"的表现。虽然不能把礼貌与道德做绝对的隔离，但毕竟两者存在的差异是客观的、明显的。礼貌的行为中有道德的因子，但不等于道德，我们常常可以看到彬彬有礼的小孩与粗鲁小孩同时存在，有时可以在同一环境中捕捉到这样的镜头，这能增强我们对教养重要性的认识。小孩有礼貌，并不能证明小孩就具有相应的道德，因为道德是经自觉意识过滤后的产物。就成长的过程而言，小孩在接受正规的学校教育之前，很难断定他们具有理性的自觉意识。也就是说，礼貌与道德是无法等同的两个文化符号。下面的资料也是对这一问题的最好的佐证：

> 康德说过，人不可能从可以做的事情中推导出应该做的事情来。但孩子在头几年里不得不做的，正是这种推导，而且只有这样做了才能成人。另外，康德也承认："人只有通过教育才能变成人，人是教育出来的"，而"把兽性改造成人性"的，首先是纪律。话说得不能比这个再精彩了。习俗先于价值观，服从先于尊重，效仿先于义务。因此，礼貌（"这个不能做"）是先于伦理道德（"这个不应该能做"）出现的；伦理道德是后来逐渐建立起来的，成了已经内心化、摆脱了表面现象和利害关系的考虑、完全凝聚为意愿（礼貌不需要意愿）的礼貌。如果礼貌不先于伦理道德而生，伦理道德怎么能出现呢？良好的举止先于良好的行为出现，并且引导出良好的行为。伦理道德犹如内心的礼貌，自身对自身的处世之道（即使这里主要是别人的问题），内心生活的外化，我们各项义务的规范，本质事物的繁文缛节。反过来说，礼貌犹如

① 美国学者琳达·凯夫林·波普夫等认为，"礼貌，就是懂礼节、言行得体，替他人着想、举止文雅；就是与人相处，使别人感到自己是有价值的、被关怀的和被尊重的；就是为了给别人留下好印象而采取的一种行为方式。"（〔美〕琳达·凯夫林·波普夫、丹·波普夫、约翰·凯夫林著，汤明洁译《家庭美德指南》，北京：中国言实出版社2009年6月）

② 参考许建良《道德真义：目中有人，心中有他》，《光明日报》2013年7月1日15版。

身体的伦理道德，行为的标签，社会生活的规范，本质事物的繁文缛节。（安德烈·孔特-斯蓬维尔《小爱大德——美德浅论·礼貌》）

显然，“不能”先于“应该”，“不能”所依据的理由往往是具体且易懂的；“应该”所依据的理由则往往复杂而晦涩。这里比喻为身体的伦理道德，不是真正的道德，因为，真正的道德需要内心认知的支持，人一旦具备了内心的道德认知能力，随着认知实践的加深，外在礼貌的身体道德就成为内在品性的一种自然显现，这时的道德才符合一个人真正科学意义上的道德水准。

2. 语言在“礼貌”中的特殊性

礼貌表现在人的一切行为之中，包括语言。不过，语言虽然也是礼貌的重要因素，但语言具有伪装的可能性，即使礼貌可以通过语言的装饰得到落实和完成，语言的装饰仍然存在与虚假连接的可能性。不过，礼貌仍然是人际关系领域必不可少的成分，人与人之间不可能达到完全的一致，即使存在分歧，但解决分歧的方法仍然必须礼貌，这是文明人生活的起码前提，人与人之间没有礼貌就如同其他动物一样，礼貌是文明生活的起点。要解决礼貌用语与礼貌行为的一致性，就需要人的认知和真诚来保证，这也是人的语言的丰富性和真实性必须借助于教育训练的理由所在。礼貌虽然是人的行为的组成部分，但礼貌与人的品性并不存在必然的联系，我们评价具体的人不能仅仅依据其举止是否礼貌，而必须依据礼貌举措后面的实际日常行为，只有当礼貌与日常行为完全一致时，礼貌才能成为人品性的正能量因子。

礼貌与美德存有的差异是明显的①。在把礼貌从道德等同的视野中剥离后，就可以对礼貌进行界定了。也就是说，在宏观的层面，礼貌是指人与人之间和谐相处的意念和行为，是言谈举止对别人尊重与友好的体现；在微观的维度，礼貌是言语举止谦虚、恭敬、优雅的表现。

---

① 法国思想家安德烈·孔特-斯蓬维尔虽然在《小爱大德——美德浅论》中聚焦了美德与礼貌差异的问题，但是在他遴选的18个美德德目中，第一个就是“礼貌”，这当然不能成为断定他思想混乱的理由，其实是他把美德置于文化的大系统中审视的自然结果，避免了就美德而讨论美德的僵硬的做法，这是值得我们借鉴的明智之举。

（二）历史视域中的“礼貌”

人类文明史的动态发展表明，在宏观的视域，礼貌无疑是人区别其他动物而过文明生活的表现；在微观的层面，礼貌也是人本性的需要之一。重视礼貌可以说是世界民族文明的共同倾向。审视中国古代文化，无疑可以看到丰富的有关礼貌的文化资源①。

1. “礼貌”释义

“礼貌”是“礼”和“貌”的组合。先说“貌”，“貌”的本义是仪表、外观的意思。所以，礼貌就是礼仪在外观、外貌上的表现，而外观、外貌往往是通过人的具体的举止来演绎的。再来说“礼”，“礼”的繁体字是“禮”，属会意词，从示，从豊。“豊”是行礼之器，在字中也兼表字音，本义为举行仪礼、祭神求福，所以，许慎《说文解字》载有“禮，履也；所以事神致福也”的解释，这是“礼”的第一层面的意思。“礼”还有以礼相待、礼貌的意思，“秦不哀吾丧，而伐吾同姓，秦则无礼，何施之为”（《春秋左氏传·僖公三十三年》）、“而我先大夫子驷，从寡君以朝于执事，执事不礼于寡君”（《春秋左氏传·襄公二十二年》）里的“礼”，就是这个层面意思的用例。可以说，“礼”的第二层面的意思是对第一层面的补充或具体说明，在动态的层面，表示人在举行仪式时的一种行为方式，也就是说，礼貌是人在举行的仪式上表现出来的文明的举止。

礼仪的仪式是人们公共生活中的大事，所以，最初的仪式是以人祭神求福为出发点的，但这一仪式也无疑是大家会聚交流的场所。人与人之间的会聚，穿上整洁的服装，举止优雅自然是上层人士的一种追求，也是中国古代社会较

---

① 参考“美国人发现要想理解真正的中国人和中国文明是困难的，因为美国人，一般说来，他们博大、淳朴，但不深沉。英国人也无法懂得真正的中国人和中国文明，因为英国人一般说来深沉、淳朴，却不博大。德国人也不能理解真正的中国人和中国文明，因为德国人特别是受过教育的德国人，一般说来深沉、博大，却不淳朴。在我看来，似乎只有法国人最能够理解真正的中国人和中国文明，固然，法国人既没有德国人天然的深沉，也不如美国人心胸博大和英国人心地淳朴——但是法国人，法国人民却拥有一种非凡的、为上述诸民族通常说来所缺乏的精神特质，那就是‘灵敏’（delicacy）。这种灵敏对于认识中国人和中国文明是至关重要的。为此，中国人和中国文明的特征，除了我上面提到过的那三种之外，还应补上一条，而且是最重要的一条，那就是灵敏。这种灵敏的程度无以复加，恐怕只有在古代希腊及其文明中可望得到，在其他任何别的地方都概莫能见。”（辜鸿铭《中国人的精神·序言》）

为强调的方面。中国上古是等级社会，为了维护这种等级制度，使贵族与庶民和奴隶相区别，并使贵族中的不同等级相区别，便制定出许多的“礼”，诸如朝觐、盟会、锡命、军旅、蒐阅、巡狩、聘问、射御、宾客、祭祀、婚嫁、冠笄、丧葬等，后人把这些“礼”概括成吉、凶、宾、军、嘉五大类。不同等级的贵族，使用不同的“礼”；即使在同一种典礼活动中，贵族的等级不同，其所用的器物、所穿的衣服、所行的仪式等也各不相同。据杨宽的《古史新探》的研究①，有一些“礼”是从氏族社会时期沿袭下来的礼俗演变而来的，如“籍礼”源于氏族社会时期由族长或长老所组织的鼓励成员们进行集体劳动的仪式，“蒐礼”源于军事民主时期的武装“民众大会”，“冠礼”源于氏族社会的成丁礼，“乡饮酒礼”源于氏族社会的会食制度等。由于重视礼仪，造成礼仪的繁复也是自然的，“礼也者，犹体也。体不备，君子谓之不成人；设之不当，犹不备也。礼有大，有小，有显，有微；大者不可损，小者不可益，显者不可揜，微者不可大也；故经礼三百，曲礼三千，其致一也”（《礼记·礼器》）、“大哉！圣人之道洋洋乎！发育万物，峻极于天。优优大哉！礼仪三百，威仪三千，待其人然后行”（《礼记·中庸》）都是具体的例证。礼仪虽然繁多，但礼仪的目的指向是一致的，礼仪是需要作为载体的人来施行的②。

2. “礼貌”思想的历史透视

一般而言，礼貌是聪明的选择，无礼是愚蠢的举措。在中国古代，不仅礼仪得到强调，而且礼貌也为思想家所重视，“子曰：君子不失足于人，不失色于人，不失口于人；是故君子貌足畏也，色足惮也，言足信也”（《礼记·表记》），这里的“貌”是容貌即外在形态、举止的意思。郑玄对“失”的解释为“谓失其容止之节也”，“容止”就是一个人的体态举止。孟子在讨论君子就职时说到，就职有三种情况即“所就三”，离职也有三种情况即“所去三”，其中就有直接讨论礼貌的，即“迎之致敬以有礼，言将行其言也，则就之。礼貌未衰，言弗行也，则去之。其

① 杨宽著《古史新探》，北京：中华书局1965年。

② 参照“最难翻译的一个词是‘礼’，它与孝心密切相关。为了证明这一点，同时为了给讨论中国人的孝心提供一个背景，我们最好是引用伽略利的一段话（转引自《中国总论》）：‘礼是中国人一切心理的缩影；在我看来，《礼记》是中国人能提供给世界的关于他们本民族的最确切最完整的专论。中国人的情感，是靠礼来满足；中国人的责任，也靠礼来完成；中国人的美德和不足，也是参照礼而得出，人与人之间自然的关系基本上靠礼来维持——一言以蔽之，这是一个由礼来控制的民族，每个人都作为道德的、政治的和宗教的人而存在，受家庭、社会和宗教等等多重关系的制约。’”（〔美〕亚瑟·亨·史密斯著，陈新峰译《中国人的德行·孝行当先》）

次，虽未行其言也，迎之致敬以有礼，则就之。礼貌衰，则去之……”（《孟子·告子下14》）。值得注意的是，这里的“礼貌未衰，言弗行也，则去之”和“礼貌衰，则去之”意思是礼貌即恭敬迎接虽未衰减，却不实行其主张，就要离职；礼貌已衰减降格的情况，也要离职。礼貌不仅成为接受工作的基本条件，而且只有与内心的认同相统一时才产生真正的意义。这与内心的认知与外在的举止的统一相一致。

这一运思不仅仅局限在儒家思想中，在法家思想中也有鲜明的反映，管子就曾把君主与民众的关系比喻为内在道德与外在形体道德的关系，诸如“君之在国都也，若心之在身体也。道德定于上，则百姓化于下矣。戒心形于内，则容貌动于外矣。正也者，所以明其德”（《管子·君臣下》）就是例证。这里的“戒心”就是内在的道德心，即上面所说的道德认知；“将将鸿鹄，貌之美者也。貌美，故民歌之。德义者，行之美者也。德义美，故民乐之。民之所歌乐者，美行德义也，而明主鸿鹄有之”（《管子·形势解》）的意思也一样。具体是说，锵锵而鸣的鸿鹄，是长得很美的飞鸟，因为美，所以人们歌颂它。德义，是一种行为上的美，因为德义美，所以人们喜悦它。人民所歌颂喜悦的，乃是美貌和德义，而明君和鸿鸽恰好具有这些。另外，不得不注意的是，法家反对繁文缛节，强调朴实，诸如韩非的“所谓大丈夫者，谓其智之大也。所谓处其厚而不处其薄者，行情实而去礼貌也。所谓处其实不处其华者，必缘理不径绝也。所谓去彼取此者，去貌、径绝而取缘理、好情实也”（《韩非子·解老》）就是这个层面的表述。显然，这里的“去礼貌”不能简单地理解为对礼貌的废弃，而是对虚假礼貌的抛弃，虚假礼貌就是那些通过语言来伪饰的东西，不是人的内在道德素质的真实表露。

以上是对礼貌、礼仪形式上的审视，在具体的内容上，礼仪具有丰富的礼貌的资源，《十三经》中的《周礼》《仪礼》《礼记》就是记载古代礼仪的集合，其中虽然存在一些值得重视的运思，但总的来说，它们都是时代的产物，自然无法和当今21世纪的现实相提并论，“余尝苦《仪礼》难读，又其行于今者盖寡，沿袭不同，复之无由，考于今，诚无所用之”（马其昶校注《韩昌黎文集校注·读仪礼》）、“古礼于今实难行”（《朱子语类》卷八十四《论考礼纲领》）①、“胡兄问礼。曰：‘礼，时为大’。有圣人者作，必将因今之礼而裁酌其中，取其简易易晓而可行，必不至复取古人繁缛之礼而施之于今也。古礼如此零碎烦冗，今岂可行！”（《朱子语类》卷八十四《论考礼纲领》）都是具体的佐证。

---

① 〔宋〕黎靖德编、王星贤点校《朱子语类》，北京：中华书局1986年3月。

另一方面,在中国古代思想中,有些虽然不以礼貌著称,但却不得不在礼貌的大厦里占有独特位置,诸如道家老子的“不争”,即“天之道,利而不害”(《老子》81 章),天道自然利益宇宙万物而从来不加害或损害万物,“水善利万物而不争,处众人之所,恶故,几于道”(《老子》8 章)就是一个例证,水公平地对待万物,在流经之处滋润他们,所以,“上善若水”(《老子》8 章)。就水的生命特征之一的“不争”之道而言,它同时还具有“处下”的谦逊的姿态和特点,水是往下流的,“江海之所以能为百谷王者,以其善下之,故能为百谷王”(《老子》66 章),这种“善下之”的行为之方,实际就是谦下而又礼貌的举止。生活在宇宙里的人类,最大的当为就是以天道自然来治理社会,这对社会的统治者尤其重要。所以,老子又说:“是以圣人欲上民,必以言下之;欲先民,必以身后之。是以圣人处上而民不重,处前而民不害,是以天下乐推而不厌。”(《老子》66 章)“言下”“身后”,可以说都是谦恭的礼貌之举,这是圣人实现善治的关键,在本质上,就是“圣人之道,为而不争”(《老子》81 章),是值得注意的珍贵的礼貌行为的运思。

(三) 海外对中国“礼貌”的审评

中华民族一直以礼仪之邦著称,中国人彬彬有礼的形象在世界文明史上也曾留下深深的烙印,美国人何天爵曾在《中国人的本色·中国的文化教育》中称赞中国学童的行为举止“非常得体”“表现完美”,并称此为“绅士风范”,可见,礼貌举止直接向人传递着一个民族的文明内涵,也是让他人对你留下印象的最为有效的渠道和手段。

礼貌不分年龄的大小,在具体行为中表现出的礼貌举止具有相同的价值,这是说礼貌具有机械性的一面,即无须经人理性的过滤,只要实际做出来即可。正是在这个意义上,一个小孩的礼貌举止与一个知识人的礼貌行为在文明的坐标系里具有相等的位置。礼貌之所以能给人留下深刻的印象,关键在于礼貌的本质在于他者第一。毋庸置疑,每个人都必须在社会中生活,社会生活就必须与他人合作共处,所以,人始终处在人际的关系之中。在人们不经意的社会生活实践中,围绕自己和他人来进行不同的审视,可以清晰地看到两种截然不同的图式:一是以自己为中心的图式,展示的是从自己到他者的价值取向;一是以他人为中心的图式,展示的是从他者到自己的价值取向。前者是先自己而后他者,后者是先他者而后自己。支持这一结论的古代文化资源也是非常有力的:

一是“己所不欲，勿施于人”（《论语·颜渊 2》）、“己欲立而立人，己欲达而达人”（《论语·雍也 30》）等，就是代表，对此的研究迄今无疑赞扬居多，其中也有以此为“黄金律”规则的运思。我们自然不能无视这一客观现实，但是，文明内涵的升华，文化回归人本性的纯化实践的进步，需要我们不断反思客观的现实，如果不反思就不可能有改观和进步。对此的反思之一就是对“仁者”的描述，对生活中的一般民众缺乏产生共鸣的对接口，基本不存在产生火花并激励他们行为的可能；反思之二就是，即使是居于理想层面的仁者，这种从自己到他人的思维方式，不仅无法排除以个人一己的是非价值观为衡量一切的准则的实际或潜在的可能，而且这种先自己而后他人的思维方式长期养成的习惯，只能在自己本位主义那里找到答案。如果这一结果在心理学的层面能够找到依据的话，那么，在中国几千年的文化演变中，我们对“己所不欲”过分赞扬而带来的实际后果也就不难想象了。社会学家费孝通的“在这种富于伸缩性的网络里，随时随地是有一个‘己’作中心的。这并不是个人主义，而是自我主义。个人是相对团体而言的，是分子对全体。在个人主义下，一方面是平等观念，指在同一团体中各分子的地位相等，个人不能侵犯大家的权利，一方面是宪法观念，指团体不能抹煞个人，只能在个人们所愿意突出的一分权利上控制个人。这些观念必须先假定了团体的存在。在我们中国传统思想里是没有这一套的，因为我们所有的是自我主义，一切价值是以‘己’作为中心的主义”（《差序格局》）[①]的论说，可谓最好的总结。

支持以上结论的文化资源之二就是：“圣人不积，既以为人，己愈有；既以与人，己愈多”（《老子》81 章）。需要注意的是，这里虽然也是圣人层面的讨论，对一般人缺乏针对性，但是，显示的价值取向是先他人而后自己，是从他人到自己的思维取向，显示的是他人优位的特征。之所以使用“优位”这一概念，主要是因为在这一运思里，自己并没有完全否定，而是在自己与他人的利益关系中，以他人为第一价值的调节准则，这一运思在今天，仍然不失积极的启发意义。这种思维长期训练的结果，无疑就是对他人的重视和尊重，一个人不能仅仅局限于自己一人的利益来进行全力的追求，世界是整体联系的，必须在关注他人利益实现的前提下，来求得个人利益的满足，或者在他人利益实现的确认中谋划个人利益的满足。

① 费孝通著《乡土中国 生育制度》，北京：北京大学出版社 1998 年 5 月。

他人优位无疑是礼貌的本质和基点，离开这个，礼貌行为无法可能，因为礼貌是以愉悦他人为基点的，尊重他人是前提，他人永远是第一位的。

1. “礼貌”是博爱的传播器

仁爱在中国古代文化中具有丰富的资源，但在21世纪的今天，面对仁爱，我们要做的就是绝对不能停留于对儒家仁爱习惯性的理解上来进行定式性的认识，儒家的仁爱只能在传统美德的孝慈德目那里找到自己的部分位置，这为其血缘性的偏执所决定。我们要传扬的仁爱无疑是一种博爱，包括爱己、爱人、爱物的内容。提倡仁爱，不等于生活中就有仁爱，因此，从文化的视觉来运思其如何可能的问题，在当今资源紧缺的情况下，尤其显得重要。正是在这个意义上，礼貌可以找到实现自己价值的有利机会。

礼貌的切实实行，首先需要对他人的尊重，必须以他人为自己行为的第一考虑对象，是一种从他人到自己的行为取向，礼貌的施行是对他人关爱的一种真正付出。生活中，我们强调要爱他人，如何体现爱？实际上，对这个问题的回答，就是要把他人放在心上，或者必须时时处处做到目中有人、心中有他。如何体现目中有人、心中有他，礼貌就是具体的落实。显然，礼貌不仅仅是行为举止上的待人尊重温和，而且礼貌举止本身就是对对方的一种情感的传达，使对方感受到他人对自己的关爱和内心的温暖，以及自己收到礼遇的情感体验和享受，这种享受的结果，无疑会立即反映到接受者的行为反馈上，情感驱使他们用同样的温和的举止来应对对方，正是在这时，礼貌行为的施行者就会在自己礼貌行为受到对方重视、引起对方注意、调动对方行为的一系列反应的感受中，体验到无法取代的一种情感的抚慰以及享受，同时，礼貌行为在具体的场域中得到了相互情感的沟通，博爱的热流就得到了流淌。

总之，礼貌是博爱的花朵，是博爱的传播器。

2. “礼貌”具有愉悦人的力量

对人礼貌，在完成礼貌行为的实践中，既显示了自己对他人的重视、对他人情感的认同，也彰显了自己做文明人的决心，展示了自己人格的形象。礼貌作为一种行为方式，从来不考虑对象的特殊性，而是对外在他者一律采取同样的礼貌举止，正是在这个意义上，礼貌有利于社会的人际交往。人性的故事告诉我们，没有人喜欢一个不懂得礼貌的人，也没有人不喜欢一个懂得礼貌的人，因此，懂礼貌的人，在人生的实践历程中，自然会赢得更多朋友的可能性，会赢得更多的尊重，会赢得在社会上占有一片属于自己天地的更多机会。可以说，礼貌是人性力量的彰显。

就个人而言，礼貌是一个人文明程度的写照。使人按礼貌的行为方式进行交际而过文明的生活，这历来是各个国家努力的追求之一。人与人之间的交际需要礼貌，这本身说明礼貌本身虽然是一种行为举止，但其本质上却是情感的沟通。礼貌的举止能给人带来温暖和愉快，这是因为礼貌的关键在于其施行者对他者的尊重以及把礼貌作为文明行为起点的意识。我国作为礼仪之邦，就是与礼貌紧密联系的，辜鸿铭以下的见解不失为最好的总结：

> 中国人讲礼貌。中国一向被视为礼仪之邦，那么其礼貌的本质是什么？就是体谅、照顾他人的情感。中国人有礼貌是因为他们过着一种心灵的生活。他们完全了解自己的这份情感，很容易将心比心推己及人，显示出体谅、照顾他人的情感特征。中国人的礼貌虽然不像日本人的那样繁杂周全，但它是令人愉快的。正如法语所绝妙表达的……一种发自内心的礼貌。相反，日本人的礼貌尽管周全，却令人不快。对此，我已经听到了一些外国人的抱怨。这种礼貌或许应该被称为排练式的礼貌——如剧院排戏一样，需要死记硬背。它不是发自内心、出于自然的礼貌。事实上，日本的礼貌是一朵没有芳香的花，而真正的中国人的礼貌则是发自内心、充满了一种类似于名贵香水般……奇异的芬芳。（辜鸿铭《中国人的精神·中国人的精神》）

礼貌发自内心最为重要，这是远离做作伪装的基源。

3. "礼貌"是美德生活的基本环节

传统美德作为自古以来一直受到大家赞美的基本生活道德，是道德体系中最为活跃的因子，也是道德中最为基本的因子，我反对以功利、他律和道义、自律来区分道德与美德，把道德说成美德的基础、美德是道德的提高①，而赞成美

① 王海明的《新伦理学（修订版）》（北京：商务印书馆 2008 年 2 月）、唐代兴的《道德与美德辨析》（《伦理学研究》2010 年第 1 期，第 6～12 页）等都持这种观点，这和西方的美德是道德基础的观点不一致。中西存在差异的根本原因，我认为主要在对"美德"如何理解，尤其是美德的"美"，它不是一般的道德，而是美之德，因此，不能离开审美的视野纯粹在道德的场域来讨论两者的异同，这是问题所在。

德是道德的基础，因为它受到大多数人的赞美，诸如西方把礼貌作为美德之一，就说明这是最为基本的行为要求，人之所以要赞美它，是因为他们在现实生活中，能从这些美德中得到来自他人的尊重和礼遇，并从尊重和礼遇中得到自己在社会生活中占有位置的确认，从而再体验到尊重的情感享受，在这享受中，激活自己人性中人向往过文明生活的因子，并通过情感的沟通来回报他人的礼遇，在现实生活中释放自己人性的力量。

人与其他动物的根本区别就在于人不仅能够过道德的生活，而且能够过审美的生活。但是，就个人而言，各自的出发点是平等的，"性相近"告诉我们的就是这个道理。换言之，大家机会均等，但是，毋庸置疑，在终点上，人是相异的，相异的根源不在先天，而在后天的社会性因素，"习相远"就是这样告诉我们的。人的后天的教育不是短期内能完成的，而是一个长期的过程，有时可以把"长期"理解为终生，这就是现在重视职业教育、继续教育告诉我们的信息。人的道德素质也是在教育过程中逐渐积累厚实起来的，礼貌则是最为基础的方面；重视礼貌的训练，无疑是打牢道德基础的有力环节。

礼貌表明的不仅仅是对人尊重的举止，而且是举止得以实现以他人为优位的情感，在礼貌的实践对接中，出现的是行为主体和客体情感的交流和互动，在情感的互动中，激发了人原始的向善的力量，这种向善的力量又带动人进入提升人性的实践，这就是人类社会需要礼貌的原因。

（四）"礼貌"在于训练

与道德相比，礼貌主要是外部身体语言的优雅性，而内在道德的认知没有成为相应的需求，正是这个理由，我们无法把礼貌与道德等同。众所周知，人的智力发展是一个过程，小孩时期属于这个过程的前期阶段，这时对他们讲大道理往往收不到预期的效果。依据皮亚杰的发生认识论原理，对小孩的教育更要侧重训练，而不是道理的讲解，也就是小孩先要具有好的行为，而无需先认识与这些行为相关的道理，依据是"性相近也，习相远也"的道理，后天的"相远"主要在人后天的努力，而后天努力的起点是训练，诸如一个人的温文尔雅不是天生的，而是自小训练养成的，因此，依据人成长过程中的生物特点、心理特点来设计育养的蓝图就显得非常重要。

1. 训练的人性依据

就人的成长过程而言，幼儿期的教育主要是做什么、不做什么，或者叫允许做什么、不允许做什么，允许与否的标准不在幼儿，而在家长对社会生活的认识，这些认识往往是基于经验得出的结论。由于幼儿的智力发展无法支持他们认识具体事情背后的道理，因此，此时的教育主要靠训练来完成，"最早出现的那些模拟美德的行为靠的是训练，就是说，靠的是外来的强制：由于本能的缺乏，孩子不能自己做的事，'必须由别人替他做'，就这样，'一代教育下一代'。大概是这样。在家庭里，所说的训练不首先就是对习俗和良好举止的尊重吗？这项训练是示范性的而不是强制性的，追求的主要是可爱的亲和性而不是秩序——不是惩戒性的训练，是礼貌的训练。正是通过这种训练，同时模仿美德的举止，我们也许才有了变得道德高尚的机会"（安德烈·孔特-斯蓬维尔《小爱大德——美德浅论·礼貌》）。训练的过程不是强制性的命令，而是示范性的演示即身教，从而让孩子模仿。这一教育方法的可行性依据人的本性，诸如"凡人虽有性，心无定志，待物而后作，待悦而后行，待习而后定。喜怒哀悲之气，性也。及其见于外，则物取之也"（李零《郭店楚简校读记·性》）、"凡性为主，物取之也。金石之有声，〔弗扣不〕〔鸣。人之〕虽有性心，弗取不出"（同上）都是具体的说明。这里的"物""悦""习"指的就是外在的物事，它们是激发人的善心的手段，没有外在的激发，仅有善心仍无法进入道德的大门，需要外在的帮助，这就是"待"的需要和功用；"待"的过程就是"物取之"的过程，如"金石"即编钟和编磬，编钟是乐器，编磬是石制的击乐器，乐器虽然可以发出美妙的声音，但是如果不用击乐器去敲击的话，就发不出任何音响；外在的"取之"的过程是依据人性需要"待"的特征而决定的。幼儿的特点是"心无定志"，要装备"定志"，必须凭借"物""悦""习"这三个过程。其实，这三个方面包含了中国古代早期对教育心理学的认识。

具体而言，"物"是基础的一步，具体内容就是上面说的身教，不是说理，而是具体行为的示范，以形成良好的举止。对家长而言，"物"虽然不是强制性的，但对儿童而言，无疑是迫于外在的一定压力，而不是自己的自然的行为，所以称为"待物而后作"，意思是等待示范后照着做，具有机械性的特征。"悦"是第二阶段，在教育关系中存在的受教者的机械性行为特点，昭示着这种行为动作的即时性、一次性、不可持续性。这种情况的价值考量，效益无疑是最低的，示范动作存在影响的时间非常短暂，但是，身教的追求并不是教育者做一次，受教者做一次，而是希望成为受教者的行为之方，成为受教者的自我素质，所以，在教育心理学的层面，就存在一个如何让每一次身教都在儿童内心留下记忆，以便在以后相同情景的触发下，自然激活此前“身教”留下的因子，从而驱使受教者投入行动。在此，最为关键的就是让儿童对此喜爱，只有在他们喜爱之后，才能成为他们以后行为的自然选择，这就是“待悦而后行”的内涵。“习”是最后的阶段，身教的内容已经成为儿童的习惯，由机械性走向了自然性，尽管他们仍然缺乏对“为何”的思考以及理解，但能在相同的情景下自然照着做。换言之，身教成为自然的习惯，习惯一旦形成，对人的行为和人格形成都具有绝对的控制力量，这也是我们必须注意身教的重要性所在。习惯一旦形成，对儿童而言，就他们的社会发展而言，就铺设了有形的轨道，具有了成为社会人的符合社会发展要求的模式，这就是“待习而后定”的意思所在。对这些的理解和认识，目前并没有引起大家应有的重视①。而这一过程犹如现在电脑的软件设置，习惯的养成仿佛程序设置成功一样，软件成功后就可不断重复使用，对这一过程的价值评价就是“一劳永逸”。

训练在日常生活里的具体演绎首先是习惯的养成，可以说，礼貌是人生习惯的第一件大事。由于儿童的智能开发有限，对具体的行为没有相应的认知，只善于模仿。基于此，一方面，环境非常重要，另一方面，就小孩的品性形成而言，重视习惯的培养最为重要。由于习惯一旦形成，对人产生巨大的影响，对人存有无形的控制的力量，所以，在培养习惯的问题上，必须认真对待。从不良习

① 同时，需要指出的是，对儒家的“己所不欲，勿施于人”“己欲立而立人，己欲达而达人”这种持有的先己后人价值取向的运思的认识，不能沿袭已有的认识而机械地重复照搬，而不做符合时代的、超越中国范围的整个汉学界研究成果的审视。“己所不欲，勿施于人”等运思放到“待习而后定”的思维框架里来考量的话，养成自己本位的习惯也就不是什么契机了，而在这个视野上，迄今仍然缺乏聚焦，而是过分地肯定评价。另一个问题是，众所周知，就是“待”的运思，这是对庄子思想的继承；“待”是庄子的一个重要运思，认为“夫知有所待而后当”（《庄子·大宗师》），在宇宙世界中，万物过着有待的生活，“待”是“道”的本质之一，“仲尼曰：若一志，无听之以耳而听之以心；无听之以心而听之以气！听止于耳，心止于符。气也者，虚而待物者也。唯道集虚。虚者，心斋也”（《庄子·人间世》），就是佐证。不仅列子御风有所待，乘天地之正也是有所待，即“夫列子御风而行，泠然善也，旬有五日而后反。彼于致福者，未数数然也。此虽免乎行，犹有所待者也。若夫乘天地之正，而御六气之辩，以游无穷者，彼且恶乎待哉”（《庄子·逍遥游》）。不过，需要说明的是，对“彼且恶乎待哉”的理解，习惯做“无待”的理解，如陈鼓应对此作“有什么依待的呢”的理解（见陈鼓应注释《庄子今注今译》，北京：中华书局1983年4月，第17页）。实际上，这不符合庄子整体的思想，因为“道”也是有待的，“道”无法离开万物而存在并显示自己的价值，“唯道集虚”的“虚”，就是“虚而待物者”，“道”依赖万物而存在，这是非常清楚的。实际上，“彼且恶乎待哉”的“恶”，必须作动词来理解，意思为憎恨、厌恶，整句话的意思是它们（彼）这是厌恶依待吗？这值得注意。

惯给人带来的消极影响而言，习惯是一种最糟糕的痼疾，因为它使人们接受任何的不幸、任何的痛苦、任何的死亡；出于习惯，人们可以与自己憎恶的人生活在一起，忍受不公正和痛苦，以至对痛苦、孤独以及其他一切都逆来顺受；习惯是一剂最无情的毒药，因为它慢慢地，不声不响地潜入我们的机体，并在不知不觉中滋长起来；当我们发现它时，机体的每个细胞都已与它相适应，每一个动作都受它的制约，已经没有任何药物能够治愈。如果养成良好的习惯，带来的就是对个人、社会具有积极增益后果的影响，这正是我们要不息追求的方面。

2. 西方经验的启发

重训练是我们在道德教化中必须认真思考并要尝试的课题，必须改变思维的模式，以从小训练为突破口。西方对训练是非常重视的，就拿美国“女士优先”社会习惯的培养实践来说，只要在美国生活一段时间，你就会发现，生活中体现的“女士优先”具有鲜明的特点，它无处不在，这跟东方形成鲜明的差异和对照。你到超市，会看到推货物车的都是男士，而不是女士；如果丈夫没有到超市，那推车的一定是儿子，妈妈是不推车的。女士处处会受到重视，这是非常舒适的氛围和境遇，也给异文化的人留下深刻的印象。做到这一点，他们靠的就是从小的训练，在家庭中的训练就是小孩从小承担家务，一般从 3 岁就开始；另外，出门时，先要给妈妈开车门，车停下来后，孩子先下车来给妈妈开车门，有时孩子只有车门那么高，到孩子大了能开车时也一样，关掉发动机后，先要走出来到对面给妈妈开车门，这已经是从小训练的自然反应，不需要任何思考了。这可以说是他们的文化亮点之一，这是值得我们学习的。

3. “礼貌”的生活训练

礼貌可能是人类文明史上最伟大的发明，它可以帮我们解决很多很多的问题。礼貌的养成必须落实到具体的行为举止上，具体落实到礼貌语言的使用上。在生活中，最为重要的礼貌用语有以下几个：

（1）“谢谢你”。无论别人给予你的帮助是多么微不足道，你都应该诚恳地说声“谢谢”。正确地运用“谢谢”一词，会使你的语言充满魅力，使对方备感温暖。道谢时要及时注意对方的反应，对方对你的感谢感到茫然时，你要用简洁的语言向他说明致谢的原因。对他人的道谢要答谢，答谢可以是“没关系，别客气”“我很乐意帮忙”“应该的”等。

(2)“对不起”。公共场合学会向人道歉,这是缓和双方可能产生的紧张关系的一帖灵药,如你在公共汽车上踩了别人的脚,一声“对不起”即可化解对方的不快。道歉时最重要的是有诚意,切忌道歉时先辩解,好似推脱责任;同时要注意及时道歉,犹豫不决会失去道歉的良机。这些必须在家庭从小进行训练,成人以后这些品质的具备,不过是从小训练成果的运用罢了。

(3)“请”。在任何需要麻烦他人的时候,或者在坐飞机时服务员进行餐饮服务等的情况下,都必须使用“请”。“请”是必须挂在嘴边的礼貌语,诸如“请问”“请原谅”“请留步”“请用餐”“请指教”“请稍候”“请关照”“请再来”等,不一而举,频繁使用“请”字,会使话语变得委婉而礼貌,是尊重他人的最重要的用语之一。

“谢谢你”“对不起”“请”等礼貌用语,是最为主要的,如果使用恰当,对调和与融洽人际关系会起到意想不到的作用。对这些礼貌用语的训练,必须从小就开始,也就是伴随着小孩说话开始。虽然在最初时,他们不懂为什么要使用这些语言,但随着他们认识能力的提高,必须给他们讲清为什么的道理,“根据拉布吕耶尔的观察,‘礼貌并不总能启发善良、正直、好意和感激之情,但至少能让人有这些东西的表象,从而使人在外表上显得好像其内心大概也是如此。’因此,对成年人来说,光有这种训练是不够的,但对儿童是必须的”(安德烈·孔特-斯蓬维尔《小爱大德——美德浅论·礼貌》)就是具体的解释。这种讲解是伴随着他们的年龄增长而逐步加深的,直到变成他们的自觉意识为止。“亚里士多德说,礼貌就是美德的相似物,美德就源于这种相似物。通过为道德的显现乃至在一定程度上的繁荣创造出必要条件,礼貌也就把道德从那个无出路的怪圈(没有礼貌,为了变成道德高尚的人就必须是道德高尚的人)里解救出来了。在一个非常彬彬有礼的人和一个只是和善、可敬和谦恭……的人之间,在很多情况下,差别是微不足道的,两者最终都和他们所模仿的东西相似了,而礼貌于不知不觉间把人引向了——或可以引向——道德。这一点所有的父母都知道,他们把这个称之为教育子女。我很清楚,礼貌不是一切,也不是关键。常用语里还有个要有教养这么个说法,这首先指的是要彬彬有礼,而彬彬有礼意味着很多东西。成百上千次(我说成百上千次还说少了呢!比这个多得多……)地纠正孩子,为的是叫他们说‘请’‘谢谢’‘对不起’,如果只是出于礼貌,我们中间的任何人都不大会这么说的——除非他有怪癖或者赶时髦。可是,就在这样的调教中孩子学会了敬重……光有爱,不足以使孩子成长,甚至不足以使他们变得可爱和有亲和力。光讲礼貌也不行,因此必须双管齐下。在我看来,所有的家庭教育都是在最小的美德和最大的美德之间进行的,最小的美德还不属于道德规范,而最大的美德又已经不再是美德了。剩下的是语言训练。但如果像阿兰所认为的那样,礼貌是符号的艺术,那么,学说话仍然属于礼貌这个范畴。”(安德烈·孔特-斯蓬维尔《小爱大德——美德浅论·礼貌》)

在传扬传统美德的实践工程中,礼貌具有重要的作用,这也是迄今我们的道德实践所忽视的,我们只知道灌输大道理,而缺乏依据人的生理、心理特征来进行教育的努力,尤其缺乏“训练在幼儿教育中重要性”的认识,个人厚实的道德素质的养成始于他出生的那一刻,是一个照着做、学着自然做到自觉做的过程,礼貌的训练必须开始于照着做,这虽不需要任何道理的理解,但这能为理解道理制定一个框架或模式,让日后的道理有一个很好的栖身之处。总之,礼貌是走向美德的桥梁,传统美德的传扬,必须重在礼貌的训练,这是传扬传统美德实践社会机制上个体性展开的基本一环。

最后不得不说的是,这里虽然把礼貌作为传统美德养成的一个重要环节,与西方把礼貌直接作为美德来审视存在一定的差异。一个需要思考的问题是,其实,西方把礼貌作为美德来定位,实际并不是在纯粹道德的视野上的结论,它正是在文化这个大系统里的综合把握,或者说,他们所说的美德意义上的礼貌,在我们仅偏重狭隘微观视野的平台上,实际就是“隐性道德”,或者说隐性的道德因素。在文化的系统里,道德不是孤军奋战的,它有许多支撑,支撑者往往是无名英雄即“隐性道德”,在我们仅仅关注“显性道德”的氛围里,它们得不到关注,往往被无视或忽视,这也正是造成我们的道德建设效果不佳的文化原因所在。在道德科学发展的实践里,要改变道德建设无效益化的事实,关注道德的“隐性因子”是一个急需重视的课题。

七、"感恩"是传扬传统美德实践的内在驱动力

在21世纪的今天，我们无不感受到道德危机的冲击。尤其是作为具有悠久文明历史的古国，中国一向以礼仪之邦著称，由此而来的心理反差自然更为剧烈。就人类文明史而言，道德虽然与经济发展的水准存在必然的联系，高道德水准必然需要较高的经济基础做支撑，但是，就道德而言，它不是人天生的产物，而是人类进化的后天成果，也就是说，道德是人社会化的成果。在这个意义上，道德是可以教化的，人是需要道德的，所以，这就给社会倡导一定的道德提供了必要的条件和职责。当然，这仅仅是问题的一个方面，社会提倡的道德能否变成人的素质，就是社会道德建设最需要考虑的问题。因此，在传扬传统美德的实践中，最为重要的自然不是确立传统美德的具体德目，而是传扬实践的有效性，这是我们在众多资源枯竭危机面前应对危机需要采取的最为现实的举措。因此，在道德建设方面，我们不是要不要的问题，而是如何建设的问题。我们的观念需要彻底改变，换言之，就是要创新，不能在习惯的思维框架中徘徊。解决传扬实践内在驱动力的问题，就是如何使之具体化，答案是"感恩"。

(一)"恩"的词义释解

我曾应邀参与2011年11月《光明日报》湖南记者站的一个互动活动，活动是围绕湖南省醴陵市退休老人陈自绪10年(2000—2010)间为154名贫困大学生成功联系并落实资助的事情展开的。陈自绪老人希望受助学子入学后能寄张照片给他，10年中有78人寄来了253封信，这些信件老人保存完好，从时间的维度而言，给他来信的人数呈现逐年递减的趋势，总体上只有40%的学子给他来过信。尽管老人准备好了空信封以及一般利于为人处事的材料，从心底想

教他们如何解开心结，知道表达恩情，懂得“感恩”，学会做人，但客观的事实是，老人无法圆梦①。这一现实的问题虽然可以归结为不同的原因，诸如道德教育的问题、家教的问题，但这些都没有反映问题的本质，或者说没有诊断出具体的实际问题。教育有许多方面、许多问题，如果仅仅用道德教育来加以概括的话，无疑是对现实问题的搪塞，缺乏科学的态度和举措，正是我们现实道德建设的通病所在。如对这一现实问题加以仔细分析的话，无疑可以归结到“感恩”教育缺失的方面，因此，要回答“感恩”为何是传扬传统美德的内在驱动力这一问题，首先要理清何谓“恩”。

1. “恩”为恩惠

众所周知，在词源的意义上，“恩”字由“因”和“心”组成，是形声词，从心、因，因亦声，本义是好处、恩惠，惠泽、惠和、惠爱、惠握(恩惠深厚)、仁惠、实惠都是基于“好处”而来的词汇，《说文解字》的“恩，惠也”的解释，也是一个有力的说明②。众所周知，在中国文化思想史中，对仁、义、礼、智的理解，不同学派有着不同的声音，但对此的重视是一切学派表现出的共同倾向，因此，仁、义、礼、智在中国文化中占有非常重要的位置。它们不是孤立分离的存在，而是互相联系的文化因子，在共作中产生最大的效应，“夫礼，吉凶异道，不得相干，取之阴阳也。丧有四制，变而从宜，取之四时也。有恩，有理，有节，有权，取之人情也。恩者，仁也；理者，义也；节者，礼也；权者，知也。仁义礼知，人道具矣”(《礼记·丧服四制》)就是具体的说明。这里有两点值得注意：一是“仁”是“恩”，道家庄子的“以仁为恩，以义为理，以礼为行，以乐为和，熏然慈仁，谓之君子”(《庄子·天下》)的论述，显示的也是相同的特征。二是“恩”是一种情感，“有恩，有理，有节，有权，取之人情也”自然是最为明确的揭示。我们现在说的“恩情”这个词汇，就是把“恩”作为一种情感来衡量的，法家管子的“父母暴而无恩，则子妇不亲”(《管子·形势解》)里的“无恩”，就是无情的意思；法家的集大成者韩非也非常重视“恩”，“明主立可为之赏，设可避之罚。故贤者劝赏而不见子胥之祸，不肖者少罪而不见伛剖背，盲者处平而不遇深溪，愚者守静而不陷险危。如此，则

① 《光明日报·教科新闻》栏目，以“圆助学老人一个梦”为题，从2011年11月9日至28日分5次连续报道和讨论了这一现实问题，值得思考。

② 齐景公与晏子的对话里的“恩惠”，指的就是好处。晏子对曰：“君何患焉？若君欲夺之，则近贤而远不肖，治其烦乱，缓其刑罚，振贫穷而恤孤寡，行恩惠而给不足，民将归君，则虽有十田成氏，其如君何？”(《韩非子·外储说右上》)

上下之恩结矣”(《韩非子·用人》),“上下之恩结”就是在情感的维度加以立论。另外,他还直接使用“恩爱”,即“明主知之,故不养恩爱之心,而增威严之势。故母厚爱处,子多败,推爱也;父薄爱教笞,子多善,用严也”(《韩非子·六反》)。这里的“恩爱”自然是情感的代名词,韩非法家推重对恩爱之度的有效把握,不能溺于恩爱的泥潭之中,这也是值得注意的方面①。

2. 日本释“恩”——为把“心”寄托于他人

从文字的特征上来认识中国文化,可以说是研究中国思想的关键之一,而以西方的概念来套中国思想的话,就完全是本末倒置之举了。日本的文字源于汉字,这是路人皆知的;日本人对一些思想的认识,其实也是本着汉字的特征来进行的。就“恩”而言,日本的思想家也正是从词源的意义上来界定和认识的,“心与因加以组合就成恩。由于‘因’在日语里具有寄托、允许寄托的意思,所以,允许把心寄托于他人就是‘恩’的字义,并使它具有了恩惠、怜悯、慈悲、慈爱等的意思。‘めぐみ’(惠)是从草木发芽而来的概念,意谓冬眠草木的生命力在阳春之晖的照耀下,萌芽并茁长。某物给予他者生命,帮助生命的善行就是恩的施行,从受恩这一方来看,就用感恩之情、报恩之行来表达。反顾我们的生活,‘人’在字形上就是两个人互相依凭支持而生的存在,从生到死,即使一日一刻,都无法离开他人和他物的恩惠而存活”(《在恩的大海里生活》)②就是最好的证明,这是值得我们重视和坚持之处。

在上面的分析中,我们不难得知,“恩”在恩惠、好处的层面,一般可以从物质和精神两个方面加以理解,不能机械地偏于一隅,但是,“‘恩’也意味着对所欠恩情的回报,从而就有爱的意思,但其本义是负债”(鲁思·本尼迪克特《菊与刀·历史和社会的负恩者》)。在此可以看出,“恩”一旦成为事实,就说明产生“恩”的行为已经结束,“恩”无疑是其行为带来的自然的果实。在行为链的层面,“恩”首先在其行为带来结果的接受者那里得到彰显,在这个意义上,“恩”就是一种负债,你接受了他人的好处或恩惠,自然也欠下一份情谊。

---

① 参考“积恩为爱,积爱为仁,积仁为灵,灵台之所以为灵者,积仁也。神灵者,天地之本,而为万物之始也。”(《说苑·修文》载〔汉〕刘向撰、赵善诒疏证《说苑疏证》,上海:华东师范大学出版社 1985 年 2 月)

② 〔日〕丸山敏秋著《纯粹伦理入门》,日本新世书房 1987 年 8 月。

(二)“感恩”的真义

在分析了“恩”以后，再来看“感恩”就比较容易了。“感恩”在词义上就是对他人恩惠、好处的感谢、感激。“感恩”一词是中国文化中固有的词汇，就目前掌握的资料而言，最早可以追溯到成玄英的《老子义疏》，这在马叙伦的《老子校诂》中可以得到印证。马叙伦说：“各本作‘以战则胜’，卷子成疏作‘以陈则胜’，旁改‘陈’为‘阵’。馆本作‘以阵则政’。諭弼注上文‘一曰慈’曰：‘夫慈以陈则胜。’是王作‘以陈则胜’，当从之。成疏曰：‘以大慈之心，临于战陈，士卒感恩，所以胜捷。’疑成亦作‘以陈则胜’”①。显然，“感恩”是战争取得胜利的缘由，“士卒感恩，所以胜捷”就是具体的回答。近代思想家梁启超的“至国家者，尤非君臣所能专有，若仅言君臣之义，则使以礼，事以忠，全属两个私人感恩效力之事耳，于大体无关也”②，也显示出对“感恩”的重视。

1. “恩”的度

上面分析时曾提到，法家韩非强调把恩爱控制在一定的程度，换言之，恩爱不能任意抒发。这是为什么呢？对此的辩证认识，也是“感恩”生发正效率的关键。众所周知，“恩”为情感的层面，由于情感始终存在逾越本有轨道的可能性，一旦逾越轨道，“恩”就会变成怨或恨。从恩怨这个词汇也可以看出这一点。恩怨就是感恩之情与仇怨之情，或恩惠和仇恨，它们既区分又联系，这实际上提醒我们，它们同属于人的情感。但恩怨显然不是平和人的良药，试想，一个内心充满仇怨之情的人，自己与他人始终处在两个相悖的域场，因此，自己与他人是对立的，而不是协调的存在，这在认识上始于自己与他人相分离的基点，而不是相联系的出发点，这一认识无论是在形上学理的层面，还是在形下经验的境遇，都是片面狭隘的，自然无正确性可言。因此，在相互联系的视域里，个人与他人是互为条件的存在体，这一客观现实要求人不能把自己置于与他人相对立的境地，必须与他人协调共作以追求生存的最大空间。在这一前提下，如何抑制或化解、避免仇怨之情的产生，而不是一味追求利益的实现。就成为个人实现和谐生活的最大课题，这一问题也就是恩怨的调节，抑制仇怨可以给恩爱腾出最

① 马叙伦《老子校诂》，北京：中华书局 1974 年 12 月。

② 李兴华等编《梁启超选集》，上海：上海人民出版社 1984 年 11 月。

大的生存空间，这是生活阳光化的要求之一。

在现实的生活层面，上面提到的“恩者，仁也”（《礼记·丧服四制》），以及庄子的“以仁为恩，以义为理，以礼为行，以乐为和，熏然慈仁，谓之君子”（《庄子·天下》），都是我们习惯所说的“仁恩”。但在儒家的思想维度，“仁”昭示的不是一般的人际关系，而首先是血缘维度下的人际关系，“仁之实，事亲是也。义之实，从兄是也。智之实，知斯二者弗去是也。礼之实，节文斯二者是也”（《孟子·离娄上 27》）就是具体的例证。这样的话，儒家维度的仁、义、礼、智的侧重点就在血缘关系之中，其区别自然也是这一前提下的产物。基于此，“理，义也”的出台才有了现实的基础，用理则来制约“义”，正是在仁、义、礼、智互作轨道上有效制约“恩”的举措，这一推论为“仁，内也；义，外也……门内之治恩掩义，门外之治义斩恩”（李零《郭店楚简校读记·六位》）所证实。“仁”的“内”侧重在血缘关系层面而立论，“义”的“外”则侧重在外在人际关系视域里的考量，这是对血缘关系狭隘性的突破。在血缘关系里的实际治理中，“恩”总是占有主要的位置，起主导的作用；外在人际关系里的治理则正好相反，具体秩序的整治必须依归“义”来进行，“恩”仅在次要的位置上占有自己的位置。这一运思在后来得到了贯彻，“门内之治，恩揜义；门外之治，义断恩”（《礼记·丧服四制》）就是佐证。

“恩”的血缘性的特征，无疑昭示着“恩”必须在一定规则的制约下运行，不然容易偏于血缘性的轨道，而血缘性与社会性是相矛盾或存在对立的，这也是道家提出“天地不仁，以万物为刍狗；圣人不仁，以百姓为刍狗”（《老子》13 章）、“大仁不仁”（《庄子·齐物论》）的意义所在。由于“仁”是偏于血缘一隅的存在，“不仁”则是逾越血缘一隅而趋于公正无偏的存在。由于恩怨同属人的情感，人作为具有七情六欲的生物性存在，不可能没有仇怨之情，问题是恩怨之间，虽然不是完全用恩情取代仇怨，但以恩情为主轴来调节恩怨，从而给予恩情以最大的活动空间，这是阳光人生的起码要求。基于这样的理解，就有必要把恩情控制在一定的维度，超过具体的度就势必给仇怨的产生孕育可能的条件，“是故大人之行：不出乎害人，不多仁恩……”（《庄子·秋水》），大人作为一种道德高尚的人格，其要素之一就是“不出乎害人，不多仁恩”，这里可以理解为前后互为条件的句子，“不多仁恩”是不害人的具体内容，不害人就要落实在“不多仁恩”上，“不多仁恩”的意思是仁恩不能太多，要恰到好处，不能让恩情任意流淌。

2. “去私恩”

这一运思在法家那里就是要“明主之道，必明于公私之分，明法制，去私恩。夫令必行，禁必止，人主之公义也。必行其私，信于朋友，不可为赏劝，不可为罚沮，人臣之私义也。私义行则乱，公义行则治，故公私有分。人臣有私心，有公义。修身洁白而行公行正，居官无私，人臣之公义也；污行从欲，安身利家，人臣之私心也。明主在上，则人臣去私心行公义，乱主在上，则人臣去公义行私心”（《韩非子·饰邪》），由于“恩”是血缘关系中的情感，属于私的范畴，与法制属于公的域场的规则是不同的。就一个社会而言，社会事务的有条不紊，在于人们对法度的遵守，也就是法制的落实。要注意的是这里的“明法制，去私恩”是“公私之分”的表现。“去私恩”显然不是去掉“私恩”，韩非重视的是公私之间的分际，而不是以公来取代私，公私是互为条件的存在。因此，“去私恩”的“去”当理解为远离，这显然是制约恩情的一种方法。

其实，在中国思想史上，对恩情的调节是思想家们都重视的，可以以荀子的运思为代表来进行总结，“推恩而不理，不成仁；遂理而不敢，不成义；审节而不和，不成礼；和而不发，不成乐。故曰：仁义礼乐，其致一也。君子处仁以义，然后仁也；行义以礼，然后义也；制礼反本成末，然后礼也。三者皆通，然后道也”（《荀子·大略》）。仁、义、礼、乐的和谐运作才是社会有道的保证，就“仁”而言，虽然上面介绍时提到“恩，仁也”，但这不是必然的关系，其中存在一个如何符合理则的中介环节，“推恩而不理”就无法达到仁。换言之，“恩”一定要符合理则，这就是对恩情这种最初偏于血缘情怀的情感的一种有效的制约，既在人的情感世界给予了适当的位置，又设置了具体活动的疆界，这是值得注意的。

总之，“感恩”不是绝对个人私情的表现，必须兼顾社会的理则来行为，这无疑为“感恩”生发积极的正能量设置了最好的境遇。

（三）“恩”的基础

“感恩”作为对外在他者表达感激、感谢之情的行为，行为发生的必然性以及有效性的确定，无疑是“感恩”价值实现的前提条件。在上面对“感恩”之“恩”界定以后，这里要解决的正是“恩”的基础问题。对此可以从以下三个层面来思考。

1. 自然

自然是“恩”产生的第一基础。人作为理性的存在,其价值的基础在于自身是宇宙万物世界的一部分,而不是宇宙万物的主宰者。众所周知,公元前5世纪古希腊智者普罗泰戈拉有一个著名的哲学命题,即“人是万物的尺度,是存在者存在的尺度,也是不存在者不存在的尺度”。这个观点与另一个希腊哲学家巴门尼德的“存在者存在,非存在者不存在”是完全相反的,显然,前者就是我们常说的人类中心主义的运思。审视人类文明的发展史,人类中心主义的运思,随着人类理性的发展,尤其是近代工业革命的成功后,得到畸形的发展,带来的自然结果无疑是人类目前面临的能源枯竭、环境污染、人际关系疏离这三大危机,人类已经进入与自然互相冲突的境遇,这一境遇要求人类付出更多的努力和代价来修补自己与自然的破裂关系。因为,文明的事实告诉我们,人类与自然的和谐是人类敲响幸福之门的前奏,离开这个前提,人类无幸福可言。

在中国古代思想史里,人与自然的关系实际上就是天人的关系。虽然天人合一是中国思想的总体特征,但在不同的思想学派那里,合一的内涵是有差异的。在人类与自然关系失调的背景下,20世纪末西方学者提出了“21世纪将是中国道家哲学的世纪”的警世性运思,而这主要就在于道家思想中的宇宙万物即“天地与我并生,而万物与我为一(《庄子·齐物论》)的运思,中国思想中的“宇宙”这一概念,虽然始于庄子①,但实际在老子思想中也有相同的运思。关于这一点,可以在“事实上,道家将‘宇宙’(cosmos)理解为‘万物’(ten thousand things),这意味着,道家哲学根本就没有‘cosmos’这一概念。因为,就‘cosmos’这个概念所体现的统一、单一秩序的世界来说,他在任何意义上都是封闭和限定了的。就此而言,道家哲学家基本上应算是‘非宇宙论’思想家”(《哲学引论》)②的述论中得到答案。

重视“万物”,不是一个简单的概念的问题,而包含着一种价值追求,一种理念,因为,“万物”是道家的标志性概念之一,这在儒家典籍《论语》那里无法找到,它仅仅只有一次提到“百物”③。总之,人类是宇宙自然的一部分,自然是人

---

① 参考“无始曰:有问道而应之者,不知道也。虽问道者,亦未闻道。道无问,问无应。无问问之,是问穷也;无应应之,是无内也。以无内待问穷,若是者,外不观乎宇宙,内不知乎大初,是以不过乎昆仑,不游乎太虚”(《庄子·知北游》)。

② 〔美〕安乐哲、郝大维著、何金俐译《道不远人——比较哲学视域中的〈老子〉》,北京:学苑出版社2004年10月。

③ 参考“天何言哉!四时行焉,百物生焉;天何言哉”(《论语·阳货》)。

类生存的第一域场，离开自然人类就失去了自己的家园，从人的基本生活的必需品诸如空气、粮食、水、阳光等等来看，人类基本完全依赖于自然，这是无法逾越的一步。人类在有些方面虽然可以依靠理性的发明来弥补自然资源的不足，但无法替代自然资源本身的价值，现今回归自然以及自然物含金量提升的生活现实本身就是无声的回答。所以，自然是人类最大的恩惠源，感激、感恩自然应是人类最为基本的诉求和心理欲求，诸如日本的民风中，日常的一日三餐，在吃饭前首先要举行感谢自然给我们带来的恩惠的简单的仪式，然后动筷子用餐，这就是对自然的感恩，这种贯穿在日常生活里的感恩行为，势必积淀成"自然是人的恩人"的意识。

2. 本性

万物虽然在宇宙世界里有着相同的生物特性，但各自的本性是不同的。不同物类的延伸都有着自己的家族史。在微观的层面，万物都有过从何而来的问题，换言之，万物不是天生的，诸如胚胎生的万物，都是经过母体怀孕而生的，人就是经过母亲十月怀胎而生的，没有父母的养育就不可能有一个新生命的出世和成长，在这个意义上，父母是个人的恩人。前面强调的尽孝在这个层面，实际就是一种感恩，唐代诗人孟郊的《游子吟》"慈母手中线，游子身上衣。临行密密缝，意恐迟迟归。谁言寸草心，报得三春晖"强调的就是对父母的感恩。"'恩'这个词不单纯指他对母亲的爱，而且指他对母亲所欠的一切，包括襁褓时期母亲的哺育照顾，孩提时期母亲所做的牺牲以及成年后母亲为他所做的一切，总之，包括母亲在世时对她所负的一切恩情"（鲁思·本尼迪克特《菊与刀·历史和社会的负恩者》）。

对父母感恩是一个人最为基本的行为要求，一个对父母都不存感谢之情的人，不可能指望他对社会、对他人心存感恩，可以说对父母感恩是人生首要的课题之一。人与其他动物的本性是相异的，即"水火有气而无生，草木有生而无知，禽兽有知而无义，人有气、有生、有知，亦且有义，故最为天下贵也。力不若牛，走不若马，而牛马为用，何也？曰：人能群，彼不能群也。人何以能群？曰：分。分何以能行？曰：义。故义以分则和，和则一，一则多力，多力则强，强则胜物，故宫室可得而居也。故序四时，裁万物，兼利天下，无它故焉，得之分义也"（《荀子·王制》）。"义"就是外在的规则，即依据外在的规则来确定大家的职责，因此，有规则是人类社会的本质所在。近代思想家梁启超说："父母之于子也，生之育之，保之教之，故为子者有报父母恩之义务。人人尽此义务，则子愈多者，父母愈顺，家族愈昌；反是则为家之索矣。故子而逋父母之负者，谓之不孝，此私德上第一大义，尽人能知者也”(《梁启超选集·新民说·论公德》)。

3. 社会

感恩在社会中体现在群体的层面。过群体生活也是人之外其他动物的普遍生存方式，在动物群体之间，虽然不是覆盖所有群体，在一定程度上也存在着感恩的事实。“老鼠和大象”的故事就是一个例证：在一个茂密的森林中，生活着一头英俊的大象，它高大的身子像堵墙，它粗壮的四肢像四根木桩。有一天晚上，它出去散步，碰到一只掉在陷阱里的老鼠向它苦苦求救。大象疑惑地问：“你怎么会掉到陷阱里?”“一只野猫追我，我跑得急，一不小心就掉进来了!”老鼠沮丧地回答。“好吧!”好心的大象把长长的鼻子伸进陷阱，老鼠顺利地沿着大象的鼻子爬了上来。“我要报答你!”站在大象的脚边，老鼠大声说。大象哈哈大笑着走了。有一天，大象被猎人网住了，第二天就会被屠杀后运走，它伤心极了。那只老鼠听说这种情况后，立即连夜集合一大群伙伴不停地啃网绳，终于在天亮之前将网绳全部咬断，救出了大象。这是最好的感恩行动。

人是社会性的动物，其生物特性决定人必须过社会生活。在社会生活中，人肩负着各自的社会职责，这些社会职责组成一张无形的网络，把人们联系在一起。就社会关系而言，人无时不在接受着社会的恩惠，诸如接受教育就存在师恩，接受职业训练也有师恩，没有老师、师傅的育养和引导，一个人无法走上人生的征程并创造出社会价值，描绘出最为美丽的人生图画。对老师、师傅的感恩是绝不可少的，我想 9 月 10 日教师节的确立，正是在社会的层面为人与人之间的连接确立了法定的支持和保证，并通过这一行政的手段来提醒个人切实履行这一行为，从而在大家履行的实践中来加固人际关系链。不仅我国是这样，其他国家也一样，有人的地方，就有老师、师傅，也自然有恩惠的存在，由此而来的感恩的必要性也是必然的，“日本人对老师、主人负有特殊之恩。他们都是帮助自己成长起来的人。他们对自己有恩，将来也可能在他们有困难时要答应他们的请求，或者对他们身后的亲属给予特别照顾。人们必须不遗余力地履行这种义务，而且这种恩情并不随着时间而减轻，甚至时间愈久，恩情越重，形成一种利息。受一个人的恩，这是一件大事，就像日本人常说的：‘难以报恩于万一’。这是一个重负，通常认为，‘恩情的力量’常常超过受恩者的个人意愿”

(鲁思·本尼迪克特《菊与刀·历史和社会的负恩者》)。

恩惠渗透在社会的一切领域,具有非常广泛的基础。在“恩”的阶梯上,国家之恩居于最高的层次,每个公民都受到其国家的保护,没有国家的保护,个人的一切权力、权利以及福利就无法得到保障,而离开这些,个人就失去了在社会上立足的前提条件。在国内生活是这样,到国外旅游、留学等更是这样。在国际事务中,虽然有联合国负责协调所有国家之间的事务,而且也有一定的法律依据,但是,由于在人类文明的长河里存在着国际人道主义和国家民族主义之间的矛盾,而且这种矛盾随着人类理性能力的增强而加深,一个国家经济能力的强大,并非与其能够无条件履行人道主义义务的行为相统一,这是反映人类本性的现实。而在国际事务的处理中,正义实现的程度远非人自身的情感所能容纳和满足,国际事务的无形规则使我们深刻地认识到,一个国家对自己国家公民的关注和重视程度直接左右着其公民在世界上得到尊敬的程度,以及得到公正待遇的程度。换言之,我们每一个人都是与自己的国家密切地联系在一起的,这也是视国家之恩为最高之恩的原因所在。在感恩的事务中,感恩国家自然是我们每个人最为重要的事务,感恩也是爱国行为的具体落实,以前单一地提爱国,其实爱国是比较空虚的口号。对个人而言,听到爱国仍然不知所措,而感恩就非常具体,就是你对国家的感激之恩、感激之情。感激自然也不是抽象的承诺,而是具体的行为,所以,感恩国家必须通过具体的行为来落实,诸如不破坏公共财产、每年植一棵树(包括后续的管理)等。近代思想家梁启超说过,“群之于人也,国家之于国民也,其恩与父母同。盖无群无国,则吾性命财产无所托,智慧能力无所附,而此身将不可以一日立于天地。故报群报国之义务,有血气者所同具也。苟放弃此责任者,无论其私德上为善人、为恶人,而皆为群与国之蟊贼”(《梁启超选集·新民说·论公德》)。显然,感恩社会、感恩国家对个人而言,非常重要,是一个公民必须具有的素质。

正如上面所论述的那样,“恩”产生的基础在自然、本性、社会,它们互相联系,既是“恩”产生的基础,也同时构成“恩”的种类,这些都是人需要感恩的方面。

(四)“感恩”是传扬实践的驱动力

在回答了“恩”产生的基础以后,紧接着要解决的是为什么感恩是传扬传统美德驱动力的问题。这主要可以通过以下三个视角来展示。

1.“恩”在词义学上所展示的广泛性

“恩”字的下面是“心”,而只要是人就在生物的意义上持有心,他不仅有血有肉,而且有情有义,因此,每一个人都是“恩”的载体,这是词义学上昭示我们的“恩”所具有的广泛性。在内在的意义上,由于“恩”的上面是“因”,下面是“心”,因此,“恩”因心而生;换言之,“恩”因人而生,这是人恩超越一般其他动物之恩的本质所在。由于“恩”因心而生,“恩”一旦产生,同时成为心之“因”,“心”必须有所依靠,这是“心”的一种具体的落实,如果没有依靠,就无法感到着实,不着实就无法过正常的生活。因此,“恩”就成为人心的依靠,而人之“恩”与其他动物不同之处就在于“心”的功能的具备,孟子的“无恻隐之心,非人也;无羞恶之心,非人也;无辞让之心,非人也;无是非之心,非人也。恻隐之心,仁之端也。羞恶之心,义之端也。辞让之心,礼之端也。是非之心,智之端也。人之有是四端也,犹其有四体也;有是四端而自谓不能者,自贼者也”(《孟子·公孙丑上 6》)不失为一个绝妙的回答。换言之,“仁义礼智根于心”(《孟子·尽心上 21》),正是在这个意义上,对人而言,“恒心”(《孟子·梁惠王上 7》)、“不动心”(《孟子·公孙丑上 2》)就显得非常重要。在仁义的建设上,孟子虽然认为“人皆有所不忍,达之于其所忍,仁也。从皆有所不为,达之于其所为,义也。人能充无欲害人之心,而仁不可胜用也。人能充无穿踰之心,而义不可胜用也”(《孟子·尽心下 31》),也就是说,人都有不忍心之处,把它推及到自己所忍心之处,就是“仁”;人都有不去做某事的理由,把它推及自己做某事的理由,就是“义”。人能扩充不害人之心,“仁”就用之不尽了;人能扩充不挖洞跳墙即按规矩做事之心,“义”就用之不尽了。

必须注意的是,“恩”为心的依靠,或者说,“恩”是心得以舒展自己活动领域的生态条件。就个人而言,心的活动不仅是人区别于其他动物的标志,而且也是人健康生活的起码条件。

2. 他人优位性的倾向

众所周知,在词义学的层面,“人”的字形就代表着两个人互相倚靠而成的一种态势,也就是人之所以为人在于他的互相依存性,而不是个人英雄主义的威力,这是在字形上的含义。在人类文明史的维度,人类中心主义倾向的出现,表面上显示出对人类事务的关注,但实际上忽视了如何关注才有效于人自身生活的根本性问题。在最终的意义上,人类无法在自己的领域来确立自己的价值，必须在宇宙万物世界中来衡量。万物在各自的物类世界里无疑运用属于自己的语言来进行沟通，人类虽然无法在非常普遍的程度上来精通其他物类的语言，但人类作为灵性的物种，必须明确一个事实：尽管自身具有巨大的能力，但人无法左右宇宙世界，人类只有在与其他万物和谐的前提下才能找到自己的和谐的乐园；宇宙万物具有依存性，是相互依靠的，万物只有在宇宙整体的平衡和谐中才能找到自己的位置和确认自己的价值，并发现自己生活的意义。西方人认为中国哲学的魅力有两个方面，即"中国人是讲求实际的，具有高度发达的社会意识，他们的所有哲学流派都以某种方式关心社会生活、人际关系、道德标准和政治。然而，这仅仅是中国思想的一个方面，与之互补的，还有带着中国特点的对应于神秘主义的方面，它要求哲学家们超越人间俗事和日常生活，并且以达到更高级的思想意识为最高目标。这就是圣人的思想意识，是达到神秘主义的天人合一的中国贤哲的理想"①，这种神秘主义的魅力，也正是西方人把 21 世纪看成道家哲学世纪的关键所在，因为，"东方神秘主义的主要流派……都认为宇宙是一个相互联系的整体，其中没有任何部分比其他部分更为基本，因此，任何一个部分的性质都取决于所有其他部分的性质，在这种意义上，我们可以说，每一个部分都'含有'所有其他部分，对于相互包含的这种想象似乎的确是对于自然界神秘体验的特点，奥罗宾说：'对于超思维的意识来说，没有什么真正是有限的，它所依据的是对于每个部分都包含着全体，而又在全体之中的感知'"（F.卡普拉著、朱润生译《物理学之"道"——近代物理学与东方神秘主义》）。

关于部分与全体关系的认识，大乘佛教华严宗的《普贤行愿品》里所讲述的朝山进香者苏达那的故事最为生动形象，在苏达那看来，"宇宙是一个相互联系的完美网络，其中一切事物相互作用的方式都是每一种事物中皆含有其他事物。铃木大拙意译的这部佛经中有一段用一座壮丽的城堡形象来表达苏达那的体验：'这座城堡像天空一样的宽阔广大……在这座装饰华丽的城堡里还有千百座高楼，每座高楼都像主堡本身一样地装饰华丽，像天空一样地广阔，所有这些数不清的高楼全然不互相妨碍，每座高楼都在与所有其他高楼完美的协调中保持着各自的独立存在，这里没有什么妨碍着一座高楼与所有其他高楼单独地或者集体地相融合，存在着一种完美的混合，而又极为有序的状态。年轻的朝山进香者苏达那看见他自己既在整个城堡中，又在每一座高楼中，其中每个

① 〔美〕F.卡普拉著、朱润生译《物理学之"道"——近代物理学与东方神秘主义》，北京：北京出版社 1999 年 1 月。

部分都包含着全体，而又在全体之中’”（F. 卡普拉著、朱润生译《物理学之“道”——近代物理学与东方神秘主义》）。人类与宇宙万物是互为依存的，个人与他人也是互为依存的，自己的价值必须在他人那里得到确认，老子的“圣人不积，既以为人，己愈有；既以与人，己愈多”（《老子》81 章）显示的就是一种先有人、后有己的他人优位的价值取向，这也就是我一贯强调的道德的本质在“目中有人、心中有他”，这既是“恩”产生的起始点，也是感恩的首要环节。其实，这一运思也是中国整个思想的特征之一，诸如孟子的“养心莫善于寡欲。其为人也寡欲，虽有不存焉者，寡矣。其为也多欲，虽有存焉者，寡矣”（《孟子·尽心下35》），体现的也是这种思想倾向。寡欲是人我关系上的一种节俭，实际上我们不能仅仅在自身人格提高的方法上来加以理解，在人际关系的维度，自己节俭显然就包含着对他者的考量。

总之，从感恩的对象都存在于个人的外在而言，“恩”本身也是先从他者考虑的结果，感恩可以说是道德本质在实际生活里的体现和贯彻，是使道德产生现实力量最为关键的方法。

3. “感恩”是一个内在链

把感恩作为传扬传统美德的内在驱动力，还有一个重要的理由，就是感恩不是一个单一的环节，本身就有一个环环入扣的链，能够自动补充所需能量。在行为学的层面，感恩则有着非常丰富的内容。一般而言，在行为的主客体里，行为主体把自己的“心”寄托给行为客体，对行为主体而言，借助客体可以释放自己的内在能量，这就是施恩的行为；对行为客体而言，则是受恩行为。另一方面，行为主体的行为能否最终完成，关键取决于行为客体的态度，只有当行为客体允许行为主体把他的“心”寄托给自己时，“恩”才能完成自己的价值实现，因为，一旦接受行为主体自觉自愿的要求，就意味着行为的主客体之间在道德的世界里织成了一个特殊境遇里的特殊关系链，关系者也自然地步入了一个“恩”的世界，此时，任何一方都无法一厢情愿地终止这个关系链，一旦强行终止，就是绝恩，势必受到道德的负面评价。所以，施恩行为、受恩行为的成立是以人的自觉选择为前提的，在“恩”的世界里，随着主客体的不同，自然也就形成了各种不同的“恩”。

在现实层面，施恩与受恩是在非常自然的条件下进行和完成的，诸如以血缘本性为基础而生发的恩，对父母亲族之间的恩情，往往都是在无意识的情况下进行的，对当事人而言，无所谓感恩与否。感恩行为成为可能的条件之一，就在于对自己的受恩要有自觉的认知，在血缘关系之外也一样，“夫施德者，贵不德；受恩者，尚必报”(《说苑·复恩》)告诉我们的就是这个道理。施恩不在扬名即“贵不德”，这与老子“上德不德”的运思非常相似，受恩一方最为重要的是考虑回报的具体方法，但是，切实的回报必然要依赖知恩，即对受恩事实的自觉认识。具体而言，就是要知道自然的滋养之恩、父母的养育之恩、社会的哺育之恩、国家的培育之恩，这是总体的认知要求，有了这样的素质，面对外在他者的施恩，自然会在受恩的行为实践中产生知恩的意识。

知恩是感恩的前提，一旦完成知恩，就为感恩奠定了情感的基础。感恩是通过具体的行为对施恩者表达的感谢、感激之情，这一环节自然也就过渡到了报恩的阶段，因为，感谢就是回报、报答。不过，在此要注意的是，感恩、报恩行为最为重要的支点，针对的不是具体的人，而是施恩的行为，这无疑可以避免由情感狭隘性带来的短视的局限所发生的概率，实现在最大的程度上对社会行为的正价值的评价。对人而言，报恩是非常重要的，语言中有“知恩图报”的成语，“人安可以无恩。夫有恩于此，故复于彼，非程婴则赵孤不全，非韩厥则赵后不复，韩厥可谓不忘恩矣”(《说苑·复恩》)，这里的“复于彼”就是报恩的意思，把别人行为给你带来的乐处用自己的行为返回给他者，不然就是忘恩，诸如“子生三年，然后免于父母之怀，故制丧三年，所以报父母之恩也”(《说苑·修文》)说的也是这种情况。当然，“制丧三年”等带有旧时代的浓厚痕迹，在今天是不可取的，但报父母之恩本身仍然是稳固家庭所必需的。报恩是古代思想家非常重视的问题，如果没有报恩的环节，社会将会走向混乱，“孔子曰：‘北方有兽，其名曰蟨，前足鼠，后足兔，是兽也，甚矣其爱蛩蛩巨虚也；食得甘草，必啮以遗蛩蛩巨虚，蛩蛩巨虚，见人将来，必负蟨以走。蟨非性之爱蛩蛩巨虚也，为其假足之故也；二兽者，亦非性之爱蟨也，为其得甘草而遗之故也。夫禽兽昆虫犹知比假而相有报也，况于士君子之欲行名利于天下者乎！’夫臣不复君之恩，而苟营其私门，祸之源也；君不能报臣之功，而惮刑赏者，亦乱之基也。夫祸乱之源基，由不报恩生矣”(《说苑·复恩》)说的就是这个道理。这里说的君臣之间的报恩，在当今社会就是公民对国家的报恩①。

---

① 知恩图报在历史上有许多故事，诸如“与秦争利，还而马。缪公与麾下驰追之，不能得晋君，反为晋军所围。晋击缪公，缪公伤。于是岐下食善马者三百人驰冒晋军，晋军解围，遂脱缪公而反生得晋君。初，缪公亡善马，岐下野人共得而食之者三百余人，吏逐得，欲法之。缪公曰：君子不以畜产害人，吾闻食善马肉不饮酒，伤人。乃皆赐酒而赦之。三百人者闻秦击晋，皆求从，从而见缪公窘，亦皆推锋争死，以报食马之德”(《史记·秦本纪》)，就是其中之一，这里的“报食马之德”就是报恩。

在人的“恩”的世界中，施恩——受恩——知恩——感恩——报恩，成为一个恩链，始点和终点是重合的。静态层面的施恩，实际就是动态层面的报恩。具体而言，在本质的意义上，施恩与报恩是同义反复，是主客体关系转换境遇里的不同说法；报恩是另类的施恩，或者为不同形式的施恩，这是针对施恩者的反向施恩，意在通过这个行为，彰显人之所以为人的本质，释放情感的谢意，达到自己内在情感的平静，同时使人际关系在平和中保持张力，而释放的谢意情感将直接凝聚成张力。受恩虽然需要客体的认同，但这种认同可以有各种各样的情况，诸如形式上的认同也是认同，但此时并没有从恩惠的意义上认识到其真正的意义，对行为主体的施恩行为产生情感上的理性自觉，这就进入了“感恩”阶段，真正感受到来自他人的恩惠，从而产生情感上的愉悦，达到心理上的享受，同时也感受到自己在人际关系里依存性的重要性，以及个人对维护这种依存性关系所持有的必然责任，为“报恩”的登场和价值实现完成事实上的情感准备，一旦与具体的情景实现对接，“报恩”行为就会立即变成现实。中间三个环节则是施恩、报恩的加油站和驱动器，这也正成为传扬传统美德的驱动源。总之，“感恩”是“报恩”价值实现的前提，具有非常重要的位置。实际上，“感恩”是对施恩行为的情感性的理性自觉，或者是对恩的情感性的自觉意识，传统美德是中华民族精神的凝聚，是民族的血液，血液的纯洁是民族生命健康的保证，感恩就是保持血液纯净的过滤器。

（五）“感恩”具有普适性

由于传统美德之美，不是在道德层次上高位的占有，而是在道德生发价值和意义的范围里的广泛性。我们反对把美德定义为居于一般道德之上的存在的运思，美德之所以美在于它的广阔性和广泛性。广阔性是范围的无限广阔，毫无限制地囊括了一切人，只要是人，就有与美德共同生活和实践的权利，美德具有普适性；广泛性是美德内容的基本生活性，它源于生活，面向生活，而生活是人的营养源泉，人无法离开生活。在这个意义上，完全可以说，美德是道德的基础。没有美德就不可能有道德，而不是相反。把道德说成美德基础的运思，最大问题就是对道德进行高低的分层，而只要是道德，其价值是同等的，道德没有大小、高低的分别。但是，在审美的视域里，不同的道德行为所带来的审美愉悦是不同的。在广泛性层面，感恩可以说是传扬传统美德实践工程最好的切入点。

前面提到,施恩、受恩、知恩、感恩、报恩直接成为传扬传统美德的驱动力,在于它本身就是一条动力链,内置着动力机制,受恩、知恩、感恩就是其动力源,这在学理上是不成问题的。但学理与现实不是一回事,不能等同,我们要的是在实际生活中的那个真正产生效益的动力机制,这就需要实践来完成。这一实践自然不是依靠感恩教育能够完成的,起码习惯意义上的感恩教育是无法完成这一任务的。我们的思维出现了严重的问题,关注的仅仅是做,不注意如何做才能产生预期的成效。因此,做了就可以总结了,至于效果如何自然是无需考虑的事情,这是最为致命的文化杀手因子。恩链还是一条切实的连接个人与社会他者的桥梁,是社会稳定的文化因子,注重恩链的打造是感恩获取活力的最为关键的一个环节,也是传统美德文化在现实层面生根的关键。这一工程最为关键的是不能依靠说教来完成,说教也无法承担这一重任,而必须在实际生活中养成。

1. 哈齐的故事

在日本昭和年间(1926—1989)仍然使用的《寻常小学修身课本》里,有这么一个故事:有一条可爱的小狗叫哈齐,出生不久,就被一个陌生人带走抚养了。在陌生人家里,哈齐像小孩一样受到疼爱,它弱小的身体也不断强壮起来。主人每天早晨上班时,它总陪送到车站,傍晚下班回家时,它又去车站迎接。不久主人去世了。哈齐也许不知道,它每天仍然照常到那个车站迎接,每当电车到站,它就在人群中寻找主人。岁月飞快流逝,转眼十年过去了,但仍然可以看到那已经长大、衰老的哈齐,每天在车站前寻找它主人的身影。这个故事讲的就是作为受恩者的哈齐不忘报恩的经历,报恩自然是宇宙不容怀疑的基本准则之一。这一故事在世界文化舞台上获得了共鸣,2009 年被美国改编成电影:《Hach: A Dog's Tale》。故事情节为大学教授 Parker Wilson 在每天上班路过的火车站遇到了一条被遗弃的狗,脖子上挂的名字是 Hach 即哈齐,哈齐不愿离开他,该教授一边到车站办理让哈齐主人来领回哈齐的手续,一边就把哈齐领回了家。以后发生的事情基本与《寻常小学修身课本》里的故事情节一样。这里虽然有哈齐通人性方面的意思,但最主要的是哈齐通过每天到车站送迎主人的具体行动,来表达对主人的感恩。

2. 感恩节

西方的感恩节是大家不陌生的，在美国，每年 11 月的第四个星期四，有 Thanks Giving Day 即感恩节，这个节日始于 1621 年。那年秋天，远涉重洋来到美洲的英国移民，为了感谢上帝赐予的丰收，举行了 3 天的狂欢活动，从此，这一习俗就延续下来，并逐渐风行美国各地。1863 年，美国总统林肯正式宣布感恩节为国定假日，届时，家家团聚，举国同庆，其盛大、热烈的场面，不亚于中国的春节。

3. 各民族文化中的报恩情结

藏族《礼仪问答写卷》（以下简称《问答》）见诸敦煌本古藏文文书 P. T. 1283 号卷，该卷与其他流落海外的敦煌本古藏文文书约 5 000 余卷，现分别藏于伦敦大英博物馆和巴黎国家图书馆。国内由中央民族大学藏学研究所王尧、陈践译为汉语，并加译解，刊载于《西北史地》1983 年第 2 期，该文献原无标题，书名为译者所加。《问答》在第 16 问中以弟弟向哥哥发问的方式问道："何为做人之道？何为非做人之道？"兄长的回答是："做人之道为公正、孝敬、和蔼、温顺、怜悯、不怒、报恩、知耻、谨慎而勤奋。"显然，报恩是做人之道的具体内容之一。《问答》第 36 问中，弟问道："我有一个干练之仆，若施以财宝，我将变穷；若不大加赏赐，何以报之"？兄答道："不予权力而令知其礼，乃是最上乘之酬答，财宝亦在其中矣。"把知礼节作为报恩的具体内容，这不失为一种报恩的方法。

显然，从"恩"的广泛性而言，感恩无疑是编织社会网络的韧带，具有团结人际力量的功能。中国古代具有非常丰富的"恩"思想，尤其是"恩义"问题的提出，一方面折射了"恩"在情感方面的狭隘性，另一方面昭示了"恩"必须在"义"的轨道上进行社会生活的演绎。如何做好"恩""义"的结合，这是从血缘"恩"到普适性"恩"的关键，"恩义"是 21 世纪现代社会生活所无法缺少的文化因子。感恩实践链的营建，也必须融于平常的现实生活，要在做中育养。具体而言，清明节是法定的国家节假日，可以利用清明节做一件具体的事情来感恩在世的父母亲人。苏联有一句谚语：父恩比山高，母恩比海深。通过做具体的事情来体现高、深，与高、深的差距越大，说明子女欠父母的恩情越大。通过这种具体小事来追祭祖先，当然不能只停留在习惯到先人坟墓上烧纸，这毕竟不是一种安全而卫生的方法。每年的 3 月 12 日为植树节，这是一个感恩大自然的最好方式，通过种树的具体行动来表达对大自然的感恩，激发人们爱林、造林的感情，提高人们对森林功用的认识，促进国土绿化，达到爱林、护林和扩大森林资源、改善生态环境的目的。9月10日是教师节，可利用这个节日来培养莘莘学子对老师、社会的感恩之心，自然也是通过做具体的一件事情来切实地落实感恩，而不是仅仅提倡和走过场，让年轻人认识到没有老师的教育、没有社会的育养，自己就不可能有今天，从而激发其思考自己拿什么成果来回报老师、社会的育养之恩的现实问题，在感情上把个人和社会他人紧紧地连接在一起。

文明的实践告诫我们，现代文明必须借助古代文明的营养来滋润自己的躯体，丰满自己的形象，从而完成净化文明社会环境氛围的重任。中国文化强国的战略也一样，也必须依托古代文化的丰富内容来进行，在最为切入生活并最能盘活古代文化资源的层面，感恩是最好的选择。迄今我们的道德建设重视的是建设本身，而不是如何建设才有效，带来的后果是道德滑坡等负面效应。由于不知从何入手，也就根本没有效益的考虑和追求，自然也不过问效果如何。我们总是在这样的重奏中度过我们的虚无，浪费我们的物质和精神资源。在世界大开放的今天，我们已经没有任何退路，人均收入如何切实提高就是我们的社会建设要解决的最大问题，只有解决了这个问题，民众的切身福利才有保证，民生才有指望得到提高。在软文化的领域，追求实效的问题是必须得到切实坚持，选择感恩为传扬传统美德的驱动力，本身就是对陈式的破除，本身就是从有效层面切入的落实，因为恩是人在自然、本性、社会层面无法躲避的问题，有着切实而宽广的基础，感恩是连接个人与社会、自己与他人、人与自然的最为着实的切入口。要解决好这一问题，可以安排“感恩教育”这门课。尽管近些年我们可以不时听到“感恩”的概念以及《感恩的心》这样的歌曲，但在学校层面的感恩教育还没有开展起来。这是人生的一门必修课，而且是伴随终生并让人受益终生的，拓宽既往教育的视野，拨动学生情感的琴弦，切忌千篇一律、泛泛而论的模式，学校学生宿舍可切实实行值班制度，包括教室的卫生间，都应该成为感恩教育的场地，把具体的工作分配给学生承担，这样可以让学生在具体的实践中培养感恩社会的意识情感。

八、“习惯”是美德的文化铸造器

众所周知，传扬传统美德的实践，其核心的价值追求无疑是在中华文化的通道中，让美德成为最为活跃的正能量因子，驱动中华民族伟大复兴中国梦的实践。在这一实践过程中，礼貌的养成虽然是个人道德养成的重要环节，但在人性的层面，礼貌并非先天的产物，作为后天文化产品的礼貌，自己并非自己的决定者。在效益的天平上，如何有效地让礼貌成为个人文明化的阶梯，成为个人社会价值实现的基盘，这仍然必须在社会文化的联动中得到定位。“习惯”无疑是文化大系统里有效积淀礼貌成果的铸造器，这就是在传扬传统美德机制的个体性展开的营建实践中，讨论过礼貌问题后，给“习惯”留下无限而开放的空间。

(一) 何谓“习惯”

人不是生来就具有道德的，而是在后天的生活实践中变得有道德的，习惯在个人道德素质的形成中具有非常重要的效用，“在《尼可马科伦理学》的第二卷中，他对德就像艺术或工艺一样的技巧谈了很多(虽然这种比较在最后有小心的限定)。有两点很醒目：(1)我们不是生来就有德的。但是，自然给我们一种变得有德的能力，这种能力通过习惯而完备。因此，我们通过做有德的行为而变得有德。‘因为，我们通过制造当我们学一门手艺时必须制造的产品而学会一门手艺，通过建造房子而成为营造师，通过弹奏竖琴而成为竖琴师。同样，我们做公正的行为，才能成为公正的；做节制的行为，才能成为节制的；做勇敢的行为，才能成为勇敢的。’(2)我们必须从童年起就在德的习惯方面接受训练。亚里士多德多次强调这一点，并承认这是‘很重要的，确实是非常重要的’”(倪德卫《儒家之道：中国哲学之探讨·“德”的悖论》），这是一种关于“道德”的典型的表述。目前，习惯的研究在心理学学科中一直是一个主要的课题，这是众所皆知的问题。要通过习惯来实现传统美德传扬的实践，自然首先要对习惯本身进行必要的认识和界定，不然无法期盼习惯作为美德文化铸造器的客观效果的出现。

1. 一种生活方式

一般而言，习惯是积久养成的生活方式，泛指地方风俗、社会习俗、道德传统习俗等，它是一种长期逐渐养成的、不断重复的、不自觉的活动，并非人的理性自觉的活动，这是必须首先认识和确认的。

在词语学的层面，习惯与中国文字中的“习”存在紧密的联系。“习”属会意字，从羽，与鸟飞有关，本义为小鸟反复地试飞，《说文解字》的“习，数飞也”就是这个层面的解释之一；另一方面不能忽视的是，“反复地试飞”中的“试飞”还有练习飞、尝试飞的意思，这是在动态的层面对“习”做出的解释，在这一层面，我们不得不重视的是，小鸟虽然具有飞的特性，但这不是先天就具备的能力，从习性变为自身的能力需要后天的努力，没有后天的努力，习性永远只能是习性，这是必须明了的。因此，从后天开始的一个行为的不断重复，就成为具体的习惯，后天努力的程度则直接决定习惯生发的力量，孔子的“性相近也，习相远也”（《论语·阳货》）就是在这个层面的具体总结，这里的“习”是习性、习惯的意思。另外，“习”在熟悉、熟习、熟练的层面，与“贯”与“惯”是相通的①，“孔子曰：‘少成若天性，习贯如自然’”（《汉书·贾谊传》），“师古曰：贯亦习也”（《汉书·贾谊传》），就是具体的佐证。而“贯习”这一概念就是熟练、熟悉的意思。当然，熟练源于具体在日常生活中贯彻执行，换言之，在日常生活中贯彻执行，其自然的结果就成为个人的习惯，这就是“贯”与“惯”相通在文字上含有的契合。对个人而言，他所熟悉和熟练的行为在他自己的人生实践中，往往是一种规律性的存在，因此，“‘习惯’和‘日常行为规律’常常可以相互替代。但是，在这里，我们探讨问题时，我们就把日常行为规律定义为人们的习惯总和。换句话说，你的习惯将决定你的日常行为规律”②。

---

① 在古代文献中，“贯”通“惯”的用例是不难找到的，诸如“诗云：‘不失其驰，舍矢如破。我不贯与小人乘，请辞’”（《孟子·滕文公下》）。这里的“不贯”就是不习惯的意思。

② 〔美〕杰克·霍吉著、吴溪译《习惯的力量》，北京：当代中国出版社2007年第2版。

2. 人的第二天性

在中国古代文化中，存在自幼形成的习惯就好像天性一样的认知，诸如"孔子曰：'少成若性，习贯之为常'"（《大戴礼记·保傅》），表达的就是这个意思；卢辩注云："言人性本或有所不能，少教成之，若天性自然也"，也正是这样来诠释的，必须注意的是这里的"若"，不是"是"。当然，卢辩的注释并没有对"习贯"即习惯进行聚焦，"习贯之为常"昭示的是育养人性的具体方法，就是从习惯切入，使之成为人的行为之常，对人而言，这样的"常"仿佛人性自然一样。上面提到的"习贯如自然"也一样，"如"与"若"一样，都是"象"的意思，这是以人性的先天特性为基准来进行审视的结果，由习惯而来的对人性的改良和优化，直接成为人的第二天性，这是必须注意的。

3. 源于人的潜意识

习惯是不自觉的生活方式，是非理性的。脑科学研究显示，非理性往往与人的潜意识相关联。人的思维由两个相互独立的部分构成，即显意识和潜意识。美国学者杰克·霍吉认为，"显意识便是你的知觉，它负责思考、推理、计算、计划或设定目标。潜意识则是各种事物的仓库，你过去的经历和经验便在此存放。你的记忆、情感、信仰、价值观，当然，还有你的习惯，统统构成了你的潜意识"（《习惯的力量》）。由于显意识与人的理性知觉紧密联系，具有积极有为的特点，诸如"思考、推理、计算、计划或设定目标"就是积极有为的具体表现；潜意识则与人的非理性相联系，具有被动接受的特点，它倾听人的一切经验，而从来不对人进行给予性的指示和干预，进入人的潜意识中的东西，往往难以改变，对人形成强烈深远的影响。所以，这里说的习惯一经形成，就难以改变，这也是人们重视习惯的原因之一，之所以难以改变，"就因为它们深深根植于我们的潜意识当中，这便是我们仅用显意识几乎无法改变习惯的本质原因。显意识的活动仅在我们警觉时起作用，在我们清醒和防备时能够战胜潜意识。显意识就像是一位值勤的哨兵，夜深时哨兵开始打盹儿了，潜意识就当值了。因为，潜意识从不入睡，它永远静静地存在，静静地等待显意识哨兵开小差"（《习惯的力量》，第 13 页）。

潜意识不需要思考，让人的大脑得到休息，这可以说是人成就人生的一个重要场域。"科学家说习惯之所以出现，是因为大脑一直在寻找可以省力的方式。如果让大脑自由发挥，那大脑就会让几乎所有的惯常行为活动变成习惯，因为习惯能让大脑得到更多的休息。这种省力的本能是一大优势"（《习惯的力量·习惯的回路：习惯是如何运作的》)[①]，可谓是对“习惯”最好的总结。这样说不是推测，而是建筑在实验的基础之上的，就是让老鼠在迷宫里找食物，“科学家不断重复这个实验。迷宫里同样的路老鼠走了几百次，研究人员观察着每一只老鼠大脑活动的变化。一连串的变化慢慢地出现了。老鼠停下来嗅各个角落，然后选了错误的方向转弯，它们穿过迷宫的速度越来越快，在它们的大脑内部，有些意料之外的事情发生了：随着每只老鼠学会如何穿越迷宫，它们的思维活动开始减弱。老鼠们的行进路线变得越来越自动化，每只老鼠的思考越来越少”(《习惯的力量·习惯的回路：习惯是如何运作的》)。思考的减少是因为老鼠得益于自已所选择进路而形成的习惯，也就是潜意识开始登上舞台，把自己熟悉的路径变成了自己素质的一部分。“仿佛是头几次老鼠在探索迷宫，大脑必须全力工作来分析新信息，而经过几天重复走同一条路之后，老鼠不再需要去挠墙或去嗅周围的气味儿了，所以与抓挠以及嗅闻相关的脑部活动停了下来。老鼠不需要去选择怎么转弯，于是大脑的决策中心偃旗息鼓，它此时要做的就是回忆起找到巧克力的最快路径。不到一周，甚至和记忆有关的大脑结构都停止了活动。老鼠已经将在迷宫中快速通过的路线变成了自身的一部分，几乎都不需要去思考”(《习惯的力量·习惯的回路：习惯是如何运作的》)，这个实验说的就是这个意思。思考减少，实际就是思维的习惯化，这发生在大脑的基底核[②]，即“这种思维习惯化，也就是跑直线、左转、吃巧克力的活动，靠的是大脑的基底核，老鼠颅内的探测器表明了这一点。随着老鼠跑得越来越快，大脑工作得越来越少，基底核这一微小、原始的神经结构似乎取代了大脑的工作。基底核是回忆行为模式以及依此行动的核心，换言之，基底核甚至在大脑其他部分沉睡时都在存储生物的习惯”(《习惯的力量·习惯的回路：习惯是如何运作的》)。

(二)“习惯”的特性

在整体上，人类的文明可以说是人类理性的结晶，但是，据此我们仍然无法

① 〔美〕查尔斯·都希格著，吴奕俊、陈丽丽、曹烨译《习惯的力量》，北京：中信出版社2013年4月。

② 参考“20世纪90年代，麻省理工学院的研究人员开始思考基底核是否也与人的习惯紧密相关。他们注意到基底核受伤的动物会突然不知道如何通过迷宫，或者不记得怎样打开装有食物的容器。于是研究人员决定用新的微缩技术来观察极其微小的细节，看看老鼠在进行一些日常活动时，大脑中都有什么变化。经过手术，每只老鼠的颅腔中都被植入了一种像很小的游戏摇杆的装置和一堆细电线。之后，研究人员将老鼠放到了T形的迷宫中并在另一端摆了一块巧克力”(查尔斯·都希格《习惯的力量·习惯的回路：习惯是如何运作的》)。

得出理性就是一切或者说理性可以解决一切问题的结论。事实也是这样回答这个问题的，人类现在面临的能源枯竭、环境污染、人际关系疏离等危机，完全可以说是人类理性发展的副产品。人类文明的实践虽然显示，人类努力于解决这些威胁人类生活健康的危机问题，但人的理性无法彻底根除这些问题，已经是不言自明的事实。这一事实要求人类在重视自身理性的同时，必须关注与理性相应存在的非理性方面因素的作用。实际上，在人类文明思想史中，老子早就提醒人类关注自身理性的有限性的问题，这就是“道可道，非常道；名可名，非常名”(《老子》1 章)告诉我们的道理，人无法彻底认识真正存在于宇宙之中的“道”即真正的宇宙规律，只能接近对它的认识。老子这一思路提醒人必须清楚自身认识的局限性这一现实，并在这一现实下开展自己的生活并经营自己的事务。换言之，人的理性也有解决不了的问题，而客观的事实是，解决问题走向健康生活是人的责任，在这个前提下，重视非理性因素的作用就有了现实的必要和价值意义。显然，关于这一点，迄今仍在人的理性视野之外，这是需要尽快改变的方面。习惯的特性，可以在以下的两个方面得到大体的把握。

1. 潜移默化

由于习惯与人的潜意识紧密相关，是人的一种自动活动①，不为人的理性所及时关注，故往往不为人自身所适时关注，不过，它却是客观的存在，而且起着潜移默化的作用，一旦习惯在一个人的意识形态中形成，就自然地成为人行为的第一推动者，导航着人的行为。因此，这种来自习惯的潜移默化形成的力量是无法估量的，对人形成巨大的影响。下面的故事就是最好的说明：

> 一天，一位睿智的教师与他年轻的学生一起在树林里散步。教师突然停了下来，并仔细看着身边的 4 株植物。第一株植物是一棵刚刚冒出土的幼苗；第二株植物已经算得上挺拔的小树苗了，它的根牢牢地盘踞到了肥沃的土壤中；第三株植物已然枝叶茂盛，差不多与年轻学生一样高大了；第四株植物是一棵巨大的橡树，年轻学生几乎看不

① 参考“在大脑深处，靠近脑干，也就是脊柱和大脑结合的位置，这里有着更老、更原始的结构，它们控制着你的自动行为，比如呼吸和吞咽，有人从灌木丛后面跳出来时，你的那种惊吓的反应也是源自这里。大脑骨的中心是一个高尔夫球大小的组织块，这个组织块与在鱼类、爬行动物或哺乳动物脑部的一样，这就是基底核，是细胞组成的一个椭圆形组织”(〔美〕查尔斯·都希格《习惯的力量·习惯的回路：习惯是如何运作的》)。

到它的树冠。

老师指着第一株植物对他的年轻学生说:"把它拔起来。"年轻学生用手指轻松地拔出了幼苗。

"现在,拔出第二株植物。"

年轻学生听从老师的吩咐,略加力量,便将树苗连根拔起。

"好了,现在,拔出第三株植物。"

年轻学生先用一只手进行了尝试,然后改用双手全力以赴。最后,树木终于倒在了筋疲力尽的年轻学生的脚下。

"好的",老教师接着说道,"去试一试那棵橡树吧。"

年轻学生抬头看了看眼前巨大的橡树,想了想自己刚才拔那棵小得多的树木时已然筋疲力尽,所以他拒绝了教师的提议,甚至没有去做任何尝试。

"我的孩子",老师叹了一口气说道,"你的举动恰恰告诉你,习惯对生活的影响是多么巨大啊!"(参考杰克·霍吉《习惯的力量》)

巨大的橡树不是在短期内能够长成的,而是经过长期的风吹雨打,在大自然的惠顾中长成大树;从小到大的过程,对人而言,自然也是一个从不起眼到起眼的过程。习惯在借助人的行为生成的过程中,也是一个从不明显到明显的过程,这种潜移默化的特性,正是人们对习惯没有引起足够重视的原因之一,尤其是坏习惯给人们带来消极后果时,人们才恍然大悟习惯所持有的潜移默化的特性。

2. 不可根除性

在一定程度上,由于习惯具有潜移默化的特性,一个习惯真正为个人所理性自觉时,往往已经完成了其潜移默化地积聚力量的过程。因此,在人的系统中,习惯还具有不可根除的特性,即使你意识到坏习惯会给你带来非常消极的后果,这些消极的后果能够不自觉地消解个人的人性力量,尽管你想尽快让坏习惯消失,但往往不尽人意,这是因为习惯的不可根除性在作怪而已,"我们明确了希望养成的好习惯,以及希望改掉的坏习惯之后,应充分理解如何改变习惯,这很关键。人们通常说,习惯很难根除。其实,这种说法并不准确。习惯不可能根除,只能够被替换。换句话说,你只能够替换而不是抹去一个坏习惯,二者之间的区别很重要！因此，我们在着手改掉坏习惯之前，必须仔细地思考究竟应该选取哪些好习惯来替换它们”（〔美〕杰克·霍吉《习惯的力量·培养好习惯，构建新生活》）、“习惯并非确定不变的，在后两个章节中可以看到，习惯是可以被忽略、改变或者替换的。但是发现习惯回路太重要了，因为它揭示了一个基本的事实，就是在习惯出现时，大脑不再完全参与决策，它要么完全静下来，要么集中做其他的任务。所以除非你可以抵制习惯，找到新的惯常行为，不然习惯模式依旧会自动展开”（〔美〕查尔斯·都希格《习惯的力量·习惯的回路：习惯是如何运作的》），这是基于人的大脑特性的研究成果，应该引起我们的充分重视。这也在另一层面告诉我们，必须慎重对待习惯，应该把关注人的潜意识作为人显意识必须的内涵之一；换言之，必须对潜意识的研究真正投入力量，从而在全方位上为人类克服基于自身理性而来的危机创造条件。

(三)“习惯”的功效

科学发明家爱迪生则认为，“‘缺乏思考习惯的人，其实错过了生活中最大的快乐。不仅如此，他也会因此无法最大化地发挥和展现自己的才能。’爱迪生真正明白，正是勤于思考的好习惯，让人们把自身更多的潜能开发出来”（〔美〕杰克·霍吉《习惯的力量·习惯的益处》）。习惯能够开发人的潜能，这是它本身所具有功效的发挥。习惯的功效主要表现在以下四方面。

1.“习惯”功效实现的价值审视

习惯具有强大的力量虽然是得到公认的，但将习惯的力量在价值的天平上进行衡量的话，可以在正负两个方面得到定位，美国的美铝和罗德岛医院就是正反两方面的例证①。对此的认识，在中国古代文化中也能找到佐证，“而至于俗间行语，众所共传，积非习贯，莫能原察”（应劭《风俗通义序》）②就是具体的说

① 参考“罗德岛医院充斥着一种极具腐蚀性的文化。在美铝，经过精心设计的核心习惯都以工人的安全为核心，这种做法让公司一步一步取得了更大的成功。而罗德岛医院则不同，护士们形成的习惯是用来应对医生傲慢态度的。这间医院的惯例明显没有经过深思熟虑。相反，在护士们不敢声张的警告中，事故频频出现，愈演愈烈，最终形成了一种病态的模式。在那些没有精心设计习惯的组织中，这种情况极易出现。一种精心构建的习惯可以创造令人惊喜的改变，同样，错误的习惯会带来灾难性的结果”（〔美〕查尔斯·都希格《习惯的力量·危机就是转机：领导者怎样通过事故创造新习惯》）。

② 〔汉〕应劭撰、王利器校注《风俗通义校注》，北京：中华书局 1981 年 1 月。

明。“积非习贯”指的是错误长久沿袭已成习惯，这也是坏习惯，这种习惯对人形成的效应无疑是消极的。因此，在现实生活中，适时地弱化、转化坏习惯，把它对生活产生的影响减少到最低的限度，这是人应该认真思考和落实的课题，坏习惯虽然对人存在潜在的危机和威胁，但这种危机和威胁同时也是一个转机，关键在于我们去审时度势，进行有效的转化，“几乎所有的破坏性习惯都是轻率的产物，是那些拒绝构建企业文化、任其放任自流的领导者种下的恶果。没有制度习惯的组织是不存在的，一些组织没人去精心设计习惯，没有深思熟虑去创造习惯，所以往往在发展的过程中会有争斗和恐惧相伴。有时，一些能够审时度势、抓住机遇的领导者，能够转化破坏性的习惯。有时，在危机的煎熬中，正确的习惯也会应运而生”(〔美〕查尔斯·都希格《习惯的力量·危机就是转机：领导者怎样通过事故创造新习惯》)，正是在这个意义上立论的。

2. 成性的功效

上面曾经提到通过习惯来“少若成性”的问题，这同时也说明习惯具有成性的功效。说到人性的问题，留给人最深的印象是性善、性恶，其实，在1993年新出土的郭店楚墓竹简中，给我们提供了重新审视古代人性问题的崭新资料，这就是“凡人虽有性，心无定志，待物而后作，待悦而后行，待习而后定”(李零《郭店楚简校读记·性》)，人性故事的完成无法在简单的价值判断的视域里得以完成，必须借助于外物来实现，“待物而后作”“待习而后定”说明的都是这个问题。先天的人性虽然趋同，但后天的人性图画却是相异的，即“四海之内，其性一也，其用心各异，教使然也”(《郭店楚简校读记·性》)，这里的“教”是教化的意思，教化的过程就是养性的过程，“养性者，习也”(《郭店楚简校读记·性》)，养性的过程就是“习”的过程，即“习也者，有以习其性也”。换言之，就是习惯成性。

3. “习惯”移志

在文化的层面，习惯不仅对个人产生巨大的影响，而且左右社会的心理结构，“习惯实际上不仅仅影响我们的个人生活，许多心理学家都认为，实际上正是习惯引导着整个社会结构的心理机制的改变”(杰克·霍吉《习惯的力量》)，这一客观情况使人不得不重视习惯的功效。对习惯所持有的潜移默化这一特性所产生的功效的认识，在古代思想家那里就有许多记载，诸如：

> 人有师有法而知则速通，勇则速威，云能则速成，察则速尽，辩则速论。故有师法者，人之大宝也；无师法者，人之大殃也。人无师法则隆性矣，有师法则隆积矣，而师法者，所得乎情，非所受乎性，不足以独立而治。性也者，吾所不能为也，然而可化也；情也者，非吾所有也，然而可为也。注错习俗，所以化性也；并一而不二，所以成积也。习俗移志，安久移质，一而不二则通于神明，参于天地矣。（《荀子·儒效》）
>
> 故积土而为山，积水而为海，旦暮积谓之岁。至高谓之天，至下谓之地，宇中六指谓之极；涂之人百姓积善而全尽谓之圣人。彼求之而后得，为之而后成，积之而后高，尽之而后圣。故圣人也者，人之所积也。人积耨耕而为农夫，积斲削而为工匠，积反货而为商贾，积礼义而为君子。工匠之子莫不继事，而都国之民安习其服。居楚而楚，居越而越，居夏而夏，是非天性也，积靡使然也。故人知谨注错，慎习俗，大积靡，则为君子矣；纵性情而不足问学，则为小人矣。为君子则常安荣矣，为小人则常危辱矣。（《荀子·儒效》）

习惯之所以能够产生巨大的力量，就在于其在不知不觉之中潜移默化的积累，“注错习俗，所以化性”，正在于“成积”“积靡使然”，习惯持有的潜移默化的积累的特性，与“积土而为山”“积水而为海”是一样的，山、海就在于不停地累积，即“旦暮积谓之岁”；正是在这个意义上，就有了“习俗移志”。

洞察习惯的功效，重视习惯对人性发展的影响，是中国古代知识人的普遍的情结，诸如管子的“圣人者，明于治乱之道，习于人事之终始者也。其治人民也，期于利民而止，故其位齐也。不慕古，不留今，与时变，与俗化”（《管子·正世》）就是具体的表述之一，必须注意的是，这里的“习于人事”的具体内涵是“与时变，与俗化”，在这个意义上，“习”也就是“习俗”即风俗习惯，它具有“化”的功效。正是在这个意义上，荀子虽然没有“习惯”这一概念的使用，但却有6个“习俗”概念的使用，重视习俗实际就是推重习惯，“有法者以法行，无法者以类举。以其本，知其末，以其左，知其右，凡百事异理而相守也。庆赏刑罚，通类而后应。政教习俗，相顺而后行”（《荀子·大略》），把习俗作为社会治理的一个重要事务。

4. 实现理性提倡无法解决的任务

理性的显意识并不能解决一切问题，因此，尝试用潜意识来解决显意识不能解决的问题，正是显意识要创造的新空间，也是人类要突破的场域，这就是要确立习惯在文化层面的地位，习惯力量的巨大，就在于它能排除由理性的隐性盲区带来的消极影响，“斯奎尔在尤金身上发现，习惯的力量很强大，但习惯本身也很脆弱。几乎在所有的实验中，其他研究人员也有同样的认识。习惯可以在我们的意识之外出现，也可以被刻意地修改。习惯往往是在未经意识的情况下出现的，但可以通过调整习惯的各个部分来重塑习惯。习惯对我们生活的影响程度超过我们的认识，实际上，习惯非常强大，能让人的大脑依赖它们，同时将逻辑等其他一切排除在外”（查尔斯·都希格《习惯的力量·习惯的回路：习惯是如何运作的》）就是最好的总结。

由于人的活动90%受潜意识的支配，受显意识支配的活动仅占10%。所以，完全有理由推断，人的成功往往在良好习惯的养成上，好习惯可谓是人的宝库，“成功人士并不见得比其他人聪明，但是，好习惯让他们变得更有教养、更有知识、更有能力；成功人士也不一定比普通人更有天赋，但是，好习惯却让他们训练有素、技巧纯熟、准备充分；成功人士不一定比那些不成功者更有决心或更加努力，但是，好习惯却放大了他们的决心和努力，并让他们更有效率、更具条理”（〔美〕杰克·霍吉《习惯的力量·习惯的益处》）可谓精当的概括。

（四）“习惯”的养成

俗话说，播种行为，收获习惯；播种习惯，收获性格；播种性格，收获命运。在具体的行为中养成良好的习惯，对人生至关重要，“所有成功人士都有一个共性，那就是，基于良好习惯构造的日常行为规律”（〔美〕杰克·霍吉《习惯的力量·习惯的益处》）。“有调查表明，人们日常活动的90%源自习惯和惯性。想想看，我们大多数的日常活动都只是习惯而已！我们几点钟起床，怎么洗澡、刷牙、穿衣、读报、吃早餐、驾车上班等等，一天之内上演着几百种习惯。然而，习惯还并不仅仅是日常惯例那么简单，它的影响十分深远。如果不加控制，习惯将影响我们生活的所有方面”（〔美〕杰克·霍吉《习惯的力量》），“毫无疑问，人就是一种习惯性的动物。无论我们是否愿意，习惯总是无孔不入，渗透在我们生活的方方面面。很少有人能够意识到，习惯的影响力竟如此之大”（〔美〕杰克·霍吉《习惯的力量》），正是在这个意义上，我们可以说，人就是习惯的具象，或者人是习惯的结晶。牧师华理克（Rick Warren）在他的作品《目标驱动生活》

(*The Purpose Driven Life*)中有这样的论述:“性格其实就是习惯的总和,就是你习惯性的表现。’关于习惯成就性格的说法并不是最近才提出来的。古希腊哲学家亚里士多德早在公元前 350 年便宣称:‘正是一些长期的好习惯加上临时的行动才构成了美德。”

但客观的事实说明,人不能在已有的习惯中培养新习惯,必须选择新习惯来开拓人生,这就是“显然,在改掉某种习惯之后,必然会产生某种必须填补的空白。因此,有目的地选取好习惯来取代坏习惯是至关重要的,只有这样,才能够避免一个坏习惯刚离开,另一个坏习惯又接踵而至”“习惯不正像是道路上的车轮印吗?它们决定了你生活的方向,不论你驶向成功还是失败。一旦你选定了它们,你便会长久地身陷其中。因此,你必须谨慎地选择那些决定你一生的习惯”(〔美〕杰克·霍吉《习惯的力量·培养好习惯,构建新生活》)告诉我们的道理。

毋庸置疑,养成好的习惯,对传统美德的切实传扬具有非常重要的作用,其具体的养成路径,可以在以下五个方面上开拓。

1. 养成的前提——改变坏习惯

习惯在功效的层面存在正反两个方面的影响,但由于习惯与人的潜意识紧密联系,人的理性显意识虽然可以介入,但无法对此进行控制,这就成就了无法彻底根除习惯的现实。要把坏习惯对人的影响控制在最低的限度,我们能够做的最为得体的行为就是改变坏习惯。

首先,与潜意识的适时交流。习惯为潜意识所控制,所以,要改掉坏习惯就需要与潜意识进行有效的交流。习惯所带来的结果存在正负两个方面,它们“都能引起潜意识的注意。还记得我们说过,习惯存在于我们的潜意识深处,为了改变习惯,我们必须有意识地关注潜意识,与潜意识沟通交流,再对它进行必要的培训,最后调整好它的新程序。所以,当我们一次次地重复我们的坏习惯,或是无法养成好习惯时,我们必须设置某种后果”(〔美〕杰克·霍吉《习惯的力量·培养好习惯,构建新生活》)。客观的事实是“习惯归属于潜意识的调遣,在我们的显意识没有关注到潜意识,并着手训练和重新对潜意识进行编程之前,习惯就不可能改变。我们的显意识越频繁越持续地思考我们的新习惯,我们的习惯改变就会越快越容易”(〔美〕杰克·霍吉《习惯的力量·有效小技巧帮你改习惯》)。

其次，必须逐个改变坏习惯。由于习惯是潜移默化地形成的，是在显意识没有注意到的情况下实现自己的生长的，因此，其生成后的力量是非常巨大的。所以，在战术上，虽然我们认识到了坏习惯的负面消极影响后，意识到需要用新习惯来加以改变，但有效的方法是一次改变一个坏习惯，“在改掉坏习惯方面，聚焦的威力同样巨大。集中我们的显意识，一次只改掉一个习惯，我们将获得对潜意识‘编程’的强大能量。一次改掉多个习惯的企图，势必分散我们的精力，并彻底毁掉我们改掉坏习惯的能力”（〔美〕杰克·霍吉《习惯的力量·培养好习惯，构建新生活》），就是最好的实践总结。俗话说，欲速则不达，必须顺序而行，这就像冷水煮青蛙故事告诉我们的道理一样①。

最后，总结坏习惯的不良后果。对坏习惯的总结，实际上是在显意识的层面加深习惯会对人负面影响的认识，这实际是在另一层面对人的潜意识的训练，“事实上，对大脑的医学研究也表明——心理预演，即对某种行为的生动而具体的想象，将有助于调动那些操作实际行为的大脑细胞。研究人员同时还发现，人们在力图以好习惯取代坏习惯时，心理预演尤其重要。因为，当人们准备克服某种习惯性的反应时，额叶大脑皮层将变得非常活跃，它将全身心地关注即将发生的事情和所有的反应”（〔美〕杰克·霍吉《习惯的力量·培养好习惯，构建新生活》），心理预演必须以坏习惯对人产生的后果以及带来的负面影响为前提，而不是臆想先行地给坏习惯下定义，好、坏没有固定不变的内容，它必须紧贴生活来审视，这是必须注意的。因此，负面影响也是生活本身的回答。

但是，人类文明史中的坏习惯的负面影响与个人自身生活实践的体验，往往是两个不同的事情。就个人而言，在非常短暂的生活实践中，尽可能借鉴文明史的经验来充实自己，而不走他人的老路，这样无疑可以避免负面影响不必要地产生，从而减少不必要的付出，“一旦你为坏习惯设置了不良后果，那么，你便是在训练你的潜意识了。你的潜意识最终会将坏习惯（或者说没有养成好习惯）与那些负面的结果紧密联系到一起。潜意识一旦确认了这样的联系，你也就开始走上了改掉坏习惯的道路”（〔美〕杰克·霍吉《习惯的力量·培养好习惯，构建新生活》），这里的“设置了不良后果”实际就是对人类文明史经验的利

① 参考“有的时候，积累的力量也可能阻碍我们前进。曾有这样一个科学实验，当你把一只青蛙放到热水中时，它会立即蹦出来。但是，如果把青蛙放入冷水中，慢慢把水加热，那么，他将怡然自得地呆在水中而浑然不觉。水温逐渐增高，直到为时已晚。其实，我们非常像冷水中的青蛙。如果变化是逐渐的，我们也常常感觉不到它的存在。”（〔美〕杰克·霍吉《习惯的力量·培养好习惯，构建新生活》）

用，这也是需要清晰的。

习惯形成的潜移默化性，决定着改变一个习惯的艰难程度，在改变坏习惯的实践中，我们不能气馁，“在开始试着改变习惯的时候，我们往往会觉得极端困难。我们发现，就像运动中的火车那样，我们很难开始改变习惯的步骤。但是，一旦我们成功地改掉第一个习惯，改掉坏习惯就将变得越来越容易。事实上，随着一个个坏习惯被好习惯逐个取代，我们将变得越来越善于改变自己的习惯。也就是说，我们已经在开始养成‘改掉坏习惯’的习惯。一旦这样的习惯养成，我们便会像一列运动着无法停止脚步的火车那样，推动我们实现自己的理想”（〔美〕杰克·霍吉《习惯的力量·培养好习惯，构建新生活》），说的就是这个道理。

2. 养成的起点——选择习惯

改掉坏习惯的问题，在另一层面，也就是一个选择新习惯的问题。因此，习惯本身无法根除性的特点，就要求我们选择新习惯来替代旧的坏习惯。人类文明的经验昭示，我们无法从习惯中学习新习惯，只能从现在新习惯的实践中来替代坏习惯，“幸运的是，我们每个人都拥有选择习惯的能力。我们完全可以有目的地改变习惯，构建一整套有助于我们成功的日常行为规律”（〔美〕杰克霍吉《习惯的力量·习惯的主人》）、“事实上，我们完全可以选择习惯，并可以有目的地建立起自己的一整套日常行为规律，我们的显意识完全有能力训练我们的潜意识”（〔美〕杰克·霍吉《习惯的力量·培养好习惯，构建新生活》）。

首先，对“选择”的选择。由于潜意识的不经意的特点，我们往往忽视对自己行为的选择，更不注意通过选择来建立自己的行为链，从而体现出自己的生活风格，“我们能控制的事情只有一件，那就是我们每天怎么做。我们可以去选择，每天、每月或是每个时刻，我们都在做出行动的选择。问题只是，我们时常是选择‘不去选择’”（〔美〕杰克·霍吉《习惯的力量·培养好习惯，构建新生活》）。众所周知，在微观的层面，习惯的产生虽然属于不自觉的活动，与人的理性并非存在必然的关联；但在人类文化思想史的层面，有效认识习惯不自觉的活动特征，本身就是一种理性的活动，这一成果的积淀就自然成为人的显意识。所以，选择“选择”具有认识论的心理基础。

其次，人有选择的能力。人不能一成不变地生活，不能一成不变地肯定自己，需要在生活中依据时势的要求来做一些为自己本性习惯所不情愿做的事情。人类的活动疆界需要拓宽，人类价值的实现需要更多的疆域，自己心里不愿做的事情实际就是在理性的层面不愿做的事情，这无疑是以另一种方式告诫人需要对理性进行超越，而驶入潜意识的港湾，“日常活动的 90%源自习惯和个人的惯性。至于我们的行动，只是在潜意识支配下的被编辑好的程序。也就是说，生活中 90%的选择早已做出，并被记录到固定的程序当中。但实际上，我们每个人都有能力去改变这个程序，在更多的时候，我们却意识不到我们能够选择，或者，领会不到这样的选择对于我们生活的意义。”(〔美〕杰克·霍吉《习惯的力量·培养好习惯，构建新生活》)

3. 养成的切入点——从早养成

习惯成自然的说法是不为大家所陌生的，这表述的就是习惯所持有的巨大的功能。前面提到，习惯虽与潜意识紧密联系，但决定习惯的因素却是多方面的，“的确，人的所有性格特征都来自遗传。但是，除了先天的素质之外，一个人的处事风格还受到环境的影响……其实，我们每个人，在表现出强烈的遗传倾向(天性的一面)的同时，也受到了教育、经验、环境等因素的巨大影响(后天的一面)。至于先天的本性与后天的培养各自占据多大的比重，则是人们永远争议的焦点。不过，有一点是可以肯定的，那就是后天的培养铸就了我们强大的习惯，而正是习惯根本上决定了我们的处事风格”(〔美〕杰克·霍吉《习惯的力量·培养好习惯，构建新生活》)，这可谓精典的总结。众所周知，“孟母三迁”的故事就是对社会习俗、社会习惯对人存在巨大影响的典型反映。基于习惯对人存在重大影响以及习惯本身无法根除的现实①，必须在早期注意社会性因素对人习惯形成的影响，这就涉及早期养成的问题。

首先，语言。对人而言，礼貌用语非常重要，语言的粗鲁能毁坏人的心情，从而破坏惬意的氛围。小孩出生时是不会说话的，但这并不等于父母的语言不对他们形成影响，故父母的语言非常重要，“儿童首先听到的是她们的声音，首先模仿的是她们的言语。我们天生地能历久不忘孩提时期的印象，如同新器皿一经染上气味，其气味久经不变；纯白的羊毛一经染上颜色，其色久不能改；越是令人讨厌的习惯，越是牢不可破，因为好的习惯变坏是容易的，但何时能使坏

① 参考“据巴比伦人狄奥根尼说，亚历山大的家庭教师里奥尼达的某些坏习惯稍稍侵染了他，于是从童年受教育直到长大成人，甚至成了最伟大的国王，这些习惯仍然难以改掉”(《雄辩术原理》载任钟印选译《昆体良教育论著选》，北京：人民教育出版社 2001 年 5 月第 11～12 页)。

习惯变好？所以，即使还在婴儿时期，也不要让他学会以后不应当学习的用语”（任钟印选译《昆体良教育论著选·雄辩术原理》）。对孩子生活圈里其他人的语言要求同样重要，这是不能忽视的。因此，“如果孩子没有幸运能得到我所期望的那种保姆、教仆或陪伴人，无论如何也要有一个在语言上有良好修养的人陪在孩子身边，如果保姆或教仆在孩子面前说话不当，他就立即加以纠正，以防止这些不正确的语言变成根深蒂固的习惯”（任钟印选译《昆体良教育论著选·雄辩术原理》）就具有了现实而积极的意义。

其次，经典。从经典中学习传统美德也是非常重要的环节，这是让古代文化生发现代价值的重要方式之一，也是让古代文化润滑中国现代化建设的现实途径之一，同时也不失为文化推动现代化的现实途径之一，“一个值得称赞的现在流行的习惯是首先从读荷马和维吉尔的作品开始，虽然理解他们的作品的价值需要有更成熟的判断力，但是要获得判断力，时间是充裕的，因为这些作品不是只读一次，而是要反复地读。与此同时，要以英雄史诗的崇高精神激发学生的思想，用它的主题的庄严伟大鼓舞学生，在学生的头脑中灌输最崇高的情感”（任钟印选译《昆体良教育论著选·雄辩术原理》）不失为最好的总结。

最后，练习。道德的目中有人、心中有他，并非语言艺术，而是生活实践的写照。换言之，道德是需要人的行为反映出来的，是需要人做出来的，不是说出来的，“在待人接物方面，许多地方也没有必要的礼仪规范，总之，我们现在在这方面还很不健全，需要加强这方面的建设和教育，特别是对青少年，要从小学、中学，从小教起，先从怎样做教起，然后再逐步教给他为什么要这样做，使他们养成一套规范的礼仪，这是非常必要的”（钱逊《中国传统道德精神》）[①]。就儿童而言，学会做与懂其中的道理是不统一的，不需要对儿童讲道理，只需要教会他们做，并让他们在不断的生活实践中来领会和体验其中的道理。就这一点而言，目前我们的教育并没有交出让人可以接受的答卷，这方面的确需要我们花气力去扎实地推进。“我们惯常关于艺术和科学所说的话也可以用于德性的培养。要在实际上完成德性的培养，必须有三件事协调一致，这就是天性、理智和应用（nature, reason and use）。我在这里所说的理智是指学习，我所说的应用是指练习。原理来自教导，习惯来自练习。三者的结合达到完美的境界。因此，三者之中任缺其一，德性就必定是有缺陷的。天性如果不通过教导加以完

① 《齐鲁学刊》1994年第2期，第73～78页。

善，就是不实之华；教导如果无天性之助，就是残缺不全；练习如果没有这两者的帮助，就不能完全达到目的。犹如农事，首先土壤必须是肥沃的；其次，农民必须熟知农事；最后，播下的种子是良种。在这里，天性好比土壤，青年的教育者好比农夫，所教的合理的原理和概念好比种子。我敢断然肯定，所有这三者的结合和协调一致才促成了那些受到普遍尊敬的人的心灵的完善，如毕达哥拉斯、苏格拉底和柏拉图以及其他以其突出的价值而流芳千古的人。三者齐备而又有一方面突出的人就是幸福的人，诸神所钟爱的人"（任钟印选译《昆体良教育论著选・附录四：普鲁塔克：〈论儿童教育〉（节选）》）告诉我们的也是这个道理，而对"练习"所做的强调，我们迄今是绝对的弱项，这显然是21世纪的今天，传扬传统美德在文化强国实践中必须突破的方面。

总之，"美德即善，在观念和事实上都是如此。没有只需要认识或实施就够了的绝对的善、自在的善。善不是供冥思苦想的，而是要实施的。美德是这样的：这是为了使自己举止得体而做出的努力，是这种努力中表达出来的善"（〔法〕安德烈・孔特-斯蓬维尔《小爱大德——美德浅论・前言》）。在人的不断实践中，让其行为自然地积淀为人的素质，这是需要我们引起高度重视的方面，不然，我们就会坐失良机。我可以以国歌为例来说明。爱国主义是我们教育的重心，国歌自然是其重要的内容之一，但只有35%的人能够准确无误地写出国歌的歌词①。我想，国歌对人的教育意义无法离开具体歌词来思考，既然不知道歌词，还谈什么教育意义呢?！这就是我们的教育存在的大问题。爱国教育迄今一直是国家提倡的重点，但为何效果不明显呢？关键的问题之一无非是我们从来不从效果上考虑，缺乏方法论的措施来配合。因此，全国所有的单位部门，遇到重大事情、举行重大活动时（包括体育活动），要齐唱国歌。

4. 养成的关节点——规范意识

审视今天的地球村，各个民族无疑具有自身的特点，但可以毫无疑问地说，没有一个民族能够宣布自己的模式就是21世纪最好的通行证。实际上，不存在单一文化的通行证，在当今世界，必须兼容并蓄所有人类文明文化的有益资源，不然人类自身就无法走出自身理性瓶颈的泥潭。立足中国和世界的现实，最为重要的是规范意识的培养，这本身就是教育规范的内容之一，"我们要为培

① 笔者通过各种途径于2015年11月对大学本科生、硕士生进行了实地调查，能够准确无误写出国歌歌词的人只有35%。

养学生建立最完善的准则，如果有了准则有的人却不遵守，那么他们的失败不在于方法，而在于人”（任钟印选译《昆体良教育论著选·雄辩术原理》）说的就是这个道理。

首先，因循规范而生活是核心习惯。中国社会目前最为缺乏的不是规范，而是按规范来生活的自觉意识①，“核心习惯能启动一个进程，久而久之将改变一切”（〔美〕查尔斯·都希格《习惯的力量·核心习惯：最重要的习惯》）、“最重要的习惯时间那些自身变化后，会去的和重塑其他行为模式的习惯”（同上）。规范也就是古人所说的“道”，“养性者，习也；长性者，道也”（李零《郭店楚简校读记·性》）、“习也者，有以习其性也。道者，群物之道”（同上），养性虽然离不开习惯，但个人并非习惯的决定者，习惯的形成必然受到其他外在社会方面因素的影响或左右，这就是“长性者，道也”告诉我们的道理，而且“道”不是个人一己之道，而是“群物之道”。完全可以说，因循规范而生活，是一个健康生活的核心习惯，没有这样的习惯，个人的努力无法有效地凝聚成文明的成果，这是为人类文明本身的实践所证明了的事实。

其次，选择按规范而行为是弱化人情带来的消极影响的良药。中国的人情社会有时到了失去理性而无法让人接受的程度。个人去政府部门办事时不是直接去申办，而是先找熟人，社会规范成为人情的附加物。这种规范名存实亡的情况，使我们无法在规范的价值天平上找到任何正面评价的可能。其实，重视规范也是古人一直强调的，“夫礼，天之经也，地之义也，民之行也。天地之经，而民实则之”（《春秋左氏传·昭公二十五年》）、“礼，上下之纪，天地之经纬也，民之所以生也，是以先王尚之。故人之能自曲直以赴礼者，谓之成人”（《春秋左氏传·昭公二十五年》）就是具体的代表。可以肯定地说，中国古代文化中具有丰富的因循规范而生活的美德思想②，这是我们应该认真来吸取的，不能总是在“因循守旧”的定式下生活，“如果你想改变一个习惯，你必须找另一个惯常行为替代。而且当你和一个群体一起努力时，改变的成功性会大大提高”（〔美〕查尔斯·都希格《习惯的力量·习惯改变的黄金法则：为什么习惯会发生变化》），“袭常”就是我们今天急需重新确立位置的美德之一，也是加速文化得以

① 参考许建良《规范建设与现代化》，载《前沿》2003年第11期，第175～178页。

② 参考许建良的《新诸子学视域下的传统“袭常”美德考》（见2015年4月17～19日华东师范大学先秦诸子研究中心举办的“第二届‘新子学’国际学术研讨会”论文集）、《老子“袭常”美德论》（《武陵学刊》2015年第3期，第1～7页）、《“袭常”的世界意义》（《光明日报》2015年8月3日国学版）等成果。

现代化的一个重要的切入口，是14亿民众需要共同来努力的课题。

5. 自我控制的重要性——良好习惯如何可能

习惯的形成虽然关联到社会的因素，但是，习惯的携带者或载体不是社会，始终是个人，在这个意义上，我们不能离开人性的这个基点来谋划习惯。习惯就仿佛是一条缆绳，我们每日为它缠上一股新索，无需多久就会变得牢不可破。由于它的潜移默化的渐进性，其实际持有的威力往往为人所轻视乃至忽视。虽然在一定的程度上，可以认为习惯既可以养成，也可以打破，但这本身可不是一件容易的事情，绝非一蹴而就，需要长期持久的努力。

首先，人性具有自利的特性。众所周知，人是具有欲望的存在，欲望作为人性的基本因子之一，其本身是无可厚非的。但欲望在与外物连接而产生的客观后果上，各人是相异的，“凡人虽有性，心无定志，待物而后作，待悦而后行，待习而后定。喜怒哀悲之气，性也。及其见于外，则物取之也。性自命出，命自天降。道始于情，情生于性。始者近情，终者近义。知情〔者能〕出之，知义者能入之。好恶，性也。所好所恶，物也。善不〔善，性也〕。所善所不善，势也”（李零著《郭店楚简校读记·性》）。“待物而后作”“所好所恶，物也”，人性的实践时刻离不开外在的环境。在完整的意义上，人性是个人与外物共作的结果。讲到人性，对中国人影响最深的似乎是性善、性恶的理论，这把人性放到价值判断的平台上进行审视，但并没有正面回答人性是什么的问题。客观的实践经验告诉我们，无论是性善还是性恶，都为人的社会化设置提供了必要和可能的条件，其聚焦的基点不是个人的人性，而是社会的治理，在这样的前提下，要有效地在人性的问题上提出运思，当然只能是痴人说梦了。因此，性善、性恶的思想给中国人描绘的是人性乌托邦的世界，没有丝毫真正对个人的关注和关怀。

不过，在整个中国思想史上，对人性的讨论仍然存在非常珍贵的思想，这就是法家的利害思想，“夫凡人之情，见利莫能勿就，见害莫能勿避。其商人通贾，倍道兼行，夜以续日，千里而不远者，利在前也。渔人之入海，海深万仞，就彼逆流，乘危百里，宿夜不出者，利在水也。故利之所在，虽千仞之山，无所不上；深源之下，无所不入焉”（《管子·禁藏》）、“好利恶害，夫人之所有也……喜利畏罪，人莫不然”（《韩非子·难二》）、“夫安利者就之，危害者去之，此人之情也”（《韩非子·奸劫弑臣》）都是具体的代表。人性具有见利避害的特性，追求利益实际也就是需要的满足，人性这种见利的特性是以自利为主的，而且这种自利又是以遗传基因为基础的。换言之，见利是按照血缘关系的图式进行实际推进的，这是不以人的意志为转移的，“进化，从有性生殖种群长期变迁的观点来看，它取决于竞争中的基因各自存活的比率。假如生物体在一个环境中能找到自己家族的近亲，那么生物体要用某种方式来找到这种血缘关系的线索，这样才能在血缘关系的基础上从相遇的其他个体之中加以区分，对血缘较近的个体表现得比较友善，愿意合作，而对血缘较远或没有亲族关系的个体就不那么友善与合作”①，这是生物遗传学上的运思，值得我们思考。

如果说对个人以外的见利的考虑是利他行为的话，那人性的利他行为不是无条件的，而是有条件的，血缘的亲疏就是条件。在这个意义上，人类也不可能存在无条件的利他主义，即“有着更高伦理价值的文化进化能否得到适宜于它发展的方向和动力，并完全取代遗传进化？我认为是不可能的。基因像一根带子束缚着文化，这根带子很长，但随着价值观念对人类基因库的影响，这些价值自身包括不可避免地会受到带子的约束。人脑本身就是进化的产物，因此，人的行为，像驱动和指导这些行为的最深沉的情感反应一样，是一种迂回的技巧，人在过去、现在和将来正是用它来保持人类遗传物质的完整无损。道德并没有其他可以证明的最终功能”(《利他主义》)②；我们谈道德也不能无视这一客观的情势，而离开这一现实的任何关于道德的高谈阔论，都将无法对人产生实际的影响。正是这一客观的人性现实，限制了当今人类文明的进程，改变了人类文明本应有的方向，而这也正是折磨人自身的客观因素。“人类的个体行为，包括似乎是为了部落和民族的利他行为，都指向达尔文所说的个体及其最近亲族的利益，只是有时其途径非常迂回曲折罢了。最精巧的社会组织形式，剥开其外表，最终是为个人服务的工具。当人的利他主义行为服务于至亲好友时，这种利他主义本质上似乎就是‘无条件’利他主义，虽然在程度上远不及社会性昆虫和群居的无脊椎动物。除此而外，其余利他主义行为都属‘有条件’利他主义。由此而产生的后果我们可以预见：相互矛盾的情感、欺骗和罪责感交织在一起，不断地折磨着人的精神”(《利他主义》)，不失为最好的总结。

其次，学会自我控制。基于人性自利的特性，在高谈善之前，似乎最当考虑的问题是如何在人性自利的前提下来谋求每个人的发展？这就是自我控制习

① 〔美〕约翰·布罗克曼(John Brockman)著、吕芳译《第三种文化：洞察世界的新途径》，海口：海南出版社 2003 年 4 月。

② 〔美〕E. O. 威尔逊著、王作虹译《论人的天性》，贵阳：贵州人民出版社 1987 年 8 月。

惯的培养，这一问题也为思想家所重视，“所以，从一开始就要告诫学生，决不能表现出自私、无耻和失去自制，他应牢记维吉尔的名言：‘少年时代养成的习惯是多么重要’”（任钟印选译《昆体良教育论著选·雄辩术原理》）就是最好的说明。自我控制就是不能让自己的欲望任意放纵，要始终清晰地认识到自己不是孤立的存在，作为个人，不仅自己的生活需要依赖外在社会他人，而且自身的存在价值也只能在与外在他者的关系中才能得到确认，因此，在目中有人、心中有他的轨道上，来演绎自己的“趋利避害”的人生实践，是自我控制的关键。自制力不是天生的产物，个人必须在现实生活中进行磨炼，“罗斯福描述了这场如何驾驭自身的战役：‘只有通过实践锻炼，人们才能够真正获得自制力。也只有依靠惯性和反复的自我控制训练，我们的神经才有可能得到完全的控制。从反复努力和反复训练意志的角度上而言，自制力的培养在很大程度上就是一种习惯的形成’”（〔美〕杰克·霍吉《习惯的力量·从空想家到行为者》）就是具体的阐释。因此也可以说，自制力就是习惯的力量，这是形成良好习惯的原动力之一。

审视中国社会的道德建设的历史和现实，可以清晰地看到，道德实践缺乏效益是有目共睹的事实，这是为什么？这无疑是每个中国人都需要来思考的问题。我想原因之一就是为道德而道德，道德失去生活的服务对象，道德成为自己的对象物或崇拜物。不仅如此，而且迄今严重缺乏在文化积淀的层面来营思如何盘活道德的问题。换言之，如何使文化成为道德生长的营养源，重视隐性道德因素、潜意识对形成个人文明素质的影响最为关键，也是我们最容易忽视的地方。要实现文化强国的中国梦，文化必须切实成为强国的营养源，只有切实做好了这一工作，才能在世界文明舞台上实现中国文化定位的突破。因此，在文化的视域来营思传统美德传扬实践的问题，习惯就是一个需要打造的文化铸造器，它是中国道德、传统美德的营养源，在不经意之处实现道德文化的积淀，在潜移默化中厚实每个中国人的道德素养，早日在世界文明的舞台上占有我们的文明水准的份额，为世界文化宝库提供 14 亿人文明推进的图式，是每个中国人的责任，也是每个中国人的情结。让我们打破常规的陈式，在全国打造习惯的文化长城，使之成为美德满园的桥梁。习惯既是一个民族文明的显示器，又是民族文化的助跑器。

九、传扬实践的社会性展开

中国作为具有5 000年文明史的国家①,我们历来以道德为中华文化的亮点,并以此为自豪。但自1840年第一次鸦片战争以来,我国的文明度经受了近代世界力量的挑战和检验,结果毋庸多言,但这一严峻的现实并没有引起国人真正而彻底的醒悟,尽管在中国知识人留洋的实践中不乏寻找救国法宝的热情的奔涌,但在中体西用的结论中,他们在中国道德的丰富资源中得以陶醉,这一普遍趋向带来的自然结果是使他们坚定了道德是唯一能够拯救中国的武器的信心。这在一定程度上,也可以使人相信,中华民族的文明最终将在道德文明的坐标里得以定位,这无疑是对中国古代儒家强调道德倾向的又一时代的确认,这种倾向实际一直支配着中国人尤其是知识人的思想。对此的简洁回顾,自然有益于整体引领传扬传统美德实践的社会性展开。

(一) 西方人打开中国大门后的道德选择缺乏理智性

重视道德没有什么错,关键是重视道德而完全无视道德如何成为可能,这

① 唐代就有许多留学生在京城,自唐朝初年开始,日本就频频向唐朝派遣"遣唐使",以最大限度地从唐朝先进的文化中汲取养分,为日本社会的发展探求出路。遣唐使团的成员一般都有数百人之众,除了留学生和学问僧之外,还有船匠、翻译人员、医师、画师、史生、锻生、铸生等各种类型的专业人士和工匠。日本每次向唐朝派遣的留学生人数之多、学习内容之广、持续时间之长,都是相当惊人的。来唐朝求学的日本留学生大多被安排在中央的国子监,系统学习中国古代文化典籍及唐代典章制度,他们在唐学习时间大多在10年以上,有些甚至长达二三十年。与日本一样,朝鲜半岛在社会制度、典章文物、文化生活等各个方面都积极向唐朝学习。大批新罗(即今韩国)学子来到唐朝留学。在唐国子监内,甚至特意设置了"新罗留学生班"。新罗常年居住在唐朝的留学生达200人左右,留学期限一般为10年,他们中的许多人,毕业后参加唐朝科举考试。据《册府元龟》《太平广记》《东文选》《东史纲目》等资料统计,自唐代中期至后梁、后唐之际,新罗留学生科举登第者有近90人。

就使我们历来讲道德仅仅停止于为道德而道德的层面，而缺乏能否带来实际效果考虑，这在一定程度上也是我们今天持续感受到现实生活中道德危机的根源所在，社会有把这与经济发展进行联系，或者认为这是经济发展的必然附带物，得出这一结论无疑是以西方发达国家的发展实践为参照。但是，一个不可无视的事实是，西方发达国家当时的工业发展实践是在没有任何参照的前提下自己摸索进行的。可是，我们今天进行的现代化建设事业已经可以在世界文明的宝库里找到非常丰富的参照资料，完全可以在取利去弊的轨道上来从容地进行，其实，这也是新时期文明需要开创新样式的基本要求。如果我们为了发展，而忽视了取利去弊的重要价值，忽视了创新文明样态责任的努力和履行，这实在是非常浅表的做法。可以说，迄今我们都是热衷于谈道德而疏于对道德实践成果的预设和检验。也就是说，我们提倡的道德其实一直缺乏实践转换的内在机制，实际上成了地地道道的空洞说教的代名词。因此，得到重视的这种道德其实是一种“面子”道德，无论对此如何实践和提倡，都不可能给个人带来真正道德能力的积累，只能是有限资源的浪费。民族振兴的历程中，诉诸道德来推动民族振兴是最基本的选择之一。

1. 严复“开民智”的改良

严复认为“国之贫富强弱治乱者，其民力、民智、民德三者之徵验也，必三者既立而后其政法从之。于是一政之举，一令之施，合于其智、德、力者存。违于其智、德、力者废”（《原强》）①。所以，一个国家的治理，主要就在于民力、民智、民德三者关系的协调和优化，他观察中国与西方的差异，正在这一关节点。他又说：“夫所谓富强云者，质而言之，不外利民云尔。然政欲利民，必自民各能自利始；民各能自利，又必自皆得自由始；欲听其皆得自由，尤必自其各能自治始；反是且乱。顾彼民之能自治而自由者，皆其力、其智、其德诚优者也。是以今日要政，统于三端：一曰鼓民力，二曰开民智，三曰新民德”（《原强》）。“鼓民力”“开民智”“新民德”，对当时的中国社会而言，的确是问题的关键。严复的看法无疑入木三分，为此，严复选择了学习“西学”作为切入口。他说：

> 其开民智奈何？今夫尚学问者则后事功，而急功名者则轻学问，

---

① 《中国哲学史资料选辑》，北京：中华书局 1983 年 8 月。

二者交失，其实则相资而不可偏废也。顾功名之士多有，而学问之人难求，是则学问贵也……今者物穷则变，言时务者，人人皆言变通学校，设学堂，讲西学矣。虽然，谓十年以往，中国必收其益，则又未必然之事也。何故？旧制尚存而荣途未开也。夫如是，士之能于此深求而不倦厌者，必其无待而兴，即事而乐者也。否则刻棘之业虽苦，市骏之赏终虚，同辈知之则相忌，门外不知则相忘，几何不废然反也！是故欲开民智，非讲西学不可；欲讲实学，非另立选举之法，别开用人之涂，而废八股、试帖、策论诸制科不可。（《原强》）

在这里，他等同西学与实学，学问不能离开“事功”，而西学就是重视“事功”的功利主义学说。应该说，重视实、事，不仅对当时的中国最为迫切，而且在学理上也有非常积极的意义。但严复最终认为，中国民众缺乏“自治”的能力，最多只能实行“开民智”等方面的改良，而诸如西方的民主制则在中国不存在施行的土壤。在这个结论下，诸如作为施行实学条件的选举法等的革命也只能夭折，其理论本身的合理性也几乎完全消解。

2. 道德是“新民”之本

著名思想家梁启超提出了“新民”的救国模式，他认为：“欲其国之安富尊荣，则新民之道不可不讲”（《梁启超选集·新民说·叙论》）。“新民之道”是实现国家富强的法宝，即“故今日欲抵当列强之民族帝国主义，以挽浩劫而拯生灵，惟有我行我民族主义之一策。而欲实行民族主义于中国，舍新民末由”（《梁启超选集·新民说·论新民为今日中国第一急务》）。关于“新民”的具体内容，他也有明确的表达：“凡一国之能立于世界，必有其国民独具之特质，上自道德法律，下至风俗习惯、文学美术，皆有一种独立之精神，祖父传之，子孙继之，然后群乃结，国乃成，斯实民族主义之根柢源泉也。我同胞能数千年立国于亚洲大陆，必其所具特质，有宏大高尚完美，厘然异于群族者，吾人所当保存之而勿失坠也。”（《梁启超选集·新民说·论新民为今日中国第一急务》）新本有、增新有，就是他所说的“新民”之意，“新民”的具体内容涉及道德、风俗等精神方面，而不是其他。下面的表达更明确：“古哲不云乎：‘两军相对，哀者胜矣。’今日稍有知识稍有血性之士，对于政府而有一重大敌，对于列强而复有一重大敌，其所以兢兢业业蓄养势力者宜何如？实力安在？吾以为学识之开通、运动之预备，皆其余事,而惟道德为之师。无道德观念以相处,则两人且不能为群,而更何事之可图也。"(《梁启超选集·新民说·论私德》)只有道德最为重要,没有道德,群居生活无法维系,群体不能协调一致,就无法抵御外敌,即"群学公例,必内固者乃能外竞,一社会之与他社会竞也,一国民之与他国民竞也,苟其本社会本国之机体未立、之营卫未完,则一与敌遇而必败,或未与敌遇而先自败"(《梁启超选集·新民说·论私德》),道德就是实现"内固"的唯一选择。"内固"虽然为形成民族力量之必须,但不等于力量本身,他在这里以道德为力量,把开通学识等科学实践作为"其余事"。显然,这样的"新民"设想,只能是知识分子的美好愿望,在现实面前最终也只能以彻底失败而告终,这也是它能带来的唯一结果。

显然,严复、梁启超在中国面临亡国的灾难面前,都思考了如何做的问题,具体的答案就是通过"新民"来拯救国家。但在如何"新民"的问题上,又真正演绎了"中体西用"的实践,死死为自己接受的儒家道德所牵引,把道德作为"新民"的根本。以道德为本的新民,不仅不能对抗西方科技的威慑力,而且也无法应对他们因科技发展而积淀成的文明冲击。西方科技的发展本来是中华民族发展的一个良机,不过这一良机的现实化需要智慧民族子孙的真正醒悟,由于当时朝野没有及时地真正醒悟,良机最终与我们擦肩而过。

儒家道德侧重内在的修养,忽视外在客观理性的认识,严重脱离客观的实际,而且修养也是"面子"工程的需要,而不是个人内在的意欲,不仅缺乏内在的动力,而且没有现实功效的积累。因此,道德救国不仅无法与西方科技的威慑力相抗衡,而且也根本没有进入与功利、功效相一致的道德实践的大门。这也是道德乏力的主要原因之所在。

(二)"德"的文字结构显示其发展需要外在环境的整备

1. 道德与"心"相连

在文字的构成上,不仅"德"与"心"相连,而且"德"的古字为"悳",下面也是"心",它们共同的文字特征昭示,它与人的心紧密联系,所以,道德是离不开人的心去做功的。"德"的文字结构还显示,其左边是双人旁,这说明,道德不是一个人的事务,其活动域场在人与人之间;另一方面,在右边仍然保留了"心"的位置。就"德"的后起性而言,无疑这一文字的创造和使用,并随着使用的深入最终取代"悳"字,使"悳"字退出生活的舞台,这昭示了人对道德问题认识的深入。

我们可以推测，如果把道德作为一种人类的精神文化产品的话，它与人的“心”的活动是紧密联系的，这是在中国古人对道德认识的足迹里留给我们的思考。就中国人对道德的认识而言，问题的关键不是道德与人的心存在的联系，而是对这种联系的定位，即在多大的程度上给予心生发其作用的空间。中国形成的道德至上的客观现实，其实就是对道德与心的联系的过分夸大，对此的自觉是迄今仍然不够的地方。

2. 道德需要外在环境的配合

“八条目”是每个中国人都熟悉的，包括格物、致知、诚意、正心修身、齐家、治国、平天下。毋庸置疑，格物、致知虽然在一定程度上注意到了这样的事实，即人必须通过具体的物来认识和获得相应的生活知识。就个人和他物的关系而言，正视这种关系或把这种关系视为人获得知识的必要场域，这虽然具有一定的重要性，但就中国古人的思维而言，并没有关注到这种外在关系对人的作用重要性因素的认识，不仅把修身作为齐家、治国、平天下的前提，而且把格物、致知、诚意、正心完全置于个人的域场，使这些环节之间变得相互孤立。这一情况的形成，完全无视了道德文字上所昭示的特征向我们传递的价值信息。其实，道德需要外在环境育养的思维，在古代文献中我们可以找到相关记载。

(三) 对“德”文字结构的清晰认识

1. “在心为德，施之为行”

中国古代知识人对“德”的文字结构的特征，其实也有清晰的认识。众所周知，《说文解字》对“悳”的解释为“外得于人，内得于己也。从直心”，这正是从“外”“内”两个方面来界定“德”。“外”就是人际关系方面，“内”只是自身道德装备方面。清代段玉裁对此的解释为“此当依小徐通论作内得于己，外得于人。内得于己，谓身心所自得也；外得于人，谓惠泽使人得之也”。非常明显，许慎“外得于人，内得于己”体现的是从人到己的价值取向，而段玉裁的解释则明显有别于许慎，而把“内得于己”放在前，置“外得于人”于后，昭示的是从己到人的价值取向。如果把这一思想置于中国文化史长河来审视的话，许慎的思想在一定程度上显示出与道家“圣人不积，既以为人，己愈有；既以与人，己愈多”（《老子》81 章）相一致的趋向，段玉裁的运思则更多地显示出儒家的“己所不欲，勿施于人”(《论语·颜渊2》)。毋庸置疑,内在的方面就是个人身心自得的方面,外在的方面就是个人的行为使外在于自己的他人有所获得的意思。就个人而言,自己作为行为主体时,自己的行为能使他人有所惠益时,这就是一种“德”,即“得”;反之,自己作为行为的客体时,自己就是道德行为的受惠者,这种受惠而来的“得”,正是道德能量的储备源,同时也成为自己道德行为的实际驱动力量。这些认识充分说明,在古代的中国知识人那里,道德绝对不是作为个人的事务来认识的,而是作为其必须在人际的关系里来驱动以把握的。

关于这样的认识,在其他古代文献中也能找到,“德行,内外之称;在心为德,施之为行”(《周礼·地官司徒·均人注》),就是具体的佐证。这里的“在心为德”,就是人们常说的作为德性的“德”的意思,德性的外在化就是具体的道德行为,即“施之为行”。显然,道德不是个人是事务,道德一定要通过人的具体行为来施行,在道德行为施行的境遇里,行为主体和行为客体是同时存在的,具体的道德行为必须借助一定的环境来完成,而且在这具体的环境里,除道德行为的主客体外,还有其他的存在关系。正是在这个意义上,这种环境也就是一种无形而巨大的对道德行为进行实际评价的力量,这种评价力量自然地成为人们自觉践行道德的内在力量。

2. 美、善同一

在中国古代思想史上关于美、善同一①的讨论一直不断。作为对道德行为评价的善,历来不是在个人的范围里就能解决的,必须在人际关系中进行,要有共同的评价,也就是要有 common sence,这在善的文字变迁中也可找到答案。善的古字为“譱”,下面是两个“言”组成“誩”,意为争论,善与否不是一人就能决定的,必须经过大家评议,评议的过程往往离不开争议,这种争议有时往往要由法庭来裁决,早期的裁决不是由人来主持的,而是由羊来担当这个角色的,这也就是美、善在文字的结构上都与羊存在联系的道理所在。在法庭上的争论最后是由羊来决定谁为有罪的,“羊触之”者为有罪,前面介绍的《墨子》《论衡》的文献都有这样的记载。羊可以看成是法的象征,或者是法的执行者。这些都充分说明美、善不是纯粹主观的存在,它们有着客观的因素,这是我们注意不够的方面。

---

① “故得士则谋不困,体不劳,名立而功成,美章而恶不生,则由得士也”(《墨子·尚贤上》)里的“美章而恶不生”,实际就是“善章而恶不生”。

(四)“群”的理论启示

从为道德而道德的“面子”道德的实践以及“德”的文字结构特点分析了我国道德实践的不足,对这一现实不足在思想史长河里的审视结果说明,道德不能决定自己命运的存在,也就是说道德不是自己的主人,道德必然牵涉与外在他者的关系,换言之,道德必须在生活中才能得到演绎自身的场域。传扬传统美德虽然关系到对具体古代美德德目的甄别和选择,但德目的选定,并不等于传扬实践本身的有效性的完全落实,仅仅只是为传扬实践的切实实施完成了基本条件的装备,而传扬实践的真正展开,则需要具体生活实践的介入和互动。没有生活的有力回应,再大的德目的推出也只能在学理的层面止步或得到定位,显然,这一结果不是传扬实践展开的初始动机。就传扬的社会性展开而言,除了上面分析的道德需要考虑环境而外,其实,环境建设还存在理论的支撑。

社会性是我们现代人的一种选择,人作为人具有生物性的特征外,就是社会性的特性,后者是主要的,这是人区别于其他动物的关键所在。人要过社会的生活,其价值也必须在社会的疆场上得到彰显。对此,古人的认知是非常深刻的,诸如荀子的“水火有气而无生,草木有生而无知,禽兽有知而无义,人有气、有生、有知,亦且有义,故最为天下贵也。力不若牛,走不若马,而牛马为用,何也?曰:人能群,彼不能群也”(《荀子·王制》)。人“最为天下贵”,就在于“人能群”,其他诸如牛马虽然气力比人大,但仍为人所用。这里的“群”就是聚集在一起生活即群居的意思。“群”是形声字,从羊,君声,本义指羊群、兽群、人群,三个以上的动物相聚而成的集体。在文字的演绎中,“群”很快又获得众、多的意思,并泛指人,诸如“王为群姓立社曰大社,王自为立社曰王社,诸侯为百姓立社曰国社,诸侯自立社曰侯社,大夫以下成群立社曰置社”(《礼记·祭法》)就是具体的例证。一般而言,“群”也指集团、社会集体,诸如“彼其初与万物皆生,草木榛榛,鹿豕狉狉,人不能搏噬,而且无毛羽,莫克自奉自卫,荀卿有言:必将假物以为用者也。夫假物者必争,争而不已,必就其能断曲直者而听命焉。其智而明者,所伏必众;告之以直而不改,必痛之而后畏;由是君长刑政生焉。故近者聚而为群。群之分,其争必大,大而后有兵有德。又有大者,众群之长又就而听命焉,以安其属”(柳宗元《封建论》)[1]就是这个层面的用例。我们现在所说的群众就是在众多层面的用例。

1. "群"的运行机制

必须注意的是,在文字的构造上,"群"的左边是"君",这说明群体是需要君子即品行好的人来实行管理的,这是"群"得以生存运作的基本条件之一。众所周知,老虎、豹是独居的,狼、猎狗是群居的。换言之,适合在山林里生活的往往都是独居的,因为山头给他们独居创造了良好的条件;在平原或丘陵生活的大都是群居,因为平原的地形有利于群体生活,共同谋生。从狮子的进化来说,狮子的直系祖先其实是剑齿虎,剑齿虎也是一种群居的大型猫科动物,而且他们生存的地方并不像很多人认为的那样是在冰天雪地之中,而是同狮子一样生活在草原上。在草原上没有可供猎食者隐蔽的场所,在这样的情况下要猎取食物只能有两种方法:一种是提高速度——如猎豹,另一种就是群体狩猎。在进化过程中,剑齿虎选择了后者,所以导致了现今的狮子的群居习惯。在狮子的群居生活中,雄性狮子担任族群领导,负责族群的安全,指挥狩猎,雌性狮子负责捕猎和照顾家庭。

群体生活需要"君"的领导,这是文字本身和狮子的群居生活告诉我们的事实,人类文明的进化史也同样告诉我们这个道理,这自然可以"群"这字的构造来加以佐证。审视中国思想史,不仅文字告诉我们这个道理,而且可以在思想家的述论中找到佐证:

> 君者,善群也。群道当则万物皆得其宜,六畜皆得其长,群生皆得其命。故养长时则六畜育,杀生时则草木殖,政令时则百姓一,贤良服。(《荀子·王制》)

群体的统治者,其主要的能力就在于善于把群体凝聚在一起,在这样的群体里,每个个体都能够实现属于自己本性的发展即"万物皆得其宜",不仅如此,其他生物也能得到生长,"六畜皆得其长""群生皆得其命"说明的都是这个道理。"善群"就是"群道当"即群道适宜,群道就是群体治理生活之道,这是非常清楚的。群体适宜的一个关键因素就是因循"时"。"时"可以理解为自然的规律,这

[1] 《柳宗元集》,北京:中华书局 1979 年 10 月。

一认知在今天仍然具有积极的意义，告知人类不能只顾自己的利益而无视自然界中其他群体生存的价值，这些价值是不可替代的，是人类的能力无法抵达的。

2. 人喜“群”

人类社会通过君来进行社会的管理，君之所以能够实现善群，关键的理由在人性的自然性显示，人具有喜群的特性：

人情喜群居而恶离索，故内则有家室，而外则有朋友。（蔡元培《中学修身教科书·修己·交友》）①

人生而有合群之性，虽其种族大别，国土不同者，皆得相依相扶，合而成一社会，此所以有人类社会之道德也。然人类恒因土地相近种族相近者，建为特别之团体，有统一制裁之权，谓之国家，所以弥各种社会之缺憾，而使之互保其福利者也。（蔡元培《中学修身教科书·社会·总论》）

人具有喜群的特性，有家室和朋友都是具体的表现，人不喜欢独居，这是小视域的审视。在国家的层面，其实也一样，不过是在小视域基础上的扩大，而且扩大不是随意的，仍然存在着生成上的局限，这就是地域、民族的相近性，很难存在跨地域的国家，这是简单的道理，相近相即也是便于管理的需要。对人而言，通过群体的相互协助来达到整个群体利益的保证，仅依靠个人的话，是无法实现利益需要的满足的，这是不言自明的道理。

人性喜欢群居，实际上也是自然生态条件下的一种自然选择，这为达尔文的优胜劣汰的规则所道明，荀子“故人生不能无群”（《荀子·王制》）的论述，揭示的也是这个道理。另一方面，优胜劣汰的理则为宇宙物质的有限性所制约，可有效利用的物质资源无法满足万物生命不息的需要。在人类社会的层面，显示的也是同样的道理，文明演绎的历程告诉人们，人类一直伴随着饥饿、贫穷、战争等因素在发展成长。21 世纪的当今世界实际仍然无法逾越这一现实，饥饿、贫穷、战争仍然是我们面临的严重问题，人类在无法避免的境遇下面对它们，但仍找不到解决方案。儒家思想的集大成者荀子对他所在的时代的情况总

① 高平叔编《蔡元培全集》第二卷，北京：中华书局 1984 年 9 月。

结即“夫贵为天子，富有天下，是人情之所同欲也。然则从人之欲则执不能容，物不能赡也”（《荀子·荣辱》），不失为解决人类危机的一个正价值的警示的信号。人类必须迅速认清自身的局限所在，重新确立自己欲望活动的界限，而不能在“物不能赡”的前提下，坚持在如何实现自己一己、一民族的利益上努力，因为一己、一民族的利益与人类整体的利益存在着相悖的倾向，而应该把理性的努力置换到整体利益的维持上，并在整体利益的持续维持上追求可能的条件。这正是中国古代“群”思想中可以贡献给当今世界文明的能动因子。

3. 人能“群”

人不仅不能“无群”，过群居的生活是宇宙之必然，而且人能过好群居的生活，具有群居的能力。人类善于治理群的奥妙就在于其知道利用道德来能动地制约自己，这是其他动物所没有的，起码没有人类那样丰富完美，“故社会之范围，虽本无界限，而以受范于国家者为最多。盖世界各国，各有其社会之特性，而不能相融，是以言实践道德者，于人类社会，固有普通道德，而于各国社会，则又各有其特别之道德，是由于其风土人种习俗历史之差别而生者，而本书所论，则皆适宜于我国社会之道德也”（蔡元培《中学修身教科书·社会·总论》）就是具体的说明。当然，在荀子那里也有明确的说明，这就是“群而无分则争，争则乱，乱则离，离则弱，弱则不能胜物，故宫室不可得而居也，不可少顷舍礼义之谓也。能以事亲谓之孝，能以事兄谓之弟，能以事上谓之顺，能以使下谓之君”（《荀子·王制》），“孝”“弟”“顺”“君”等就是礼义的具体生活演绎样态。毋庸置疑，礼义就是道德，这本身就是人类能群的枢机所在，也是人类实现强大的关键因子，“水火有气而无生，草木有生而无知，禽兽有知而无义，人有气、有生、有知，亦且有义，故最为天下贵也。力不若牛，走不若马，而牛马为用，何也？曰：人能群，彼不能群也。人何以能群？曰：分。分何以能行？曰：义。故义以分则和，和则一，一则多力，多力则强，强则胜物，故宫室可得而居也。故序四时，裁万物，兼利天下，无它故焉，得之分义也”（《荀子·王制》）就是最好的回答。

把礼义看成人类之所以为人类的关键所在，这不是简单的结论，有着严密的细节考量，下面的资料就是最好的说明：

> 能群也者何也？曰：善生养人者也，善班治人者也，善显设人者也，善藩饰人者也。善生养人者人亲之，善班治人者人安之，善显设人

> 者人乐之，善藩饰人者人荣之。四统者俱而天下归之，夫是之谓能群。不能生养人者人不亲也，不能班治人者人不安也，不能显设人者人不乐也，不能藩饰人者人不荣也。四统者亡而天下去之，夫是之谓匹夫。故曰：道存则国存，道亡则国亡。省工贾，众农夫，禁盗贼，除奸邪，是所以生养之也。天子三公，诸侯一相，大夫擅官，士保职，莫不法度而公，是所以班治之也。论德而定次，量能而授官，皆使人载其事而各得其所宜；上贤使之为三公，次贤使之为诸侯，下贤使之为士大夫，是所以显设之也。修冠弁、衣裳、黼黻、文章、琱琢、刻镂皆有等差，是所以藩饰之也。(《荀子·君道》)

群道就是我们俗话所说的管理之道，它与君道是同义的，包括四个方面的事务，即“生养人”“班治人”“显设人”“藩饰人”，这四个方面的工作做好了，就称为“能群”。

(五)“群”的生活目的

人不仅需要合群而生活，而且能够过合群的生活。其实，合群不是一个偶然之举，而是通过合群来谋取公共之利益，这就是“积人而成群。群者，所以谋各人公共之利益也”(《华工学校讲义·德育三十篇·舍己为群》)①告诉我们的道理。众所周知，人类之所以能够合群生活，关键就在于礼义即道德。换言之，按道德而生活是人之所以为人的关键，是人区别其他物类的根本所在。在人依据道德而生活推进合群实践的同时，人正是通过合群的实践获得了一己或一民族的能力无法实现却又不得不具备的作为人而生活的要素，“吾人最普通之群，始于一家。有家而后有慈幼、养老、分劳、侍疾之事。及合一乡之人以为群，而后有守望之助，学校之设。合一省或一国之人以为群，而后有便利之交通，高深之教育。使合全世界之人以为群，而有无相通，休戚与共，则虽有地力较薄、天灾偶行之所，均不难于补救，而兵战、商战之惨祸，亦得绝迹于世界矣”(《华工学校讲义·德育三十篇·舍己为群》)。

1. “各得其宜”

人能合群生活是客观的事实，但这不仅仅是人价值的全部显示。人的特殊

---

① 高平叔编《蔡元培全集》第二卷，北京：中华书局1984年9月。

价值还在于通过群居生活而实现“各得其宜”(《荀子·荣辱》),要获得宜,其可以考虑和选择的方法是“顺其宜”,法家思想家商鞅的“前世不同教,何古之法?帝王不相复,何礼之循?伏羲神农,教而不诛;黄帝尧舜,诛而不怒;及至文武,各当时而立法,因事而制礼。礼法以时而定,制令各顺其宜,兵甲器备,各便其用……汤武之王也,不〔循〕古而兴;殷夏之灭也,不易礼而亡。然则反古者未可必非,循礼者未足多也”(《商君书·更法》)就是最好的总结。“顺其宜”就是“当时”,这是人立法进行管理的关键。“宜”是客观存在的,人与自然之间存在宜,人与人之间也存在宜。在动态的层面上,要达到宜,采用道德的方法来整备,是古代中国人的共同思考:

> 民知德矣,而未知义,然后明行以导之义,义有七体,七体者何?曰:孝悌慈惠,以养亲戚;恭敬忠信,以事君上;中正比宜,以行礼节;整齐撙诎,以辟刑僇;纤啬省用,以备饥馑;敦懞纯固,以备祸乱;和协辑睦,以备冠①戎……夫民必知义然后中正,中正然后和调,和调乃能处安,处安然后动威,动威乃可以战胜而守固,故曰义不可不行也。(《管子·五辅》)

> 夫贵为天子,富有天下,是人情之所同欲也。然则从人之欲则埶不能容,物不能赡也。故先王案为之制礼义以分之,使有贵贱之等,长幼之差,知愚、能不能之分,皆使人载其事而各得其宜,然后使谷禄多少厚薄之称,是夫群居和一之道也。故仁人在上,则农以力尽田,贾以察尽财,百工以巧尽械器,士大夫以上至于公侯,莫不以仁厚知能尽官职,夫是之谓至平。(《荀子·荣辱》)

民众知道了“德”,并不一定知道“义”,所以,必须通过具体的行为操守来解析“义”,其内容主要有“孝悌慈惠”“恭敬忠信”“中正比宜”“整齐撙诎”“纤啬省用”“敦懞纯固”“和协辑睦”七个方面即“七体”。“孝悌慈惠”“恭敬忠信”是人们熟悉的德目,没有解释的必要。“中正比宜”是中道公正的意思,只有这样才能与他人保持“宜”;“整齐撙诎”是端庄、谦逊的意思;“纤啬省用”是在经济上斤斤计较而省俭;“敦懞纯固”是敦厚淳朴的意思;“和协辑睦”就是和睦的意思。对民

① “冠”本为“寇”,现据黎翔凤撰《管子校注》第198页改定。

众而言，只有认识“义”，才能行为中正；行为中正才能与他人保持和调一致；人与人之间达到和调一致才能实现安定；安定以后，人心必然凝聚，这样自然显示出威慑力，处于战则胜、守则固即“战胜而守固”的境地。所以，施行“义”的规范是非常重要的。

管子把“中正比宜”直接作为“七体”之义之一，其追求的是“和调”的预设，和调显然是内外境遇的和谐，这样才能实现“处安”，也就是荀子的“群居和一之道”，而荀子和一之道的实现依据也是“制礼义以分之”①，作为分际、分限的“分”，其等级性是非常明显的，它昭示的是让人都能得到符合自己本性特征的事务去做，并在具体事务的完成过程中实现自己的价值，达到社会的有序，实现秩序的至平，但绝对不是给人提供相同的事务，设置相同的目标。

2. “宜”的内外内容

在“得其宜”的层面，就个人本性而言，最为重要的是要使自己的欲望追求合理适宜，而不是无限追求欲望的满足，对“所谓全生者，六欲皆得其宜也。所谓亏生者，六欲分得其宜也”(《吕氏春秋·贵生》)，高诱注释为“六欲，生死耳目口鼻也”(《吕氏春秋·贵生》)。对欲望的追求主要在于个人的应对。但就“宜”而言，这仅是一个方面，即属于内在的“宜”；外在“宜”的实现，需要外在社会条件的支持，这在韩非“夫物者有所宜，材者有所施，各处其宜，故上下无为”(《韩非子·扬权》)的论述中得到全面的揭示。万物之所以为该物，存在着必然的理由，这就是“有所宜”；万物都有实现自身价值的效用，这就是“有所施”，也就是我们常说的天生我才必有用的意思。在这样的设定下，社会的教育、整治，就是在最大限度上创设万物保持各自最佳状态的一切条件，万物处在最为适宜于健康生活的境地就是“各处其宜”。显然，教育并不是给万物增加什么，不过是保持其“有所宜”，而且这必须在“上下无为”的情况下完成。社会的管理需要人来

① 参考“万物同宇而异体，无宜而有用；为人，数也。人伦并处，同求而异道，同欲而异知，生也。皆有可也，知愚同；所可异也，知愚分。埶同而知异，行私而无祸，纵欲而不穷，则民心奋而不可说也。如是，则知者未得治也，知者未得治则功名未成也，功名未成则群众未县也，群众未县则君臣未立也。无君以制臣，无上以制下，天下害生纵欲。欲恶同物，欲多而物寡，寡则必争矣。故百技所成，所以养一人也。而能不能兼技，人不能兼官。离居不相待则穷，群而无分则争。穷者患也，争者祸也，救患除祸，则莫若明分使群矣。强胁弱也，知惧愚也，民下违上，少陵长，不以德为政，如是，则老弱有失养之忧，而壮者有分争之祸矣。事业所恶也，功利所好也，职业无分，如是，则人有树事之患，而有争功之祸矣。男女之合，夫妇之分，婚姻娉内送逆无礼，如是，则人有失合之忧，而有争色之祸矣。故知者为之分也。”(《荀子·富国》)

承担，这是必然无疑的，但具体的人该担任何种职务，并不存在明确的规则，这不仅需要社会制定规则，还必须有足够能力的规则执行人和完善的社会配套机制来加以必要的支持和保证。“治国之臣，效功于国以履位，见能于官以受职，尽力于权衡以任事。人臣皆宜其能，胜其官，轻其任，而莫怀余力于心，莫负兼官之责于君。故内无伏怨之乱，外无马服之患”(《韩非子·用人》)，说的就是要人人发挥自己最大能力，这才是凝聚力最大的社会环境建设。这样的环境建设显然是个人道德施行和获取动力的必要条件。

这里值得注意的是，韩非指出的“有所宜”和“宜其能”。前一个“宜”是万物之所以为该物的价值度，这是万物自身之“宜”；后一个“宜”则是社会给予个体能力的适宜度，即“所宜”的适宜度。对个体而言，“宜其能”也自然就“各处其宜”了。具体而言，“使鸡司夜”“令狸执鼠”是依据它们的“有所宜”而实现的“宜其能”，这样他们才能实现“用其能”，如果强硬地让狸“司夜”、鸡“执鼠”的话①，它们就无法各司其职了。社会的用人授官也一样，这是不能含糊的。

所以，社会必须保证营建和不断完善每个人“有所施”的舞台，要做到这一点，必须营建个体“宜其能”的客观条件，客观的“宜其能”与个体的“有所宜”“有所施”相结合，才能实现“各处其宜”，而个体“各处其宜”是“尚力”实践得到确认的标准，在这一过程里，重视个人的本性特点来营设完善社会的各种条件措施最为重要，这样个人“有所宜”才能在与“有所施”的对接处得到落实，从而走向“各处其宜”的境遇。这就是强调传统美德传扬实践需要营造社会性展开条件的关键所在，从单一就道德而寻求道德的非常狭隘的思路中脱离出来的追求之一，也是中国社会凝聚文化力的出路之一。在此，不得不指出的是，社会营设客观的为个人补充道德行为动力的研究，并不是从过分强调个人修养的一面而走向另一极端，始终追求两者的互相结合和互动的把握，这才是最为重要的。社会营造条件并不能仅仅从社会需要出发，还必须始终依据个人特性来营思，营设多样满足个人特性的客观环境。个人虽然在政治上享受相同的作为公民的权利，但因人性先天特点而有区别地对待每个人，也同样非常重要，这一方法在思想家荀子那里的表达就是“分”。荀子把“分”作为群居生活的关键因子，即“人之生，不能无群，群而无分则争，争则乱，乱则穷矣。故无分者，人之大害也；

---

① 参考“夫物者有所宜，材者有所施，各处其宜，故上下无为。使鸡司夜，令狸执鼠，皆用其能，上乃无事。上有所长，事乃不方。矜而好能，下之所欺。辩惠好生，下因其材。上下易用，国故不治”(《韩非子·扬权》)。

有分者,天下之本利也;而人君者,所以管分之枢要也。故美之者,是美天下之本也;安之者,是安天下之本也;贵之者,是贵天下之本也。古者先王分割而等异之也,故使或美或恶,或厚或薄,或佚或乐,或劬或劳,非特以为淫泰夸丽之声,将以明仁之文,通仁之顺也。故为之雕琢、刻镂、黼黻、文章,使足以辨贵贱而已,不求其观;为之钟鼓、管磬、琴瑟、竽笙,使足以辨吉凶,合欢定和而已,不求其余;为之宫室台榭,使足以避燥湿,养德辨轻重而已,不求其外"(《荀子·富国》)。荀子思想虽然包含着等级制的浓厚成分,这是我们必须排除的,但是,有区别地对待每个人,这样才能把每个人的能力发挥出来,从而形成社会的最大合力,荀子说的"合欢定和"明显是与富国的理念紧密联系的,这是我们必须注意的,也是必须创造性地吸收的方面。

总之,传统美德要成为人们生活的一部分,虽然个人的修养是重要的因素之一,也是迄今最为聚焦之点,但是,人是社会生活中一个存在体,他无法过独居的生活,自身德性的展现,必须在社会生活中得到落实才具有真正的意义。就社会性因素而言,最为重要的无疑要正视人群居这一客观的事实,而不能无视这一基本的事实来空谈其他的问题。人要过审美的生活,学会如何在群体中生活是个人最为需要的素质要素之一,营建适宜的群体关系是最为基本的因素,这是个人生活最为基本的内容。例如,台湾提倡"五育"即"德智体群美","群"是其中的一分子,在一定程度上完全可以说,"群育"既是"群礼"的教育,也是如何增强人综合生活能力的训练。尤其在21世纪的今天,它无疑是消解人际关系疏离而走向幸福生活的主要门径。

结 语

“礼义之邦”不等于“礼仪之邦”，中国是一个具有悠久历史的“礼仪之邦”，而非“礼义之邦”。离开“礼仪”，不可能有“礼义”，因为礼仪是有形可见的，它依托个人这个载体得以展现自己的身姿。如果礼义用道德来加以概括的话，它仅仅是纸上文章，它是规则、准则、规范，与人的道德素养并不一致。我们评价一个民族道德素养的高低，显然不是依据这个民族的道德准则，而是通过这个民族民众个人的道德素养来量定的。人的道德素养是通过其具体的活动和行为展现出来的，涵盖其生活的一切领域。

对一个民族道德水准的评价是通过具体的体验来完成的，因为人的情操、素养、“目中有人、心中有他”的程度都是在具体的个人行为中得以自然展现，这不可能通过其他的行政手段强行在短期内得以完成，它是在长期的耳濡目染中得到积淀而趋于厚实的，他人正是依据这些来加以具体评价的。换言之，道德是做出来的，不是说出来的，因此，中华传统美德传扬的实践，方法论上的如何传扬也显得尤为重要。打破仅仅依托教育这个狭隘的途径来提升人的道德素养的思维怪圈，聚焦日常生活中的礼貌、感恩、习惯的培养等为人所视而不见的渠道，在不知不觉的点点滴滴的细微积累中，形成美丽的个人美德风景画，在给予他人丰富审美享受的同时，展示自己内在的人格魅力。这种不知不觉的积累是自然的，收到的效果是明显的，这是习惯成自然的效果，也是道德本身所持有的功效追求这个价值目标所决定的。美德必须有所“得”，没有任何“得”的举措，就不是道德、美德，道德和利益永远是一个团队里的伴侣，这是必须具有的共识。

美德不仅能给人审美的享受，这种享受不仅成为个人精神生活的丰富源泉，而且能给个人幸福生活正面的营养。从做入手，立足生活，在实功的轨道上来思考传统美德的传扬，在21世纪地球资源枯竭的危难境遇下，探索真正盘活中华民族优秀文化资源的有效方法和途径，而不为所有的陈式所限制，这是作为一个华夏子孙在世界舞台上增加中国元素的实践中应有的胸怀和志向。我们不能再做为道德而道德的文章，因为已经没有任何资本，面对现实其实也是一种责任的履行。前面的讨论正是基于这些思考而完成的，这仅仅是一个开始，让美德文化的发展走进有效积淀的轨道，让美德文化在符合自身规律的轨道上演绎和发展，让美德文化走进生活、充满生活，需要每个中华民族子孙的践履和奋斗。

主要参考文献

1. 国学整理社. 诸子集成[M]. 北京：中华书局，1954.
2. 郭庆藩. 庄子集释[M]. 北京：中华书局，1961.
3. 汉班固. 汉书[M]. 北京：中华书局，1962.
4. 杨宽. 古史新探[M]. 北京：中华书局，1965.
5. 房玄龄，等. 晋书[M]. 北京：中华书局，1974.
6. 高亨. 商君书注译[M]. 北京：中华书局，1974.
7. 马叙伦. 老子校诂[M]. 北京：中华书局，1974.
8. 元脱脱，等. 宋史[M]. 北京：中华书局，1977.
9. 武内义雄. 武内义雄全集：第五卷[M]. 东京：角川书店，1978.
10. 章锡琛. 张载集[M]. 北京：中华书局，1978.
11. 辞源编辑委员会. 辞源[M]. 北京：商务印书馆，1979.
12. 柳宗元. 柳宗元集[M]. 北京：中华书局，1979.
13. 福泽谕吉著. 福泽谕吉自传[M]. 马斌，译. 北京：商务印书馆，1980.
14. 辞海编辑委员会. 辞海[M]. 上海：上海辞书出版社，1980.
15. 王弼. 王弼集校释[M]. 楼宇烈，校释. 北京：中华书局，1980.
16. 十三经注疏[M]. 阮元，校刻. 北京：中华书局，1980.
17. 应劭，撰. 风俗通义校注[M]. 王利器，校注. 北京：中华书局，1981.
18. 许慎. 说文解字注[M]. 段玉裁，注. 上海：上海古籍出版社，1981.
19. 中华书局编辑部. 中华学术论文集[M]. 北京：中华书局，1981.
20. 司马迁. 史记[M]. 北京：中华书局，1982.
21. 王聘珍. 大戴礼记解诂[M]. 王文锦，点校. 北京：中华书局，1983.
22. 陈鼓应. 庄子今注今译[M]. 北京：中华书局，1983.

23. 孙中山,鲁迅,严复,等.中国哲学史资料选辑:近代之部下[M].北京:中华书局,1983.
24. 高平叔.蔡元培全集[M].北京:中华书局,1984.
25. 李华兴,等.梁启超选集[M].上海:上海人民出版社,1984.
26. 中嶋隆藏.六朝思想的研究:士大夫之佛教思想[M].东京:平乐寺书店,1985.
27. 刘向,赵善诒.说苑疏证[M].上海:华东师范大学出版社,1985.
28. 费孝通.乡土中国[M].北京:生活·读书·新知三联书店,1985.
29. 王符.潜夫论笺校正[M].汪继培,笺.彭铎,校正.北京:中华书局,1985.
30. 黎靖德.朱子语类七[M].王星贤,点校.北京:中华书局,1986.
31. 韩愈.韩昌黎文集校注[M].马其昶,校注.上海:上海古籍出版社,1986.
32. 丸山敏秋.纯粹伦理入门[M].日本:新世书房,1987.
33. 威尔逊.论人的天性[M].林何生,等译.贵阳:贵州人民出版社,1987.
34. 中国大百科全书编辑委员会.中国大百科全书[M].北京:中国大百科全书出版社,1980.
35. 上海书店出版社编委会.道藏[M].上海:上海书店出版社,1988.
36. 王先谦.荀子集解[M].北京:中华书局,1988.
37. 笠原仲二.古代中国人的美意识[M].北京:生活·读书·新知三联书店,1988.
38. 刘文典.淮南鸿烈集解[M].冯逸,乔华,校.北京:中华书局,1989.
39. 张岱年.中国古典哲学概念范畴要论[M].北京:中国社会科学出版社,1989.
40. 鲁思本尼迪克特.菊与刀[M].吕万和,译.北京:商务印书馆,1990.
41. 李约瑟,陈立夫,等.中国古代科学思想史[M].南昌:江西人民出版社,1990.
42. 陈鼓应.老庄新论[M].上海:上海古籍出版社,1992.
43. 朱熹.周易本义[M].苏勇,校注.北京:北京大学出版社,1992.
44. 老子.道德经河上公章句[M].王卡,点校.北京:中华书局,1993.
45. 邬国义.国语译注[M].上海:上海古籍出版社,1994.
46. 福泽谕吉.文明论之概略[M].松泽弘阳,校注.东京:岩波书店,1995.
47. 涩泽荣一.论语与算盘——人生·道德·财富[M].北京:中国青年出版社,1996.

48. 张岱年. 张岱年全集[M]. 石家庄：河北人民出版社，1996.
49. 罗素. 中国问题[M]. 秦悦，译. 上海：学林出版社，1996.
50. 金谷治. 金谷治中国思想论集[M]. 东京：平河出版社，1997.
51. 费孝通. 乡土中国：生育制度[M]. 北京：北京大学出版社，1998.
52. 崔仁义. 荆门郭店楚简老子研究[M]. 北京：科学出版社，1998.
53. 徐少锦，温克勤. 伦理百科辞典[M]. 北京：中国广播电视出版社，1999.
54. 卡普拉. 物理学之"道"——近代物理学与东方神秘主义[M]. 朱润生，译. 北京：北京出版社，1999.
55. 北京大学古文献研究所. 全宋诗[M]. 北京：北京大学出版社，1999.
56. 刘熙载. 刘熙载文集[M]. 南京：江苏古籍出版社，2000.
57. 贾谊. 新书校注[M]. 阎振益，锺夏，校注. 北京：中华书局，2000.
58. 汤川秀树. 创造力与直觉：一个物理学家对于东西方的考察[M]. 周林东，译. 石家庄：河北科技出版社，2000.
59. 韩非. 韩非子新校注[M]. 陈奇猷，校. 上海：上海古籍出版社，2000.
60. 孙诒让. 墨子闲诂：上册[M]. 北京：中华书局，2001.
61. 任钟印. 昆体良教育论著选[M]. 北京：人民教育出版社，2001.
62. 钱穆. 现代中国学术论衡[M]. 北京：生活·读书·新知三联书店，2001.
63. 刘邵. 识人三经之一：人物志[M]. 长春：长春出版社，2001.
64. 徐复观. 中国人性论史：先秦篇[M]. 上海：上海三联书店，2001.
65. 威廉贝内特. 美德书[M]. 何吉贤，译. 北京：中央编译出版社，2001.
66. 续修四库全书编委会. 续修四库全书·集部·别集类[M]. 上海：上海古籍出版社，2002.
67. 陈奇猷. 吕氏春秋新校释[M]. 上海：上海古籍出版社，2002.
68. 郑春颖. 文中子中说译注[M]. 哈尔滨：黑龙江人民出版社，2004.
69. 布罗克曼. 第三种文化：洞察世界的新途径[M]. 吕芳，译. 海口：海南出版社，2003.
70. 葛瑞汉. 论道者：中国古代哲学论辩[M]. 张海晏，译. 北京：中国社会科学出版社，2003.
71. 麦金太尔. 追寻美德：伦理理论研究[M]. 宋继杰，译. 南京：译林出版社，2003.
72. 本杰明·史华兹. 古代中国的思想世界[M]. 程钢，译. 南京：江苏人民出版社，2004.
73. 霍吉. 习惯的力量[M]. 吴溪，译. 北京：当代中国出版社，2004.
74. 黎翔凤. 管子校注[M]. 北京：中华书局，2004.
75. 黄怀信. 鹖冠子汇校集注[M]. 北京：中华书局，2004.
76. 郝大维. 道不远人：比较哲学视域中的《老子》[M]. 北京：学苑出版社，2004.
77. 史密斯. 中国人的德行[M]. 陈新峰，译. 北京：金城出版社，2005.
78. 中国社会科学院哲学研究所. 新世纪的哲学与中国 中国哲学大会(2004)文集：上卷[M]. 北京：中国社会科学出版社，2005.
79. 辜鸿铭. 中国人的精神[M]. 黄兴涛，宋小庆，译. 海口：海南出版社，1996.
80. 倪德卫，万白安. 儒家之道：中国哲学之探讨[M]. 周炽成，译. 南京：江苏人民出版社，2006.
81. 李泽厚. 论语今读[M]. 天津：天津社会科学院，2007.
82. 陈鼓应. 黄帝四经今注今译：马王堆汉墓出土帛书[M]. 北京：商务印书馆，2007.
83. 李零. 郭店楚简校读记[M]. 北京：中国人民大学出版社，2007.
84. 王海明. 新伦理学[M]. 北京：商务印书馆，2008.
85. 许建良. 先秦儒家的道德世界[M]. 北京：中国社会科学出版社，2008.
86. 秦越存. 追寻美德之路：麦金太尔对现代西方伦理危机的反思[M]. 北京：中央编译出版社，2008.
87. 王弼. 老子道德经注校释[M]. 楼宇烈，校释. 北京：中华书局，2008.
88. 波普夫. 家庭美德指南[M]. 汤明洁，译. 北京：中国言实出版社，2009.
89. 王静波，过常宝. 生肖文化[M]. 北京：中国经济出版社，2011.
90. 中共中央关于深化文化体制改革推动社会主义文化大发展大繁荣若干重大问题的决定[M]. 北京：人民出版社，2011.
91. 司马光. 资治通鉴[M]. 北京：中华书局，2012.
92. 许建良. 先秦法家的道德世界[M]. 北京：人民出版社，2012.
93. 孔·安·斯蓬维尔. 小爱大德——美德浅论[M]. 赵克非，译. 北京：作家出版社，2013.
94. 何天爵. 中国人的本色[M]. 北京：文津出版社，2013.
95. 查尔斯·杜西格. 习惯的力量[M]. 吴奕俊，陈丽丽，曹烨，译. 北京：中信出版社，2013.

96. 杨镰. 全元诗[M]. 北京：中华书局，2013.
97. 余秋雨. 秋雨合集[M]. 济南：山东教育出版社，2014.
98. 梁启超. 君子[J]. 清华周刊，1914，11(20).
99. 张岱年. 文化传统与民族精神[J]. 学术月刊，1986，18(12)：1-3.
100. 方立天. 民族精神的界定与中华民族精神的内涵[J]. 哲学研究，1991(5)：33-41.
101. 李宗桂. 优秀文化传统与民族凝聚力[J]. 哲学研究，1992(3)：46-55.
102. 钱逊. 中国传统道德精神[J]. 齐鲁学刊，1994(2)：73-78.
103. 张岱年. 中国文化优秀传统内容的核心[J]. 北京师范大学学报：社会科学版，1994(4)：21-22.
104. 张岱年. 中国文化的基本精神[J]. 齐鲁学刊，2003(5)：5-8.
105. 许建良. 规范建设与现代化[J]. 前沿，2003(11)：175-178.
106. 许建良. 自己本位：儒家道德的枢机[J]. 人文杂志，2006(2)：66-71.
107. 周山. “自强不息，厚德载物”阐微：关于华夏民族精神的若干思考[J]. 毛泽东邓小平理论研究，2008(8)：69-73.
108. 邓小南. 创新与因循：从“祖宗之法”看宋代政治基调[J]. 河北学刊，2008(5)：60-62.
109. 唐代兴. 道德与美德辨析[J]. 伦理学研究，2010(1)：6-12.
110. 许建良. 修身模式的儒道之维[J]. 孔孟月刊，2011，49(9-10).
111. 许建良. 目中有人　心中有他[N]. 光明日报，2013-07-01(15).
112. 习近平. 习近平在中共中央政治局第十二次集体学习时的讲话(2013 年 12 月 30 日)[N]. 人民日报，2014-01-01(1).
113. 许建良. 新诸子学视域下的传统“袭常”美德考[C]. 上海：华东师范大学先秦诸子研究中心举办的“第二届‘新子学’国际学术研讨会”，2015.
114. 许建良. 老子“袭常”美德论[J]. 武陵学刊，2015(3)：1-7.
115. 许建良. “袭常”的世界意义[N]. 光明日报，2015-08-03(16).
116. Joseph Needham. Science and Civilization in China Volume 2：History of Scientific Thought. London：The Syndics of The Cambridge University Press，1956.
117. Roger，David. Daodejing：“Making This Life Significant”，A Philosophical Translation. New York：Ballantine Books，2003.

后　记

本书是在我 2017 年完成的国家重大课题“文化强国视域下的传承和弘扬中华传统美德研究”部分成果的基础上修改而成的。虽然教学与科研结合、个人研究兴趣与课题研究结合一直是自己的人生宗旨，但从课题成果到科研成果的出版仍有相当的屏障要逾越，本书就是翻越屏障后的积淀。

文明实践的经验昭示，道德不是说出来的产品，而是做出来的成果，离开具体切实的做，永远也不会结出道德的果实。道德不是空洞的口号，道德不是写在纸上的准则条款，道德是人素质的一部分。素质既可以通过人脸部表情的善意得以表现，让他人在这善意的表达中得到温暖的宽慰，也可以通过具体的行为在他人需要帮助时给予力所能及的支持，让他人在这具体的支持中感受到你“目中有人、心中有他”的人格魅力、人际实存的美妙和生活乐章的美丽，从而在审美的实践中得到相应情感的满足。

美德之所以美就在于它是道德的基础，贯穿人们的一切生活。审慎对待宇宙万物永远是人生活的第一准则，离开这一点就没有道德的舞台。在这个意义上，美德永远不可能是高于道德的存在，它是生活的基础，离开这个，其他一切都无所附丽。我们不能仅仅关注显性美德的存在，而忽视成全它们的“隐性道德”因子存在的作用，后者是我们长期以来的一个误区。道德是整个文化链中的一个部分，其功用的实现无法离开文化链中其他因子功用的发挥，《小爱大德——美德浅论》中把“幽默”作为讨论的 18 个美德之一，这正可谓我以上运思的最好注释。

在道德的问题上，我们历来存在过于理想化的弊病。其实，道德是现实的存在，当他人需要帮助时，伸出你的手去扶助他人，这就是道德。因为你扶助的行为是基于他人的需要做出的，是在基于他人需要第一的情况下的抉择，这最为难能可贵。一个人能在传统节日等特定的情况下给他人表达相应的问候，也是道德的表现，因为这是“目中有人、心中有他”的情感的流露，让他人在感觉欢快愉悦的同时，领悟到你存在的人生价值，领略到人作为人的价值的真谛！

本书作为我思考的阶段性成果，若能借此机会引发深入思考的话，就是我最大的安慰。感谢课题组全体同仁的支持和奉献，感谢我的研究生杨庭颂、路高学、赛子豪、李平安、李浩伟、王萍萍、王鹏辉在校对过程中做出的艰辛的努力。

最后，我要感谢邹丹博士的全力而无偿的默默支持，没有她的这份力量，不可能有本书的面世。

许建良

2019 年 5 月 1 日于南京翠屏东南